Ulrich Baur

Chefarzt-/Belegarztvertrag

Ulrich Baur

Chefarzt-/ Belegarztvertrag

Vertragsmuster und Kommentar zur Vertragsgestaltung

Mit CD-ROM zu den Vertragsmustern

2. aktualisierte Auflage

Dr. jur. Ulrich Baur
Steinstr. 11
40212 Düsseldorf

Bibliografische Information der Deutschen Nationalbibliothek
Die Deutsche Nationalbibliothek verzeichnet diese Publikation in der Deutschen Nationalbibliografie; detaillierte bibliografische Daten sind im Internet über http://dnb.d-nb.de abrufbar.

Wichtiger Hinweis:
Die Medizin und das Gesundheitswesen unterliegen einem fortwährenden Entwicklungsprozess, sodass alle Angaben immer nur dem Wissensstand zum Zeitpunkt der Drucklegung entsprechen können.
Die angegebenen Empfehlungen wurden von Verfassern und Verlag mit größtmöglicher Sorgfalt erarbeitet und geprüft. Trotz sorgfältiger Manuskripterstellung und Korrektur des Satzes können Fehler nicht ausgeschlossen werden.
Der Benutzer ist aufgefordert, zur Auswahl sowie Dosierung von Medikamenten die Beipackzettel und Fachinformationen der Hersteller zur Kontrolle heranzuziehen und im Zweifelsfall einen Spezialisten zu konsultieren.
Der Benutzer selbst bleibt verantwortlich für jede diagnostische und therapeutische Applikation, Medikation und Dosierung.
Verfasser und Verlag übernehmen infolgedessen keine Verantwortung und keine daraus folgende oder sonstige Haftung für Schäden, die auf irgendeine Art aus der Benutzung der in dem Werk enthaltenen Informationen oder Teilen davon entstehen.

Umschlagkonzeption der Reihe Wegweiser: Deutscher Ärzte-Verlag
Satz: Plaumann, 47807 Krefeld
Druck/Bindung: Bercker, 47623 Kevelaer

5 4 3 2 1 0 / 601

Vorwort

Mit der 2. Auflage legt der Verfasser eine umfassende Überarbeitung vor, die nicht nur die neuen Vertragsmuster der Deutschen Krankenhausgesellschaft und einzelner Krankenhausunternehmen bzw. die von den einzelnen Krankenhäusern verwendeten Chefarztvertragskonzepte berücksichtigt, sondern auch die in der Zwischenzeit ergangene Rechtsprechung sowie die zum Chefarztvertragsrecht publizierte Literatur.

Den tiefgreifendsten Einschnitt in das Chefarztvertragsrecht stellt ohne Zweifel das am 01.01.2002 in Kraft getretene Schuldrechtsreformgesetz dar. Die Integration des Rechts der Allgemeinen Geschäftsbedingungen (AGB) in das Bürgerliche Gesetzbuch (BGB) hat zur Folge, dass die Wirksamkeitsmaßstäbe dieses Rechts auch auf Formulararbeitsverträge und somit auch auf den Chefarztvertrag Anwendung finden. Am nachhaltigsten von dieser Entwicklung ist die Entwicklungsklausel betroffen, die seit Jahrzehnten in der Fassung eines Formulierungsvorschlags der Deutschen Krankenhausgesellschaft Eingang in praktisch alle Chefarztverträge gefunden hat. Als Folge hiervon musste die DKG im Frühjahr 2006 eine neue, die 7. Auflage ihres Vertragsmusters für Chefarztverträge vorlegen, in der der Versuch unternommen wird, eine Entwicklungsklausel zu formulieren, die den neuen Anforderungen des AGB-Rechts Genüge leistet. Ob dies gelungen ist, bleibt die große Frage. Noch spannender ist die Frage, welche Auswirkungen sich aus dem neuen AGB-Recht für sog. Altverträge ergeben, also für Chefarztverträge, die vor dem 01.01.2002 abgeschlossen worden waren.

Aber auch sonst erfordert die Entwicklung im Chefarztvertragsrecht seit der 1. Auflage eine umfassende Überarbeitung. Die Übertragung der Personalhoheit gegenüber den Mitarbeitern seiner Abteilung mit dem Ziel, den Chefarzt zum Leitenden Angestellten zu machen, die Vereinbarung von Tarifverträgen speziell für Krankenhausärzte, die neueste Rechtsprechung des BGH zur Stellvertretervereinbarung bei der wahlärztlichen Behandlung, die Entscheidung des Bundesfinanzhofs aus dem Jahr 2005 zur Versteuerung der Liquidationserlöse sind nur einige Stichworte, die den Umfang der Überarbeitung deutlich machen. Auch die Ausführungen zu den Themen Bonus-Vergütung, Zielvereinbarung sowie erfolgsabhängige Vergütung sind wesentlich erweitert worden.

Im Kapitel Belegarztvertrag wurde bei der Kommentierung vor allem die im Herbst 2008 zwischen der Deutschen Krankenhausgesellschaft, der Kassenärztlichen Bundesvereinigung und der Bundesärztekammer überarbeitete Fassung des Musters eines Belegarztvertrags berücksichtigt. Im Anhang 7.3 wird das Muster einer Stellvertretervereinbarung unter Berücksichtigung des BGH-Urteils vom 20.10.2007 vorgestellt und das Urteil ausführlich erläutert. Und im Anhang 7.4 werden schließlich die neuesten DKG-Leitlinien zum Chefarztvertragsrecht vom März 2008 wiedergegeben.

Mit dem vorliegenden Werk will der Verfasser zunächst den Arzt, der in Verhandlungen mit dem Krankenhausträger steht, über die möglichen und üblichen Vertragskonditionen sowie über bestehende Verhandlungsspielräume informieren. Darüber hinaus möchte er aber auch die Krankenhausträger dazu anregen, über die Änderung eingefahrener Vertragsmuster nachzudenken. Es ist das Bestreben des Verfassers, dem Fachpublikum Muster für Chefarzt- und Belegarztverträge vorzulegen, die einen fairen Ausgleich zwischen den Interessenlagen der Vertragspartner ermöglichen.

Die 1. Auflage hat bei den Bewerbern um eine Chefarztstelle einen großen Anklang gefunden. Der Verfasser erhielt viele Zuschriften, die den praktischen Nutzen der Hinweise und Informationen für die Vertragsverhandlungen bestätigten. Ungeachtet dieser Vorinformationen haben viele Chefarztbewerber die ihnen vorgelegten Vertragsentwürfe zusätzlich dem Verfasser zur Begutachtung vorgelegt, was sicherlich die Vertragsverhandlungen oder auch die Entscheidungen über die Ablehnung oder Annahme eines Chefarztvertrags erleichterte. Der Verfasser hofft, auch mit der nunmehr vorgelegten Zweitauflage wiederum allen Interessenten viele nützliche Hinweise und Informationen geben zu können, und zwar nicht nur für Chefarztbewerber, sondern auch für Mitarbeiter aus der Führungsebene der Krankenhäuser und Krankenhausträger.

Der ständige Kostendruck auf die Krankenhäuser erfordert ohne Zweifel eine stärkere Einbindung des Chefarztes in die ökonomische Verantwortung. Ob jedoch die erfolgsabhängige Vergütung, wie sie z.B. in Tantiemen-Regelungen zum Ausdruck kommt, im Bereich der medizinischen Versorgung kranker Patienten letztlich der richtige Weg ist, diese Diskussion ist sicherlich noch nicht zu Ende. Ungeachtet dessen stellt der Verfasser ein Modell zur Budgetverantwortung vor.

Der moderne Chefarzt versteht sich nicht als Halbgott in Weiß, sondern als ein loyaler Mitarbeiter, der seine ganze Arbeitskraft zum Wohl seines Krankenhauses und seiner Abteilung einsetzen möchte. Höchste Anforderungen an Leistung, Einsatz und Verantwortung erfordern jedoch eine überragende Vergütung, auch für den Leitenden Krankenhausarzt. Der immer wieder anzutreffende Versuch von Krankenhausträgern, beim Abschluss neuer Chefarztverträge die finanziellen Konditionen für den Chefarzt zu verschlechtern, stellen auf Dauer sicherlich eine falsche Unternehmenspolitik dar. Die Leistungsträger eines Krankenhauses, die ökonomisch-unternehmerische und medizinisch-ärztliche Leitung, also die Geschäftsführung einschließlich der Verwaltungsleitung einerseits und die Leitenden Krankenhausärzte andererseits, sind Partner einer Interessengemeinschaft. Dies erfordert allseitig vertrauensbildende Maßnahmen, auch auf der Ebene der Chefarzt- und Belegarztverträge.

Düsseldorf, im Oktober 2009

Inhaltsverzeichnis

1 Allgemeines

1.1 Chefarzt und Belegarzt als Leitende Krankenhausärzte

Der Begriff Chefarzt ist gesetzlich nicht definiert, auch wenn er vereinzelt in Rechtsnormen ohne nähere Erläuterung verwendet wird, so z.B. in § 3i BAT oder in den beamtenrechtlichen Besoldungsgruppen A 14–A 16. Umgangssprachlich wird als Chefarzt derjenige Krankenhausarzt bezeichnet, der eine hauptamtliche Fachabteilung ärztlich endverantwortlich leitet, unabhängig davon, ob es sich um eine bettenführende Abteilung, z.B. für Chirurgie, Innere Medizin, Gynäkologie und Geburtshilfe, oder um eine Funktionsabteilung ohne Betten, z.B. für Röntgendiagnostik, Labormedizin, Pathologie, handelt. Vom Chefarzt zu unterscheiden ist der Ärztliche Direktor, in der Regel ein Chefarzt, der neben seiner Tätigkeit in der Patientenversorgung die ärztlichen Belange in der Krankenhausleitung vertritt. Der Chefarzt steht regelmäßig in einem Dienstverhältnis zum Krankenhausträger, entweder in einem privatrechtlichen Dienstverhältnis, dem Arbeitsverhältnis, oder aber in einem öffentlich-rechtlichen Dienstverhältnis, dem Beamtenverhältnis[1]. Entscheidend ist, dass der Chefarzt in medizinischen Angelegenheiten unabhängig und weisungsfrei ist und die Patientenversorgung endverantwortlich und mit Weisungsrecht gegenüber den Mitarbeitern der Abteilung sicherstellt.

Der Begriff Belegarzt ist dagegen gesetzlich definiert. Gemäß § 121 Abs. 2 SGB V sind Belegärzte Vertragsärzte, die nicht am Krankenhaus angestellt sind und die die Berechtigung haben, ihre Patienten (Belegpatienten) im Krankenhaus unter Inanspruchnahme der hierfür bereitgestellten Dienste, Einrichtungen und Mittel vollstationär oder teilstationär zu behandeln, ohne hierfür i.d.R. vom Krankenhaus eine Vergütung zu erhalten[2]. Ein Belegarzt ist ein freiberuflich tätiger Arzt, der in medizinischen Angelegenheiten unabhängig und weisungsfrei ist und die Patientenversorgung auf der Belegabteilung endverantwortlich und mit Weisungsrecht gegenüber den Mitarbeitern der Abteilung sicherstellt.

Beide Ärzte also, der Chefarzt und der Belegarzt, sind aufgrund ihrer endverantwortlichen und in fachlicher Hinsicht weisungsfreien Tätigkeit als Leitende Ärzte bzw. als Leitende Krankenhausärzte zu qualifizieren.

1.2 Historische Entwicklung des Vertragsrechts

Die staatliche Neuordnung nach 1945 begünstigte in der Bundesrepublik die Entwicklung eines pluralistischen Krankenhauswesens mit Krankenhäusern in privater, frei-gemeinnütziger sowie öffentlich-rechtlicher Trägerschaft. Entsprechend vielgestaltig waren die Rechtsbeziehungen zwischen den Krankenhausträgern und den in der stationären Patientenversorgung tätigen Ärzten. So entwickelte sich schon bald, insbesondere auf ärztlicher Seite, das Bedürfnis nach einer Normierung der Konditionen für die berufliche Tätigkeit im Krankenhaus. Nach langwierigen Verhandlungen wurden schließlich 1957 mit der Deutschen Krankenhausgesellschaft die *Grundsätze für die Gestaltung von Verträgen zwischen Krankenhausträgern und Leitenden Abteilungsärzten (Chefärzten)* vereinbart[3].

1.2.1 Der Chefarztvertrag

Wie der Name deutlich macht, formulierten die sog. Chefarztvertragsgrundsätze von 1957 nicht etwa ein Vertragsmuster, sondern lediglich die Prinzipien der in einem Chefarztvertrag zu regelnden Gegenstände und Inhalte, überließen es also bewusst den Vertragspartnern vor Ort, aus den Grundsätzen Verträge zu erstellen. Erstmals im August 1983 legte die Deutsche Krankenhausgesellschaft nach langwierigen Diskussionen unter ihren Mitgliedsverbänden ein Vertragsmuster für den Chefarztvertrag vor mit dem Titel *Beratungs- und Formulierungshilfe für die Erstellung eines Dienstvertrages sowie eines Nutzungsvertrages mit einem Leitenden Abteilungsarzt (Chefarzt)*[4]. Dieses DKG-Muster *Chefarztvertrag* hat in den nachfolgenden Jahren wiederholt Veränderungen erfahren, insbesondere im Bereich der finanziellen Konditionen und der liquidationsberechtigten Tätigkeiten, bis zur 5. Auflage im Jahr 1996.

Im Frühjahr 2002 präsentierte die DKG der überraschten Ärzteschaft eine überarbeitete 6. Auflage ihres Vertragsmusters, die gegenüber der vorangegangenen 5. Auflage wesentliche Änderungen enthält, insbesondere im Bereich von Liquidationsrecht und Nebentätigkeit. Nähere Einzelheiten zum Inhalt der 6. Auflage finden sich in Kapitel 1.3.1. Im Februar 2006 wurde die 7. Auflage publiziert, die sich insbesondere mit der Neufassung der so genannten Entwicklungsklausel (Vorbehalt des Krankenhausträgers zur Vornahme struktureller und organisatorischer Veränderungen im Krankenhaus) befasste, da der außerordentlich weit gehende Änderungsvorbehalt dieser Klausel mit der zum 01.01.2002 erfolgten Novellierung des Rechts der Allgemeinen Geschäftsbedingungen nicht mehr in Einklang zu bringen war (Verstoß gegen das Verbot der unangemessenen Benachteiligung bzw. Verstoß gegen das Transparenzgebot gem. §§ 308 Nr. 4, 307 BGB). Näheres hierzu in Kapitel 4.1, § 16 Entwicklungsklausel. Die jüngste Fassung des DKG-Musters für Chefarztverträge, die 8. Auflage, stammt aus dem Jahr 2007 und befasst sich insbesondere mit der Zentrenbildung durch den fachübergreifenden Zusammenschluss mehrerer Krankenhausabteilungen, mit der Möglichkeit der Versetzung des Chefarztes in ein anderes Krankenhaus desselben Trägers, mit Formulierungsvorschlägen zur Übertragung der Personalhoheit auf den Chefarzt, um dessen Kündigungsschutz einzuschränken, sowie mit Zielvereinbarungen im Rahmen von Bonusregelungen.

1.2.2 Der Belegarztvertrag

Für den Bereich des Belegarztvertrags vereinbarte die Deutsche Krankenhausgesellschaft mit der Kassenärztlichen Bundesvereinigung im Einvernehmen mit der Bundesärztekammer 1959 die *Grundsätze für die Gestaltung von Verträgen zwischen Krankenhausträgern und Belegärzten*, die sog. Belegarztvertragsgrundsätze[5]. Auch diese Grundsätze enthielten kein ausformuliertes Vertragsmuster. 1981 wiesen die Vertragspartner in einer gemeinsamen Erklärung darauf hin, dass die Belegarztvertragsgrundsätze von 1959 grundsätzlich auch für das sog. kooperative Belegarztwesen gelten sollen. Nach eingehenden Beratungen zwischen den Vertragspartnern wurde schließlich Anfang 1985 das Muster für einen Belegarztvertrag unter dem Titel *Beratungs- und Formulierungshilfe für den Abschluß eines Belegarztvertrages/kooperativen Belegarztvertrages*[6] verabschiedet. 1996 legte die DKG das Muster eines *Belegarztvertrags* in der 3. Auflage vor, das bis in jüngste Zeit unverändert geblieben war. Im Herbst 2008 verabschiedeten die Vorstände der DKG, der Kassenärztlichen Bundesvereinigung und der Bundesärztekammer eine überarbeitete Fassung des Musters eines Belegarztvertrags, der in der Broschüre „Der niedergelassene Arzt im Krankenhaus" publiziert ist[7].

Anders als beim Chefarztvertrag hat das Belegarztvertragsmuster nach Maßgabe der 3. Auflage von 1996 in der Vertragspraxis weitgehende Akzeptanz gefunden, da die Vertragspartner, abgesehen von der Regelung zur Kündigung des Belegarztvertrags, eine Übereinstimmung in den Fragen der Vertragsgestaltung gefunden haben. In Diskussion sind aber bis heute insbesondere die finanziellen Regelungen, also Art und Höhe des Nutzungsentgelts, das der Belegarzt an den Krankenhausträger zu zahlen hat. Ob auch das neue Vertragsmuster vom Herbst 2008 eine solche Akzeptanz findet, bleibt abzuwarten. Angesichts der in diesem neuen Vertragsmuster vorgenommenen Überregulierung der Rechte und Pflichten des Belegarztes scheinen hier zumindest Zweifel angebracht zu sein. Das Vertragsmuster kann die ab 25.03.2009 geltende Neuregelung durch § 121 Abs. 5 SGB V noch nicht berücksichtigen. Danach kann zukünftig ein Krankenhaus, das über Belegbetten verfügt, mit Belegärzten Honorarverträge zur Vergütung der belegärztlichen Leistungen abschließen.

1.2.3 Sonstige Verträge

Schon immer hatten Krankenhausträger Versuche unternommen, außerhalb des traditionellen Systems von Chefarztvertrag und Belegarztvertrag niedergelassene Ärzte in den Leistungsbereich des Krankenhauses einzubinden. So kam es vereinzelt vor, dass niedergelassenen Ärzten gestattet wurde, ihre ambulanten Patienten im Rahmen einer von einem Chefarzt geleiteten Hauptfachabteilung stationär zu behandeln (so genanntes unechtes Belegarztsystem). In jüngerer Zeit versuchen Krankenhausträger, niedergelassene Ärzte in das ambulante Operieren gemäß § 115b SGB V einzubeziehen oder niedergelassenen Ärzten Leistungen aus der prä- und poststationären Behandlung (§ 115a SGB V) gegen Entgelt zu übertragen. Diese zum Teil rechtlich sehr umstrittenen Kooperationsformen sollen hier nicht näher erläutert werden, da sie den Rahmen dieses Werks sprengen würden. Nur so viel sei angemerkt: In jüngster Zeit hat das Sächsische Landessozialgericht mit Urteil vom 30.04.2008 – L 1 KR 103/07 – den Standpunkt vertreten, dass ein Krankenhaus keine Vergütung für ambulante Operationen durch niedergelassene Vertragsärzte beanspruchen kann. Und nach einer weit verbreiteten Meinung in der Fachliteratur ist es auch unzulässig, zur Durchführung stationärer Operationen niedergelassene Vertragsärzte gegen Bezahlung durch das Krankenhaus einzusetzen.

1.3 Neuere Empfehlungen der DKG zum Chefarztvertrag

Die in regelmäßigen Abständen erfolgte Überarbeitung des DKG-Musters *Chefarztvertrag* konnte bis einschließlich der 5. Auflage aus dem Jahr 1996 als systemimmanente Weiterentwicklung angesehen werden, auch wenn sich erste grundlegende Veränderungen in diesem Muster bereits abzeichneten. Demgegenüber stellte jedoch die 6. Auflage von 2002 eine qualitative Wende gegenüber den vorangegangenen Vertragsmustern dar.

1.3.1 Die 6. Auflage des DKG-Musters *Chefarztvertrag* von 2002

Mit der Neufassung des DKG-Musters *Chefarztvertrag* in der 6. Auflage vom Frühjahr 2002 verließ die Deutsche Krankenhausgesellschaft (DKG) eine seit den Chefarztvertragsgrundsätzen von 1957 gefestigte Übung zur Liquidationsberechtigung des Chefarztes und zur Nebentätigkeitsgenehmigung. Zweifel wurden laut, ob mit einem solchen Chefarztvertrag noch die erforderliche Motivation des Chefarztes zum engagierten Arbeitseinsatz erreicht werden könne. Vielfach wurde von Chefarztbewerbern, denen ein Vertrag auf der Grundlage dieses neuen Musters vorgelegt worden war, ein solcher Vertrag als Knebelungsvertrag empfunden, der nur noch unterzeichnet wurde, um die angestrebte Chefarztstelle zu erhalten, der jedoch eine das Verhältnis zwischen den Vertragspartnern belastende Atmosphäre erzeugt. Kann durch einen solchen Arbeitsvertrag ein unternehmerisches Denken und Handeln des Chefarztes erreicht werden, das die DKG seit Jahren bei Chefärzten einfordert?

Offensichtlich wird dies auch von vielen Krankenhausträgern so gesehen. Denn es fällt auf, dass die seit dem Frühjahr 2002 vorgelegten Chefarztverträge bis heute die von der DKG vorgeschlagenen Änderungen nur teilweise übernehmen. Seit dieser Empfehlung aus dem Jahr 2002 hat das Chefarztvertragsrecht im Gegensatz zu früher eine außerordentlich heterogene Entwicklung genommen. Neben traditionellen Chefarztverträgen mit Liquidationsrecht werden Verträge mit den unterschiedlichsten Ausgestaltungen der wirtschaftlichen Konditionen bis hin zum reinen Festgehaltsvertrag angeboten.

Das neue DKG-Muster von 2002 enthält gegenüber den früheren Fassungen insbesondere folgende Änderungen:

- Als Dienstvergütung soll eine feste Jahresvergütung vereinbart werden, die nicht mehr an die allgemeine Gehaltsentwicklung im Tarif- oder Besoldungsrecht angepasst wird. Vielmehr soll nach Ablauf mehrerer Jahre über eine Anpassung verhandelt werden, ohne dass dem Chefarzt ein Rechtsanspruch auf Erhöhung der Vergütung zusteht.
  Solange jedoch einem Chefarzt keine feste Vergütung in einer Höhe gezahlt wird, wie sie in der Wirtschaft für Vorstandsmitglieder oder GmbH-Geschäftsführer üblich ist[8], kann eine sachgerechte Vergütungsregelung nur im Wege einer Koppelung an die allgemeine Gehaltsentwicklung erreicht werden. Im Übrigen wird auch in den einschlägigen Musterverträgen für GmbH-Geschäftsführer meist die Vereinbarung einer so genannten Spannungsklausel empfohlen[9].
- Die Einräumung des Liquidationsrechts für die stationäre wahlärztliche Behandlung ist nicht mehr vorgesehen, während noch in der 5. Auflage von 1996 diese Vergütungsform zumindest als mögliche Alternative neben der sog. Beteiligungsvergütung, d.h. Beteiligung des Chefarztes an den Liquidationserlösen des Krankenhausträgers, enthalten war.
  Die Einräumung des Liquidationsrechts im stationären Bereich gehörte seit den Chefarztvertragsgrundsätzen von 1957 zu den traditionellen Grundsätzen der Chefarztverträge, die das Bundesverfassungsgericht 1979 veranlasst haben, das Liquidationsrecht der beamteten Chefärzte und Leitenden Ärzte aufgrund der über Jahrzehnte gewachsenen Strukturen in der Krankenhausversorgung den „hergebrachten Grundsätzen des Rechts der leitenden Krankenhausärzte“ zuzuordnen[10]. Demgegenüber wird im Rahmen der neuen DKG-Empfehlung dem Chefarzt bestenfalls eine Beteiligung an den Liquidationserlösen des Krankenhausträgers eingeräumt (sog. Beteiligungsvergütung).
- Statt des Liquidationsrechts schlägt die DKG vor, dem Chefarzt einen variablen Bonus zusätzlich zu gewähren, sofern er die in einer jährlich zu treffenden Zielverein-

barung festgelegten Eckpunkte erreicht. Gegenstand der Zielvereinbarung sollen insbesondere sein: die Sach- und Personalkosten der Abteilung, die Leistungen der Abteilung nach Art und Menge, die Einführung neuer Behandlungsmethoden, Maßnahmen und Ergebnisse der Qualitätssicherung, die Inanspruchnahme nichtärztlicher Wahlleistungen, die Beteiligung an Strukturmaßnahmen, sonstige leistungsorientierte Regelungen etc. Kommt eine Einigung bis spätestens einen Monat vor Beginn des folgenden Geschäftsjahres zwischen Krankenhausleitung und Arzt nicht zustande, entscheidet der Krankenhausträger. Der Krankenhausträger soll letztlich auch darüber entscheiden, ob der Arzt das Ziel erreicht hat oder nicht.
Da die meisten dieser Kriterien vom Chefarzt nicht oder nur wenig beeinflusst werden können, dürfte er kaum eine Chance haben, die gesteckten Ziele zu erreichen und dadurch seine Einkünfte zu verbessern. So können sich z.B. die Personalkosten, die rund 70% der Betriebskosten eines Krankenhauses ausmachen, auch bei einem unveränderten Stellenplan und einer unveränderten Zahl von Überstunden wesentlich erhöhen allein als Folge von veränderten Tarifverträgen oder durch Veränderungen im Alter und im Familienstand der Mitarbeiter. Auch die Kosten des medizinischen Bedarfs seiner Abteilung sind nur bedingt vom Chefarzt zu beeinflussen, da sie weitgehend von der Entwicklung der Preise und vom Verhandlungsgeschick des Einkaufs bestimmt werden. Etwas eigenartig ist die Empfehlung, den Umfang der Inanspruchnahme nichtärztlicher Wahlleistungen als Verhandlungspunkt mit einzubeziehen, da es wohl kaum die Aufgabe des Chefarztes sein kann, bei den stationären Patienten für die Inanspruchnahme eines Komfortzimmers, eines TV-Gerätes etc. zu werben. Vor allem aber muss das Modell der DKG deshalb abgelehnt werden, weil die Zielvereinbarung und die Zielerreichung letztlich vom Krankenhausträger festgesetzt werden, ein Arbeitnehmer jedoch nur insoweit Verantwortung übernehmen kann, als er auch über die entsprechenden Kompetenzen verfügt[11]. Die erfolgsorientierte Ausgestaltung eines Chefarztvertrags ist sicherlich kein einfaches Unterfangen. Dennoch hat der Verfasser einen solchen Versuch unternommen bei der Formulierung der Budgetverantwortung (vgl. Alternative zu § 3 Abs. 2) sowie bei der erfolgsabhängigen Abgabenregelung in Form einer Bonus-Malus-Regelung (vgl. Alternative zu § 9 Abs. 3).

- Die ambulanten Tätigkeiten des Chefarztes, die klassischen Nebentätigkeiten eines Chefarztvertrags, sollen nach den Vorstellungen der DKG zukünftig vom Chefarzt als Dienstaufgabe erbracht werden.

Zumindest im Bereich der vertragsärztlichen Versorgung ist diese Konstruktion rechtswidrig. Dem Chefarzt kann eine Ermächtigung zur vertragsärztlichen Versorgung gemäß § 116 SGB V nur dann erteilt werden, wenn er die Ermächtigungsambulanz selbstständig und freiberuflich ausüben kann. Ebenso wenig kann das Krankenhaus eine Institutsermächtigung beantragen und deren Durchführung dem Chefarzt übertragen. Denn nach der Rechtsprechung des Bundessozialgerichts kann ein Krankenhausträger die Voraussetzungen zur Institutsermächtigung nicht dadurch schaffen, dass er seinen Ärzten eine Genehmigung zur Ausübung einer Ermächtigungsambulanz verweigert[12]. Entsprechendes gilt für das D-Arzt-Verfahren, das nur die Bestellung eines Arztes zulässt. Ungeachtet dieser Rechtslage werden bis heute Chefarztverträge mit solchen Regelungen abgeschlossen. Letztlich wird kein Bewerber daran den Abschluss eines Chefarztvertrags scheitern lassen, zumal die Folgen der Rechtswidrigkeit im Zweifel zulasten des Krankenhausträgers gehen.

- Eine Mitarbeiterbeteiligung ist in dem neuen Vertragsmuster nicht mehr vorgesehen, was aus der Sicht der DKG zwar konsequent ist, von der Ärzteschaft jedoch nachdrücklich abgelehnt wird.
  In einer Zeit, in der sich immer mehr Ärzte von einer Krankenhaustätigkeit angesichts der permanenten Überbelastung einerseits und der schlechten Vergütung andererseits abwenden, ist es oftmals nur noch die vom Chefarzt gewährte Mitarbeiterbeteiligung, die sicherstellt, dass qualifizierte Mitarbeiter, insbesondere Oberärzte, im Krankenhaus verbleiben.
- Die jahrzehntelange Übung, das Gehalt und Liquidationsrecht im Krankheitsfall dem Chefarzt bis zur Dauer von 26 Wochen zu gewähren (Lohnfortzahlung), soll nach Vorstellung der DKG entfallen.
  Dies ist unverständlich, da der Chefarzt erfahrungsgemäß selten, wenn jedoch, dann schwer und langwierig erkrankt, oft beruflich bedingt. Im Übrigen ist auch in den Verträgen der GmbH-Geschäftsführer eine Weiterzahlung der Vergütung im Krankheitsfall für 26 Wochen allgemein üblich[13].

1.3.2 Die 7. Auflage 2006 und 8. Auflage 2007 des DKG-Musters *Chefarztvertrag*

Mit der 7. Auflage des DKG-Mustervertrags wird im Wesentlichen die so genannte Entwicklungsklausel der neuen Rechtslage seit dem 01.01.2002 angepasst. Mithilfe der Entwicklungsklausel will sich der Krankenhausträger die Möglichkeit vorbehalten, im Wege einer einseitigen Leistungsbestimmung organisatorische und strukturelle Veränderungen im Krankenhaus vorzunehmen, durch die auch der Umfang und die Zuständigkeit der dem Chefarzt übertragenen Fachabteilung verändert werden kann. Als Folge des am 01.01.2002 in Kraft getretenen Schuldrechtsreformgesetzes wurde das Recht der Allgemeinen Geschäftsbedingungen in die §§ 305ff. BGB übernommen mit der Folge, dass dieses Recht nun auch für Formulararbeitsverträge gilt. Nachdem evident wurde, dass die seit Jahrzehnten von der DKG empfohlene Entwicklungsklausel zu einer unangemessenen Benachteiligung des Chefarztes führt und auch mit dem Transparenzgebot gemäß § 307 Abs. 1 Satz 2 BGB unvereinbar ist, die Entwicklungsklausel somit gegen die §§ 308 Nr. 4, 307 BGB verstößt, sah sich die DKG genötigt, eine 7. Auflage ihres Vertragsmusters herauszugeben, in der der Versuch unternommen wurde, eine Entwicklungsklausel zu formulieren, die den neuen rechtlichen Anforderungen genügt. Insbesondere wird nunmehr der Versuch unternommen, die Widerrufsgründe im Vertrag im Einzelnen aufzuführen, damit für den Arzt vorhersehbar ist, unter welchen Voraussetzungen der Krankenhausträger von seinem Änderungsvorbehalt Gebrauch machen kann und darf. Weiterhin wird dem Chefarzt eine Hinnahme solcher Veränderungen nicht mehr entschädigungslos zugemutet, vielmehr werden dem Arzt Entschädigungsansprüche zugestanden, sofern durch die Änderungsmaßnahmen seine durchschnittliche Vergütung in den letzten 60 Monaten um mehr als 25 bis maximal 30% eingeschränkt wird. Ob jedoch die neue Entwicklungsklausel einer rechtlichen Überprüfung Stand halten wird, bleibt abzuwarten (vgl. hierzu Kapitel 4.1, § 16 Entwicklungsklausel).

Mit der 8. Auflage des DKG-Mustervertrags von 2007 erhält der Chefarztvertrag wiederum eine ganz neue, andere Dimension. Soweit sich das Vertragsmuster zum Ziel gesetzt hat, die Zentrenbildung durch einen fachübergreifenden Zusammenschluss mehrerer Krankenhausabteilungen zu ermöglichen, ist dies sicherlich nicht als dramatisch zu bewerten. Etwas anderes gilt jedoch für den von der DKG empfohlenen Versetzungsvorbehalt, sofern ein Krankenhausträger mehrere Krankenhausbetriebe unterhält. Aufgrund eines solchen Versetzungsvorbehalts möchte sich der Krankenhausträger das Recht vorbehalten, dem Chefarzt einen anderen gleichwertigen Arbeitsplatz in entsprechender leitender Position in einem anderen Betriebsteil oder Betrieb des Krankenhauses oder in einem anderen Krankenhaus des Krankenhausträgers zuzuweisen, und zwar auch an einem anderen Ort.

Dramatisch wird es jedoch mit dem Versuch der DKG, einen Formulierungsvorschlag für die Übertragung von Personalbefugnissen vorzulegen, wonach der Chefarzt berechtigt sein soll, die nachgeordneten Ärzte, die Mitarbeiter des medizinisch-technischen Dienstes sowie die Schreibkräfte seiner Abteilung im Benehmen mit dem Krankenhausträger selbstständig einzustellen, zu entlassen etc. Denn damit wird erklärtermaßen der Versuch unternommen, die kündigungsschutzrechtliche Stellung des Chefarztes auszuhöhlen, um sich von ihm im Kündigungsfall leichter trennen zu können. Soweit hierzu bereits Rechtsprechung vorliegt, scheint dieser Versuch jedoch zu misslingen (vgl. hierzu Kapitel 4.1, § 7 Rechte und Pflichten in Personalangelegenheiten).

1.3.3 DKG-Leitlinien zum Chefarztvertragsrecht

Die Leitlinie der DKG zum Chefarztvertragsrecht vom 11.03.2008[14] erklärt es zwar zum Ziel, die besten Ärzte für eine Chefarztposition zu gewinnen, daher müssten die Vertragskonditionen ausgewogener sein. Andererseits wird aber in den Leitlinien ein krankenhausübergreifender Einsatz von Chefärzten (Versetzungsvorbehalt) propagiert, wie auch die Einbeziehung des Chefarztes in die wirtschaftliche Verantwortung der Abteilung und des Krankenhauses. Und die Gestattung irgendwelcher liquidationsberechtigter Nebentätigkeiten wird grundsätzlich abgelehnt. Soweit es dennoch das erklärte Ziel sein soll, dass der Chefarzt ein seiner Stellung und Verantwortung adäquates Einkommen erhält, bleibt unklar, was darunter zu verstehen ist, insbesondere welche Höhe das adäquate Einkommen eines Chefarztes haben soll. Schließlich sprechen die Leitlinien von dem „besonderen Freiraum der ärztlichen Diagnose- und Therapiefreiheit", die ein Chefarzt genieße, obwohl doch nach dem Chefarztvertrag die medizinische Versorgung der Patienten „nach Maßgabe der vom Krankenhausträger bestimmten Aufgabenstellung und Zielsetzung des Krankenhauses und seiner Abteilung" zu erfolgen hat, und zwar unter Beachtung des Wirtschaftlichkeitsgebots, wonach die Einführung neuer diagnostischer und therapeutischer Methoden, die Mehrkosten verursachen, nur im Einvernehmen mit dem Krankenhausträger erfolgen darf. Widersprüchlich ist auch das Bekenntnis zur Beteiligung nachgeordneter Ärzte und ggf. weiterer Mitarbeiter an den Liquidationserlösen, während die finanzielle Beteiligung nachgeordneter Ärzte an den Liquidationserlösen seit der 5. Auflage in den DKG-Musterverträgen nicht mehr angesprochen wird.

1.4 Verbände-Empfehlung zum Belegarztvertrag

Der Belegarzt, der schwerpunktmäßig als niedergelassener Arzt in freier Praxis tätig ist, schließt mit einem Krankenhausträger den Belegarztvertrag, der ihm das Recht einräumt, unter Inanspruchnahme der Dienste, Einrichtungen und Mittel des Krankenhauses seine Patienten stationär oder teilstationär zu behandeln. Der Belegarztvertrag begründet weder ein Arbeitsverhältnis noch ein arbeitnehmerähnliches Vertragsverhältnis. Er stellt nach allgemeiner Meinung in Literatur und Rechtsprechung einen bürgerlich-rechtlichen Vertrag sui generis dar, der Elemente des Dienstvertrags-, Miet- und Gesellschaftsrechts beinhaltet.

In der Vertragspraxis gibt der Belegarztvertrag, abgesehen von den finanziellen Regelungen, weitaus weniger Anlass für kontroverse Diskussionen oder Rechtsstreitigkeiten zwischen den Vertragspartnern, als dies beim Chefarztvertrag der Fall ist. Der Grund hierfür ist sicherlich in dem Umstand zu sehen, dass die maßgeblichen Verbände, nämlich die Deutsche Krankenhausgesellschaft einerseits und die Kassenärztliche Bundesvereinigung sowie die Bundesärztekammer andererseits, seit fast 20 Jahren einen Mustervertrag für Belegärzte vereinbart haben, in dem praktisch über alle zu regelnden Punkte Einigkeit erzielt wurde, wenn man von der Regelung zu den Kündigungsmöglichkeiten eines Belegarztvertrags absieht. Dieses im Anschluss an die Belegarztvertragsgrundsätze von 1959 erstmals im Jahr 1985 vereinbarte Vertragsmuster, das seit September 1996 in der Fassung der 3. Auflage vorlag, hatte weitgehend Eingang in die Vertragspraxis gefunden, sodass sich die von anderen Autoren publizierten Belegarztvertragsmuster sehr stark an der Verbände-Empfehlung orientierten. Nunmehr haben allerdings die drei genannten Verbände im Herbst 2008 eine überarbeitete Fassung des Belegarztvertragsmusters vorgelegt, das von der früheren Fassung von 1996 wesentlich abweicht. Die Abweichung besteht im Wesentlichen darin, dass in einem Akt der Überregulierung die Rechte und Pflichten eines Belegarztes bis ins Detail hinein geregelt werden, ähnlich wie dies seit Jahrzehnten im Chefarztvertragsmuster der DKG praktiziert wird. Der Sinn und Zweck einer solchen Überregulierung ist nicht zu erkennen. Man muss es bedauern, dass die beiden ärztlichen Körperschaften bereit waren, sich auf diese Entwicklung einzulassen. Das Vertragsmuster kann die ab 25.03.2009 geltende Neuregelung durch § 121 Abs. 5 SGB V noch nicht berücksichtigen. Danach kann zukünftig ein Krankenhaus, das über Belegbetten verfügt, mit Belegärzten Honorarverträge zur Vergütung der belegärztlichen Leistungen abschließen.

Das hier vorgelegte Muster eines Belegarztvertrags ist in Anlehnung an die Verbände-Empfehlung von 1996 konzipiert, setzt jedoch aufgrund der beruflichen Erfahrungen des Verfassers einige andere Schwerpunkte. Zudem erfolgt eine Konzentration auf wesentliche Vertragsinhalte. Auf eine zunehmende Detailregelung wird verzichtet. Aus solchen Perfektionierungsbemühungen ergeben sich keine Verbesserungen in der Rechtsstellung der Vertragspartner und in deren Zusammenarbeit, denn einerseits kann die Vielfalt der Lebenssachverhalte ohnehin nicht kasuistisch erfasst werden, andererseits sind solche detailregelnden Verträge nur unübersichtlicher und interpretationsresistenter.

1.5 Die Vertragsmuster und ihre Erläuterungen

Der Belegarztvertrag und noch mehr der Chefarztvertrag haben sich im Laufe der Jahre zu außerordentlich umfangreichen Vertragswerken mit einer sehr detaillierten Regelung der Rechte und Pflichten entwickelt, wobei die DKG mit ihren Musterverträgen ohne Zweifel die entscheidende Vorreiterrolle gespielt hat. Doch zeigt die Praxis, dass in den Krankenhäusern, in denen kurz gefasste Verträge verwendet werden, die Zahl der Meinungsverschiedenheiten und Streitigkeiten nicht höher ist. Eher das Gegenteil ist der Fall, vielleicht weil die Vertragspartner im Rahmen solcher Verträge nicht dazu verleitet werden, die Regelung jedes Details ständig im Vertrag zu prüfen. Auch neigen scheinbar die Partner von detailreichen Vertragsregelungen eher dazu, ein Gericht zur Klärung von Streitfragen anzurufen.

Die Vertragsrealität erlaubt jedoch nicht eigene Wege bei der Konzeption von Vertragsmustern zu beschreiten. Damit wäre am allerwenigsten dem interessierten Leser gedient, der einen Vergleich zwischen den vorliegenden und anderen Vertragsmustern nur dann ziehen kann, wenn die verschiedenen Muster im Aufbau und in der Systematik einander ähnlich sind.

Trotz solcher systematischer Ähnlichkeiten schlagen die hier vorgestellten Musterverträge jedoch in vielen Punkten andere Lösungswege vor, wobei dies stets begründet und im Vergleich zu anderen Vertragsmustern dargestellt wird, insbesondere im Vergleich zu den DKG-Mustern. Dies erlaubt dem Leser, sich ein eigenes Urteil zu bilden.

In Kapitel 3 werden die Vertragsmuster für den Chefarztvertrag vorgestellt, im anschließenden Kapitel 4 werden die einzelnen Paragraphen noch einmal aufgeführt und im Anschluss daran ausführlich erläutert.

In gleicher Weise wird in den Kapiteln 5 und 6 mit dem Belegarztvertrag verfahren.

Die Erläuterung der einzelnen Paragraphen ist in verschiedene Themen gegliedert. Als besondere Themen werden u.a. behandelt: Endverantwortung des Chefarztes, Weisungsfreiheit, außerdienstliches Verhalten bei Anstellung im konfessionellen Krankenhaus, Wirtschaftlichkeitsgebot, Budgetverantwortung, Einhaltung des internen Budgets, Dienstaufgabe, Institutsleistung, Nebentätigkeiten als Dienstaufgabe, Arzneimittelprüfungen und Anwendungsbeobachtungen, Bereitschaftsdienst und Rufbereitschaft, Wahlarztbehandlung, persönliche Leistung und Delegation, Personalhoheit, Dienstvergütung, Festvergütung, Liquidationsrecht und dessen Zukunft, erfolgsabhängige Vergütung, Einkommensgarantie, Kostenerstattung und Vorteilsausgleich, Honorareinziehung durch den Krankenhausträger, erfolgsabhängige Abgabenregelung und Bonus-Malus-Regelung, DKG gegen Mitarbeiterbeteiligung, Versteuerung der Mitarbeiterbeteiligung, DKG gegen Zusatzversorgung, eingeschränkte Lohnfortzahlung, Direktionsrecht und seine Grenzen, Recht auf Nebentätigkeitsgenehmigung, Kündigungsschutzgesetz, Kündigung nur aus wichtigem Grund, Kündigung im konfessionellen Krankenhaus, Nebentätigkeitsgenehmigung, pauschaliertes Nutzungsentgelt im ambulanten Bereich etc.

1.6 Besondere Probleme

Zwei Themen aus dem Chefarztvertragsbereich sollen vorab an dieser Stelle erörtert werden, da sie immer wieder Gegenstand von Diskussionen sind: die Zulässigkeit der Befristung des Chefarztvertrags sowie die Frage, ob der Chefarzt als Leitender Angestellter zu werten ist.

1.6.1 Befristung des Chefarztvertrags

Im Regelfall wird ein Arbeitsvertrag auf unbestimmte Zeit abgeschlossen, auch ein Chefarztvertrag, da eine zulässige Befristung an strenge, eng begrenzte Voraussetzungen gebunden ist. Dennoch wird von Krankenhausträgern und Krankenhausträgerverbänden immer wieder die Möglichkeit zum Abschluss befristeter Chefarztverträge gefordert[15], meist unter Hinweis auf die befristeten Verträge in der Wirtschaft oder bei politischen Beamten.

Auf der Grundlage der seit Jahren gefestigten Rechtsprechung des Bundesarbeitsgerichts ist die Befristung eines Arbeitsvertrags zwar grundsätzlich möglich, sie ist jedoch dann unzulässig, wenn durch sie der zwingende Kündigungsschutz objektiv umgangen wird[16]. Eine solche Umgehung liegt nur dann nicht vor, wenn die Befristung eine sachliche Rechtfertigung in sich trägt und somit vom Kündigungsschutzrecht nicht umfasst wird. Fehlt es an einem schutzwürdigen Interesse des Arbeitgebers an der Befristung, so liegt eine objektive Funktionswidrigkeit vor, unabhängig davon, ob der Arbeitgeber die Absicht der Gesetzesumgehung hatte oder nicht[17]. Auch die Bereitschaft des Arbeitnehmers zum Abschluss eines befristeten Vertrags, um auf diesem Weg den ausgeschriebenen Arbeitsplatz zu erhalten, ändert nichts an der objektiven Funktionswidrigkeit und somit an der Unwirksamkeit der Befristung.

Ist die Befristung unwirksam, so gilt der Vertrag als auf unbestimmte Zeit abgeschlossen.

Seit dem 01.01.2001 regelt § 14 des *Teilzeit- und Befristungsgesetzes* vom 21.12.2000[18] die Zulässigkeit der Befristung eines Arbeitsvertrags, und zwar nach Maßgabe der bisherigen Rechtsprechung des Bundesarbeitsgerichts. Danach ist eine Befristung nur dann zulässig, wenn sie durch einen sachlichen Grund gerechtfertigt ist. Um die Einstellungschancen älterer Arbeitnehmer zu verbessern, hatte § 14 Abs. 3 die Möglichkeit eröffnet, mit einem Arbeitnehmer ein befristetes Arbeitsverhältnis ohne Vorliegen eines sachlichen Grunds abzuschließen, der das 58. Lebensjahr, übergangsweise bis zum 31.12.2006 das 52. Lebensjahr, vollendet hat. Diese Vorschrift war allerdings vom EuGH wegen unzulässiger Diskriminierung wegen des Alters für unwirksam erklärt worden. Seit dem 01.05.2007 ist nunmehr eine Befristung eines Arbeitsvertrags ohne Vorliegen eines sachlichen Grunds bis zur Dauer von fünf Jahren dann zulässig, wenn der Arbeitnehmer bei Beginn des befristeten Arbeitsverhältnisses das 52. Lebensjahr vollendet hat und unmittelbar vor Beginn des befristeten Arbeitsverhältnisses mindestens vier Monate beschäftigungslos gewesen ist. Ob diese Neuregelung mit dem Europarecht vereinbar ist, wird unterschiedlich diskutiert.

Will sich der Arbeitnehmer auf die Unwirksamkeit der Befristung berufen, so muss er innerhalb von drei Wochen nach dem vereinbarten Vertragsende die Unwirksamkeit der Befristung im Klagewege geltend machen. Zweckmäßigerweise sollte eine solche Klage jedoch mindestens ein halbes Jahr vor dem vereinbarten Ende erhoben werden, damit rechtzeitig eine erstinstanzliche Entscheidung herbeigeführt werden kann.

1.6.2 Der Chefarzt als Leitender Angestellter

Die Rechtsstellung des Chefarztes als Leitender Angestellter wird immer wieder diskutiert[19]. Allerdings muss in diesem Zusammenhang beachtet werden, dass der Begriff des Leitenden Angestellten im Arbeitsrecht uneinheitlich verwendet wird. So ist insbesondere der Begriff des Leitenden Angestellten im Sinn des Kündigungsschutzgesetzes nicht identisch mit diesem Begriff im Sinn des Betriebsverfassungsgesetzes.

Bereits 1961 hat das Bundesarbeitsgericht entschieden, dass der angestellte Chefarzt als Arbeitnehmer und sein Vertrag mit dem Krankenhausträger als Arbeitsvertrag zu qualifizieren ist und dass daher auf den Chefarzt das Kündigungsschutzgesetz uneingeschränkt Anwendung findet[20]. Die Literatur geht daher überwiegend davon aus, dass Chefärzte keine Leitenden Angestellten sind, sofern nicht besondere Umstände hinzukommen[21].

Neuerdings wird von einigen Instanzgerichten die Auffassung vertreten, der Chefarzt sei Leitender Angestellter im Sinn von § 5 Abs. 3 BetrVG. Dies hat zur Folge, dass der Betriebsrat bei der Kündigung eines Chefarztes kein Mitwirkungsrecht besitzt[22]. Ist der Chefarzt dagegen kein Leitender Angestellter, so führt bereits eine fehlende oder fehlerhafte Anhörung des Betriebsrats zur Unwirksamkeit der Kündigung.

In katholischen Krankenhäusern bestimmen die §§ 30 Abs. 5 und 31 Abs. 3 MAVO die Unwirksamkeit einer ohne Anhörung und Mitberatung der Mitarbeitervertretung ausgesprochenen ordentlichen bzw. außerordentlichen Kündigung. Dies gilt jedoch nicht, wenn der Dienstgeber den betroffenen Dienstnehmer gemäß § 3 Abs. 2 MAVO zu einem „Mitarbeiter in leitender Stellung“ bestimmt hat. Überwiegend werden Chefärzte zu solchen Mitarbeitern in leitender Stellung bestimmt. In evangelischen Krankenhäusern besteht eine analoge Rechtslage, wobei allerdings der Chefarzt generell als Mitarbeiter in leitender Stellung gilt, sodass die Mitarbeitervertretung von einer Mitwirkung bei der Kündigung ausgeschlossen ist.

Im kommunalen Bereich wird die Mitwirkung bei Kündigungen in den Personalvertretungsgesetzen des Bundes und der Länder geregelt. Dabei ist eine Kündigung in der Regel unwirksam, sofern der Personalrat nicht in der gesetzlich bestimmten Weise mitgewirkt hat. Allerdings wird in verschiedenen Personalvertretungsgesetzen das Mitwirkungsrecht des Personalrats bei der Kündigung von Arbeitnehmern in höheren Positionen ausgeschlossen. Eine höhere Position liegt zum Teil dann vor, wenn der Arbeitnehmer eine Vergütung nach BAT I erhält.

Ein ganz anderes Problem ist die Frage, ob der Chefarzt ein Angestellter in leitender Stellung im Sinn des § 14 Abs. 2 Kündigungsschutzgesetz (KSchG) ist. Wird dies bejaht, so kann der Arbeitgeber im Rahmen eines Kündigungsschutzprozesses den Antrag auf Auflösung des Arbeitsverhältnisses gegen Abfindung stellen, ohne dass er diesen Antrag besonders begründen muss. Dies bedeutet, dass das Arbeitsgericht dem Auflösungsantrag stattgeben muss, selbst wenn die Kündigung willkürlich ausgesprochen wurde.

Nach der neueren Rechtsprechung des BAG ist der Chefarzt jedoch nur dann ein Angestellter in leitender Stellung gemäß § 14 Abs. 2 KSchG, wenn er „zur selbstständigen Einstellung oder Entlassung von Arbeitnehmern berechtigt" ist. Nach einer Entscheidung des BAG von 1999[23] liegt dieser Tatbestand nur vor, wenn der Chefarzt auch im Außenverhältnis befugt ist, die Einstellung und/oder Entlassung von Mitarbeitern selbstständig vorzunehmen. Die erforderliche Selbstständigkeit ist jedoch nur dann gegeben, wenn der Chefarzt die Personalentscheidung ohne Zustimmung durch einen Dritten, z.B. den Geschäftsführer etc., vornehmen kann. Wenn dem Chefarzt die Letztentscheidung verbleibt, ist es unschädlich, dass er z.B. vorher einen Dritten anhören muss. Kann dagegen ein Chefarzt nur mit der vorherigen Zustimmung der Krankenhausleitung eine Personalentscheidung treffen und erfolgt insbesondere die Abwicklung z.B. durch den Verwaltungsdirektor, so ist § 14 Abs. 2 KSchG nach Meinung des BAG nicht erfüllt.

Da in aller Regel dem Chefarzt keine Personalhoheit zur Einstellung und Kündigung von Mitarbeitern seiner Abteilung eingeräumt wird, ist er also kein Angestellter in leitender Stellung gemäß § 14 Abs. 2 KSchG, sodass er den vollen Schutz des Kündigungsschutzgesetzes genießt.

Neuerdings versuchen einige Krankenhausträger den Chefarzt mit einer Personalhoheit für einen kleineren Personenkreis auszustatten, in der Regel hinsichtlich der ärztlichen Mitarbeiter seiner Abteilung. So sehen z.B. die Chefarztverträge in den HELIOS-Kliniken vor, dass der Chefarzt zur selbstständigen Einstellung und Entlassung ärztlicher Mitarbeiter seiner Abteilung berechtigt ist, allerdings nur „nach Absprache mit der Verwaltungsleitung und im Rahmen des Personalbudgets". Hierzu hat nun das Bundesarbeitsgericht (BAG) mit Beschluss vom 10.10.2007 – 7 ABR 61/06 – entschieden, dass ein Chefarzt dann kein Leitender Angestellter ist, wenn seine Personalhoheit nur eine geringe Zahl von Arbeitnehmern umfasst, wie dies im vorliegenden Fall angesichts der Tatsache gegeben war, dass das Krankenhaus etwa 600 Mitarbeiter beschäftigte, davon 80 Ärzte in acht medizinischen Abteilungen.

Allerdings hatte das BAG in seiner Entscheidung offen gelassen, ob der Chefarzt aufgrund seiner Stellung im Unternehmen oder aus anderen Gründen als Leitender Angestellter im Sinne des Betriebsverfassungsgesetzes anzusehen sei. Es hatte daher den Rechtsstreit an das Landesarbeitsgericht (LAG) zur erneuten Entscheidung zurückverwiesen. Das LAG Hamm hat nunmehr mit Beschluss vom 10.10.2008 – 10 TaBV 24/08 – erneut die Eigenschaft des Chefarztes als Leitender Angestellter verneint. Es bleibt abzuwarten, ob das BAG im Rahmen der Rechtsbeschwerde dieser Entscheidung folgt. Auf jeden Fall steht aufgrund der Entscheidung des BAG aus dem Jahr 2007 fest, dass die Einräumung der Personalhoheit für Mitarbeiter der Abteilung nicht ausreicht, die kündigungsschutzrechtliche Stellung des Chefarztes einzuschränken. Auch die Empfehlung der DKG in der 8. Auflage von 2007, den Chefarzt durch die Einräumung der Personalhoheit für Mitarbeiter seiner Abteilung zum Leitenden Angestellten zu machen, widerspricht der Entscheidung des BAG vom 10.10.2007.

2 Kooperative Verträge

Die Forderung nach Einführung kollegialer Strukturen am Krankenhaus beherrscht seit der Antihierarchiedebatte der 70er Jahre insbesondere die innerärztliche Diskussion[24], wie die Beschlussfassungen der Deutschen Ärztetage bis in die letzten Jahre zeigen. Von Krankenhausträgerseite wird dieses Thema eher pragmatisch gesehen. Klare Verantwortungsstrukturen sprechen für das Chefarztsystem. Andererseits wird es immer schwieriger, insbesondere in Krankenhäusern der Grund- und Regelversorgung, Fachabteilungen der großen Fachgebiete Chirurgie und Innere Medizin mit Chefärzten zu besetzen, die das gesamte Fachgebiet qualifiziert vertreten können. So werden in jüngerer Zeit kleinere chirurgische und internistische Abteilungen immer häufiger mit zwei Chefärzten neu besetzt, die die Abteilung kooperativ leiten sollen.

Die Betreuung von Belegabteilungen im sog. kooperativen Belegarztwesen ist schon seit mehr als 25 Jahren anzutreffen, bedingt vor allem durch die Notwendigkeit der Sicherstellung einer fachärztlichen Rufbereitschaft rund um die Uhr.

2.1 Der kooperative Chefarztvertrag

Insbesondere in den Fächern Chirurgie und Innere Medizin wird die Stelle des Abteilungsleiters zunehmend mit zwei Chefärzten im *kooperativen Chefarztsystem* in solchen Fällen besetzt, in denen es aufgrund des Versorgungsauftrags des Krankenhauses nicht möglich ist, zwei Abteilungen desselben Fachgebiets mit verschiedenen Schwerpunktbildungen einzurichten. In diesen beiden Fächern ist es zunehmend schwierig, anlässlich der Neubesetzung der Abteilungsleiterposition ärztlichen Nachwuchs zu gewinnen, der das gesamte Fachgebiet qualifiziert vertreten kann. Der Umfang des medizinischen Wissens führt heute meist schon frühzeitig zur fachlichen Schwerpunktbildung, sodass zum Teil Bewerber auch von sich aus eine kooperative Abteilungsleitung anstreben.

Im universitären Bereich ist die Aufteilung von Fachgebieten schon seit längerer Zeit anzutreffen, selbst in kleineren Fächern, wie z.B. die Einrichtung zweier augenärztlicher Kliniken, eine für den vorderen, die andere für den hinteren Augenabschnitt.

Für den Bereich des kooperativen Chefarztsystems existieren noch keine brauchbaren Vertragsmuster. Zu unterschiedlich sind in jedem einzelnen Fall die Voraussetzungen, die zu einem solchen Modell führen. Ebenso unterschiedlich ist aber auch die Art und Weise, in der ein kooperatives Chefarztsystem im Einzelfall vertragsrechtlich realisiert werden kann. Dies gilt insbesondere für die Bildung klarer Verantwortungs- und Haftungsstrukturen.

Folgende Vorgehensweise hat sich jedoch bewährt: Jeder der beiden Chefarztkollegen schließt zunächst einen ganz normalen Chefarztvertrag ab, der lediglich dadurch vom üblichen Vertrag abweicht, dass in § 1 Abs. 1 die Anstellung als Chefarzt im kooperativen System erwähnt wird und dass darüber hinaus eine Bestimmung in den Vertrag aufgenommen wird, wonach die beiden Chefärzte im Rahmen eines Kooperationsvertrags, der der Zustimmung und Genehmigung des Krankenhausträgers bedarf, Regelungen über die gemeinsame Leitung der Abteilung in ärztlicher und administrativer Hinsicht einschließlich einer Regelung der Zuständigkeiten und Verantwortlichkeiten vereinbaren müssen. Ein solcher Kooperationsvertrag muss in jedem Einzelfall nach den Erfordernissen sowie den Wünschen der beiden Chefärzte und des Krankenhausträgers konzipiert werden. Dies ist nicht ganz einfach und erfordert viele Sachkenntnisse und Erfahrungen im Krankenhaus- und Chefarztvertragsrecht sowie in der Strukturierung von Krankenhäusern und Krankenhaus-Fachabteilungen.

2.2 Der kooperative Belegarztvertrag

Nachdem die Deutsche Krankenhausgesellschaft mit der Kassenärztlichen Bundesvereinigung und der Bundesärztekammer im Jahr 1959 die sog. Belegarztvertragsgrundsätze verabschiedet hatte, kam es seit Anfang der 70er Jahre zu einer verstärkten Diskussion um die gemeinsame Betreuung einer Belegabteilung durch mehrere Belegärzte desselben Fachgebiets, insbesondere zur Sicherstellung einer permanenten fachärztlichen Versorgung der stationären Patienten. So wurde die Idee des *kooperativen Belegarztwesens* entwickelt, die schließlich im Jahr 1977 zu einer gemeinsamen Erklärung der vorstehend genannten Vertragspartner führte. 1981 einigten sich die Vertragspartner darauf, die Belegarztvertragsgrundsätze von 1959 grundsätzlich auch auf das kooperative Belegarztwesen anzuwenden. Nach eingehenden Gesprächen wurde schließlich eine Beratungs- und Formulierungshilfe zum kooperativen Belegarztvertrag verabschiedet, die im Mai 1985 der Öffentlichkeit vorgestellt wurde[25].

Das Vertragsmuster für das kooperative Belegarztwesen entspricht im Wesentlichen dem Vertragsmuster für das Einzelbelegarztwesen, enthält allerdings zusätzlich einen Paragraphen über die Zusammenarbeit der verschiedenen Belegärzte. Er bestimmt, dass die Belegärzte ein Team bilden, in dem die Belegpatienten von den Belegärzten gemeinsam versorgt werden, wobei aus dem Team ein Belegarzt für die Dauer von jeweils drei Jahren zum Ärztlichen Leiter der Belegabteilung bestellt wird. Dieser koordiniert die Tätigkeit der Belegärzte. Darüber hinaus ist eine Vereinbarung unter den Belegärzten zu treffen, in der die Aufgabenverteilung innerhalb der Abteilung geregelt wird, so z.B. die gegenseitige Konsultation und Unterstützung, die gemeinsame Nutzung von Räumen und Einrichtungen etc.

Somit muss also auch im Rahmen des kooperativen Belegarztvertrags das Hauptproblem, nämlich die kooperative Zusammenarbeit unter den Belegärzten, außerhalb eines Vertragsmusters im Wege einer individuell zu erarbeitenden Regelung vereinbart werden. Auch hier ist wiederum besonderer Sachverstand gefordert.

3 Vertragsmuster für den Chefarzt

3.1 Der Chefarztvertrag

Zwischen ..... (Name des Krankenhausträgers)
vertreten durch .....

– nachfolgend „Krankenhausträger" genannt –

und

Herrn/Frau Dr. med. ....., Facharzt/Fachärztin für .....,
wohnhaft in .....

– nachfolgend „Arzt/Ärztin" genannt –

wird folgender

Chefarztvertrag

geschlossen.

Präambel

Anmerkung: Hier kann auf einen besonderen Anlass für den Abschluss des Dienstvertrags hingewiesen werden, z.B. auf ein vorangegangenes Dienstverhältnis als Oberarzt mit zugesicherter Chefarztnachfolge. Ebenso kann auf die Besonderheiten eines konfessionellen Krankenhauses als Einrichtung einer Religionsgemeinschaft sowie auf deren Glaubens- und Sittenlehre hingewiesen werden.

§ 1
Dienstverhältnis

(1) Herr/Frau Dr. med. ....., geb. am ....., wird mit Wirkung vom ..... als Leitende(r) Ärztin/Arzt der .....-Abteilung/Klinik des ..... Krankenhauses angestellt.

(Im nachfolgenden Text des Vertrags wird aus Gründen der besseren Lesbarkeit nur noch von „Arzt" gesprochen.)

(2) Das Dienstverhältnis ist privatrechtlicher Natur. Neben den Bestimmungen dieses Vertrags findet der ..... TV-Ärzte/VKA ...../findet der TV-Ärzte/KF ...../finden die Arbeitsvertragsrichtlinien des Caritasverbands/des Diakonischen Werkes (AVR) in der jeweils gültigen Fassung insoweit Anwendung, als darauf ausdrücklich in diesem Vertrag Bezug genommen wird. Der Arzt ist verpflichtet, die vom Krankenhausträger erlassenen Dienstanweisungen und Hausordnungen in der jeweils gültigen Fassung zu beachten.

(3) Im Interesse der Erfüllung seiner Dienstaufgaben verpflichtet sich der Arzt, in der Nähe des Krankenhauses zu wohnen.

(4) Der Arzt führt die Dienstbezeichnung „Chefarzt".

(5) Der Arzt hat über alle Angelegenheiten des Krankenhauses Verschwiegenheit zu bewahren, auch nach Beendigung des Dienstverhältnisses.

§ 2
Stellung des Arztes

(1) Der Arzt ist für die gesundheitliche Versorgung der Kranken und den Dienstbetrieb seiner Abteilung verantwortlich. In seiner ärztlichen Verantwortung bei Diagnostik und Therapie ist er unabhängig und nur dem Gesetz verpflichtet. Im Übrigen ist er an die Weisungen des Krankenhausträgers und des Ärztlichen Direktors des Krankenhauses gebunden.

(2) Der Arzt ist zur Zusammenarbeit mit dem Krankenhausträger, seinen Beauftragten, den anderen Chefärzten und Belegärzten, dem Verwaltungsleiter und dem Leiter des Pflegedienstes verpflichtet.

(3) Der Krankenhausträger wird den Arzt vor wichtigen Entscheidungen hören, die seinen Aufgabenbereich betreffen.

(4) Dienstvorgesetzter des Arztes ist der .....

(5) Für die Erledigung der Verwaltungsgeschäfte und der wirtschaftlichen Angelegenheiten des Krankenhauses ist die Krankenhausverwaltung zuständig. Sie bewirtschaftet im Rahmen der von den Organen des Krankenhausträgers erteilten Ermächtigungen die Haushaltsmittel, gibt die Bestellungen auf und tätigt die Einkäufe für das Krankenhaus, soweit es den medizinischen Sachbedarf der Abteilung betrifft, im Benehmen mit dem Arzt.

(6) Bei Meinungsverschiedenheiten des Arztes mit anderen Chefärzten oder Belegärzten entscheidet in ärztlichen Angelegenheiten der Ärztliche Direktor des Krankenhauses, im Übrigen der Dienstvorgesetzte. Der Dienstvorgesetzte entscheidet auch bei Meinungsverschiedenheiten zwischen Arzt und Krankenhausverwaltung oder Pflegedienstleitung.

Alternative zu § 2 Abs. 1: Konfessionelle Krankenhäuser

(1) Der Arzt ist für die gesundheitliche Versorgung der Kranken und den Dienstbetrieb seiner Abteilung verantwortlich. In seiner ärztlichen Verantwortung bei Diagnostik und Therapie ist er unabhängig und nur dem Gesetz – auch dem kirchlichen – verpflichtet. Er hat hierbei die Lehren und Grundsätze der katholischen/evangelischen Kirche zu beachten und auch sein außerdienstliches Verhalten danach auszurichten. Er hat den christlichen Geist des Krankenhauses mitzuprägen und seinen Dienst in Wahrnehmung der leiblichen und seelischen Belange der Patienten auszuüben. Das verlangt auch die regelmäßige und vertrauensvolle Zusammenarbeit mit Pflegedienst, Seelsorge und Sozialdienst. Im Übrigen ist er an die Weisungen des Krankenhausträgers und des Ärztlichen Direktors des Krankenhauses gebunden.

§ 3
Wirtschaftlichkeitsgebot und Budgetverantwortung

(1) Der Arzt ist zu zweckmäßiger, wirtschaftlicher und sparsamer Behandlung im Rahmen des ärztlich Notwendigen und der Aufgabenstellung des Krankenhauses und der Abteilung verpflichtet. Er ist auch für die sparsame Verwendung der zur Verfügung stehenden Mittel durch die Ärzte und die anderen Mitarbeiter seiner Abteilung verantwortlich.

(2) Nach Anhörung des Arztes kann ein internes abteilungsbezogenes Budget erstellt werden, auf dessen Einhaltung der Arzt hinzuwirken hat. Der Arzt wird regelmäßig über die Budgetentwicklung im Pflegesatzzeitraum informiert.

(3) Über die Einführung neuer diagnostischer und therapeutischer Untersuchungs- und Behandlungsmethoden bzw. Maßnahmen, die Mehrkosten verursachen, hat der Arzt Einvernehmen mit dem Krankenhausträger herbeizuführen, soweit nicht die medizinische Notwendigkeit in Einzelfällen solche Maßnahmen oder Methoden unabdingbar macht.

(4) Der Arzt hat die Richtlinien des Krankenhausträgers, der Arzneimittelkommission sowie der sonstigen vom Krankenhausträger eingerichteten Kommissionen zu beachten.

Alternative zu § 3 Abs. 2: Budgetverantwortung

(2) Der Arzt verpflichtet sich zur Einhaltung des internen abteilungsbezogenen Budgets. Das Budget sowie die maßgeblichen Soll- und Fallzahlen werden vom Krankenhausträger im Einvernehmen mit dem Arzt – jeweils vor Beginn des Wirtschaftsjahres – aufgestellt.

Die Budgetverantwortung des Arztes umfasst

- die Sicherstellung der stationären Soll-Fallzahlen unter Berücksichtigung der Erfordernisse der DRG-Entgeltsystematik,

- die Einhaltung der Soll-Personalstärke (ärztlicher Dienst und medizinisch-technischer Dienst) für seinen Verantwortungsbereich,
- die Einhaltung der Sachkosten-Planung, insbesondere im Bereich des medizinischen Bedarfs,
- die Erreichung sonstiger Leistungsziele (z.B. teilstationäre und vor- und nachstationäre Erlöse).

Der Arzt wird regelmäßig, mindestens monatlich, über die budgetrelevante Entwicklung der Einnahmen und Ausgaben informiert. Ist eine abweichende Entwicklung erkennbar, so werden sich der Krankenhausträger und der Arzt unverzüglich um Gegenmaßnahmen bemühen. Der Arzt hat Entwicklungen, die außerhalb seines Wirkungsbereichs liegen, nicht zu vertreten.

§ 4
Dienstaufgaben im Bereich der Krankenhausbehandlung

(1) Dem Arzt obliegt die Führung und fachliche Leitung der Abteilung. Der Arzt ist für die medizinische Versorgung der Kranken der Abteilung verantwortlich. Er hat nach Maßgabe der vom Krankenhausträger bestimmten Aufgabenstellung und Zielsetzung des Krankenhauses und der Abteilung alle ihm zugewiesenen ärztlichen Tätigkeiten zu besorgen. Hierzu gehören insbesondere folgende Aufgaben:
   1. die Behandlung aller Kranken der Abteilung im Rahmen der Krankenhausleistung;
   2. die Untersuchung und Mitbehandlung der Kranken sowie die Beratung der Ärzte anderer Abteilungen des Krankenhauses einschließlich der Belegabteilungen, soweit sein Fachgebiet berührt wird;
   3. die nicht-stationäre Untersuchung und Behandlung von Patienten anderer stationärer Einrichtungen, auch fremder Träger, soweit die Untersuchung und Behandlung auf Veranlassung der anderen Einrichtung in seiner Abteilung erfolgt;
   4. die ambulante Notfallbehandlung sozialversicherter Patienten;
   5. die Erbringung von Institutsleistungen im ambulanten Bereich (prä- und poststationäre Versorgung und ambulantes Operieren gem. §§ 115a und b SGB V, psychiatrische Institutsambulanz, physikalische Therapie);
   6. die Vornahme der Leichenschau und die Ausstellung der Todesbescheinigungen bei Todesfällen in seiner Abteilung;
   7. die Durchführung von Früherkennungsmaßnahmen, wenn sie aus Anlass eines stationären Aufenthalts durchgeführt werden.

(2) Der Arzt hat organisatorisch den Bereitschaftsdienst und die Rufbereitschaft für die Abteilung sicherzustellen und erforderlichenfalls auch an der Rufbereitschaft selbst teilzunehmen.

(3) In der Verantwortung für seine Abteilung hat der Arzt auf eine nach Maßgabe der Budgetplanung des Krankenhauses anzustrebende Belegung unter Berücksichtigung

des Wirtschaftlichkeitsgebots hinzuwirken. Hierzu wird er geeignete Maßnahmen, z.B. Vorkehrungen für eine reibungslose Ablauforganisation in der Abteilung, kollegiale Kontakte zu niedergelassenen Ärzten, Vorträge, Informationsveranstaltungen für Patienten und Angehörige etc., ergreifen. Berufsrechtliche Regelungen bleiben unberührt.

(4) Dem Arzt obliegt weiter,
1. die notwendigen Visiten bei allen Kranken der Abteilung durchzuführen;
2. die den Kranken gegenüber bestehenden Aufklärungspflichten zu erfüllen, dabei die vom Krankenhausträger erlassenen Dienstanweisungen sowie die von der Rechtsprechung entwickelten Grundsätze zu beachten und die Ärzte der Abteilung über die Aufklärungspflicht zu belehren;
3. Kranke, die entgegen ärztlichem Rat ihre Entlassung aus der stationären Versorgung verlangen, darüber zu belehren, dass das Krankenhaus für die daraus entstehenden Folgen nicht haftet.

Die Belehrungen nach 2. und 3. sind in den Krankenunterlagen zu vermerken.

(5) Der Arzt hat ferner den Dokumentationspflichten nachzukommen, die sich bei den Früherkennungsmaßnahmen ergeben und die Inhalt der allgemeinen Krankenhausleistungen sind.

§ 5
Sonstige Dienstaufgaben

(1) Der Arzt ist für den geordneten Dienstbetrieb und für die allgemeine Hygiene in der Abteilung verantwortlich. Er hat nach bestem Können die ärztlichen Anordnungen und Maßnahmen zu treffen, zu unterstützen oder – soweit der Krankenhausträger zuständig ist – anzuregen, die einen ordnungsgemäßen Betrieb des Krankenhauses im Allgemeinen und seiner Abteilung im Besonderen gewährleisten. In seinem ärztlichen Aufgabenbereich hat er auch für die Beachtung der Hausordnung zu sorgen.

(2) Zu den Aufgaben des Arztes gehört es auch, die ärztlichen Anzeige- und Meldepflichten zu erfüllen, die für den ärztlichen Bereich erlassenen Vorschriften, Dienstanweisungen und Anordnungen einzuhalten sowie deren Durchführung im Bereich der Abteilung sicherzustellen.

(3) Auf Verlangen des Krankenhausträgers hat der Arzt
1. an den Sitzungen der Aufsichtsgremien des Krankenhausträgers teilzunehmen;
2. in den Gremien des Krankenhauses (Arzneimittelkommission, Hygienekommission, Ethikkommission etc.) mitzuwirken;
3. die Leitung einer dem Krankenhausträger gehörenden Ausbildungsstätte für nichtärztliche Berufe des Gesundheitswesens zu übernehmen;
4. die Aufgabe des Ärztlichen Direktors des Krankenhauses wahrzunehmen;
5. sich an Qualitätssicherungsmaßnahmen des Krankenhausträgers zu beteiligen.

(4) Im Rahmen seines Fachgebietes hat der Arzt ferner

1. den Krankenhausträger in allen ärztlichen Angelegenheiten zu beraten;
2. die ärztlichen und nichtärztlichen Mitarbeiter des Krankenhauses aus-, weiter- und fortzubilden, insbesondere den ärztlichen Unterricht an einer Aus- und Weiterbildungsstätte für nichtärztliche Berufe des Gesundheitswesens zu erteilen;
3. an der Ausbildung von Studierenden der Medizin nach Maßgabe der Vorschriften der Approbationsordnung für Ärzte mitzuwirken;
4. über den Gesundheitszustand der im Krankenhaus tätigen Personen oder von Personen, die sich um eine Anstellung im Krankenhaus bewerben, ärztliche Zeugnisse und gutachterliche Äußerungen zu erstatten;
5. die in Gesetzen, Verordnungen oder anderen Rechtsnormen, Unfallverhütungsvorschriften, Dienstanweisungen usw. vorgeschriebenen regelmäßigen Untersuchungen der im Krankenhaus tätigen Personen vorzunehmen und hierüber die erforderlichen Aufzeichnungen zu machen;
6. an der Organisation des Rettungsdienstes nach Maßgabe bestehender Regelungen (z.B. Rettungsdienstgesetze der Länder) und der zwischen dem Träger des Rettungsdienstes und dem Krankenhausträger getroffenen Vereinbarungen mitzuwirken, insbesondere auch den am Rettungsdienst teilnehmenden Ärzten die für die notärztliche Versorgung erforderlichen besonderen Kenntnisse und Fertigkeiten zu vermitteln.

§ 6
Durchführung der Dienstaufgaben

(1) Im Rahmen der Erfüllung seiner Dienstaufgaben überträgt der Arzt, soweit nicht die Art oder die Schwere der Krankheit sein persönliches Tätigwerden erfordern, den ärztlichen Mitarbeitern – entsprechend ihrem beruflichen Bildungsstand, ihren Fähigkeiten und Erfahrungen – bestimmte Tätigkeitsbereiche oder Einzelaufgaben zur selbstständigen Erledigung. Die Gesamtverantwortung des Arztes wird hierdurch nicht eingeschränkt.

(2) Gesondert berechenbare wahlärztliche Leistungen erbringt der Arzt nach Maßgabe der GOÄ (GOZ) in der jeweils gültigen Fassung. Im Verhinderungsfall übernimmt diese Aufgabe sein ständiger ärztlicher Vertreter.

(3) Der Arzt hat die Rechte und Pflichten der anderen Chefärzte und der Belegärzte zu beachten. Er hat das Recht und die Pflicht, andere Chefärzte des Krankenhauses, Belegärzte, Ärzte und Einrichtungen außerhalb des Krankenhauses, mit denen vertragliche Beziehungen bestehen, zur Beratung, Untersuchung oder Mitbehandlung beizuziehen, wenn dies erforderlich ist. Die Einschaltung anderer Ärzte und Einrichtungen außerhalb des Krankenhauses soll nur in Ausnahmefällen erfolgen.

(3a) **Fakultativ**: Für die Abgrenzung der Zuständigkeit zu anderen Fachabteilungen gilt Folgendes:

- Für röntgendiagnostische Leistungen ist grundsätzlich das Röntgeninstitut zuständig. Der Arzt ist jedoch zuständig für .....
- Für Laborleistungen gilt: .....
- Für die Intensivbetten gilt: .....
- Für ..... Leistungen gilt: .....

(4) Unbeschadet des allgemeinen Weisungsrechts des Krankenhausträgers wird der Arzt ermächtigt, im Rahmen seiner Dienstaufgaben über Aufnahme, Beurlaubung und Entlassung von Patienten innerhalb seiner Abteilung zu entscheiden.

(5) Die mit den Dienstaufgaben zusammenhängenden ärztlichen Leistungen sind – soweit möglich – ausschließlich im Krankenhaus mit dessen Geräten und Einrichtungen zu bewirken; dies gilt nicht für Hilfeleistungen in Notfällen, die außerhalb des Krankenhauses erbracht werden müssen.

(6) Der Arzt ist verpflichtet, vorübergehend freie Betten der Abteilung bei Bedarf den anderen Chefärzten und den Belegärzten zur vorübergehenden Belegung zu überlassen, soweit gesetzliche Vorschriften oder zwingende medizinische Bedenken nicht entgegenstehen. Wegen der Benutzung von Räumen und Einrichtungen des Krankenhauses, die auch den Zwecken anderer Abteilungen dienen, hat er sich mit anderen Krankenhausärzten kollegial zu verständigen.

(7) Der Arzt hat dafür zu sorgen, dass für jeden Kranken der Abteilung eine Krankengeschichte geführt wird.

Mit der Anfertigung der Krankengeschichte geht diese in das Eigentum des Krankenhausträgers über, der sie unter Sicherung der ärztlichen Schweigepflicht und unter Beachtung der Datenschutzbestimmungen aufbewahrt. Der Arzt hat jederzeit Zugang zu den für die Kranken der Abteilung geführten Krankengeschichten; dies gilt auch für die Zeit nach seinem Ausscheiden, wenn der Arzt ein berechtigtes Interesse nachweist.

Originalkrankengeschichten und deren Anlagen (auch als Mikrofilme) dürfen aus den Räumen des Krankenhauses nicht entfernt werden. Falls die Entfernung aus zwingenden Gründen nicht zu vermeiden ist, z.B. im Fall der gerichtlichen Beschlagnahme, sind vor der Herausgabe Ablichtungen anzufertigen.

Abschriften, Auszüge und Ablichtungen von Krankengeschichten dürfen nur an Berechtigte und nur mit Zustimmung des Arztes oder seines Nachfolgers herausgegeben werden; der Zustimmung bedarf es nicht, wenn für den Krankenhausträger aufgrund gesetzlicher Vorschriften eine Rechtspflicht zur Herausgabe besteht.

Der Arzt ist berechtigt, von den Krankengeschichten auf seine Kosten Abschriften, Auszüge oder Ablichtungen herstellen zu lassen, auch nach seinem Ausscheiden.

Bei Untersuchungen oder Behandlungen von Kranken in anderen Abteilungen des Krankenhauses hat der Arzt seine Aufzeichnungen dem Leitenden Arzt der anderen

Abteilung zur Vereinigung mit der von diesem geführten Krankengeschichte zu übergeben.
Die vorstehenden Regelungen für Krankengeschichten gelten sinngemäß für Röntgenaufnahmen, Elektrokardiogramme oder ähnliche Aufzeichnungen.

(8) Soweit der Krankenhausträger für allgemeine statistische Zwecke, zur Diagnosestatistik, zur Erstellung der Kosten- und Leistungsrechnung, zur Erhebung seiner Entgelte o.Ä. Angaben über die von dem Arzt selbst oder von den nachgeordneten Ärzten oder sonstigen Mitarbeitern bewirkten ärztlichen Leistungen oder Krankenhaussachleistungen benötigt, ist der Arzt verpflichtet, der Krankenhausverwaltung alle Angaben zu machen. Dies gilt insbesondere auch für Angaben über die in Betracht kommenden Leistungsziffern der Gebührenordnung für Ärzte (GOÄ), des Einheitlichen Bewertungsmaßstabes (EBM), des Krankenhaustarifs (DKG-NT) sowie für Angaben von Verschlüsselungen gem. International Classification of Diseases (ICD) und International Classification of Procedures in Medicine (ICPM), die zur Erhebung der Daten benötigt werden. Er hat der Krankenhausverwaltung die hierzu erforderlichen Unterlagen zur Verfügung zu stellen. Die ärztliche Schweigepflicht und die Vorschriften über den Datenschutz bleiben unberührt.

(9) Vorkommnisse von erheblicher oder grundsätzlicher Bedeutung, insbesondere auch Untersuchungen der Polizei oder der Staatsanwaltschaft, auftretende Schwierigkeiten oder Missstände in der Abteilung hat der Arzt unverzüglich dem Dienstvorgesetzten – in ärztlichen Angelegenheiten über den Ärztlichen Direktor des Krankenhauses, im Übrigen auch über die Krankenhausverwaltung – mitzuteilen.

§ 7
Rechte und Pflichten in Personalangelegenheiten

(1) Der Krankenhausträger stellt die zur ordnungsgemäßen Aufrechterhaltung des Betriebs der Abteilung erforderlichen ärztlichen Mitarbeiter, das medizinisch-technische und pflegerische Personal und die Schreibkräfte im Rahmen des Stellenplans ein. Bei der Vorbereitung des Stellenplans für den ärztlichen und medizinisch-technischen Dienst seiner Abteilung erhält der Arzt Gelegenheit zur Stellungnahme.

(2) Bei der Anstellung, Umsetzung, Versetzung, Abordnung, Beurlaubung oder Entlassung der nachgeordneten Ärzte der Abteilung hat der Arzt das Vorschlagsrecht; personelle Entscheidungen, die den Leitenden Oberarzt der Abteilung und die Chefarztsekretärin betreffen, erfolgen im Einvernehmen mit dem Arzt. Vor entsprechenden Maßnahmen bei Mitarbeitern der Abteilung im medizinisch-technischen Dienst, bei Pflegepersonen in herausgehobener Stellung sowie bei den Sekretärinnen für den Arzt wird dieser gehört.

(3) Der Arzt hat in ärztlichen Angelegenheiten das Weisungsrecht gegenüber den Mitarbeitern der Abteilung; die Befugnisse des Ärztlichen Direktors des Krankenhauses,

des Leiters des Pflegedienstes und des Verwaltungsleiters in ihren Aufgabenbereichen bleiben unberührt.

(4) Bei der Diensteinteilung und bei der Zuweisung von Aufgaben und Tätigkeiten an Ärzte und nichtärztliche Mitarbeiter hat der Arzt – beim Krankenpflegepersonal im Benehmen mit dem Leiter des Pflegedienstes – den beruflichen Bildungsstand der Mitarbeiter, die Arbeits-, Aus- und Weiterbildungsverträge des Krankenhausträgers mit den Mitarbeitern sowie Vermittlungs- oder Gestellungsverträge des Krankenhauses mit Schwesternschaften, Mutterhäusern u.Ä. zu beachten. Der Arzt hat besonders dafür zu sorgen, dass die einzel- und tarifvertraglich vereinbarten Arbeitszeiten der Ärzte und nichtärztlichen Mitarbeiter der Abteilung eingehalten werden.

(5) Personen, die vom Krankenhausträger weder angestellt noch von ihm zu einer beruflichen Bildungsmaßnahme zugelassen sind, dürfen vom Arzt im Krankenhaus nicht beschäftigt oder aus-, weiter- und fortgebildet werden; Ausnahmen bedürfen der vorherigen Zustimmung; die Zuziehung von Konsiliarärzten bleibt unberührt.

(6) Arbeitszeugnisse für nachgeordnete Ärzte der Abteilung, für die medizinisch-technischen und physiotherapeutischen Mitarbeiter der Abteilung sowie für die Arztschreibkräfte der Abteilung werden vom Krankenhausträger unter Verwendung einer vom Arzt abzugebenden fachlichen Beurteilung ausgestellt. Die fachliche Beurteilung und das Arbeitszeugnis werden in einer Urkunde zusammengefasst.

(7) Zeugnisse für nachgeordnete Ärzte im Rahmen der Gebietsarztweiterbildung oder Zeugnisse und Bescheinigungen, die sich ausschließlich mit der ärztlich-wissenschaftlichen Qualifikation befassen, stellt der Arzt aus. Sie sind vor ihrer Aushändigung dem Krankenhausträger zur Kenntnis vorzulegen; die Krankenhausverwaltung erhält für die Personalakte eine Mehrfertigung der Zeugnisse und Bescheinigungen.

§ 8
Gehalt, Liquidationsrecht, sonstige Bezüge

(1) Der Arzt erhält für seine Tätigkeit im dienstlichen Aufgabenbereich eine Vergütung entsprechend der Entgeltgruppe IV (EG IV) des TV-Ärzte/VKA [oder: entsprechend der jeweils höchsten Entgeltgruppe des ..... Tarifvertrags/der AVR] in der jeweils gültigen Fassung. Wird der vorstehend genannte Tarifvertrag oder der maßgebende Vergütungstarifvertrag durch einen anderen Tarifvertrag ersetzt, so tritt an die Stelle der vereinbarten Vergütung die entsprechende Vergütung des neuen Tarifvertrags unter Berücksichtigung etwaiger Überleitungsbestimmungen.

(2) Der Arzt erhält ferner

a) das Liquidationsrecht für die gesondert berechenbaren wahlärztlichen Leistungen bei denjenigen Patienten, die diese Leistungen gewählt, mit dem Krankenhaus vereinbart und in Anspruch genommen haben; das Liquidationsrecht besteht auch bei der Mitbehandlung von Wahlleistungspatienten anderer Abteilungen;

b) das Liquidationsrecht für das Gutachterhonorar bei Aufnahmen zur Begutachtung, soweit die gesonderte Berechnung eines Gutachterhonorars neben dem Pflegesatz nach dem Pflegekostentarif des Krankenhauses in der jeweils gültigen Fassung zulässig ist.

Die Einnahmen aus dem Liquidationsrecht sind kein zusatzversorgungspflichtiges Entgelt.

(3) Neben der Vergütung nach Abs. 1 und der Einräumung des Liquidationsrechts nach Abs. 2 wird der Arzt an den Einnahmen des Krankenhausträgers aus folgenden Bereichen beteiligt:
   a) aus dem ambulanten Operieren gem. § 115a SGB V in Höhe von ..... v.H.;
   b) aus der Behandlung stationärer Patienten anderer Krankenhäuser im Fachgebiet des Arztes in Höhe von ..... v.H.

(4) Das Liquidationsrecht nach Abs. 2 beginnt mit der schriftlichen Vereinbarung zwischen Patient und Krankenhausträger. Es endet mit der Kündigung der Vereinbarung oder der Einstellung der wahlärztlichen Leistungen.

(5) Bei der Bemessung der Honorare aus dem Liquidationsrecht hat der Arzt den gemeinnützigen Charakter des Krankenhauses und dessen Pflegekostentarif zu berücksichtigen.

(6) Mit der Vergütung sind alle Dienstaufgaben einschließlich Überstunden, Mehr-, Samstags-, Sonntags-, Feiertags- und Nachtarbeit jeder Art sowie eine evtl. Teilnahme an der Rufbereitschaft abgegolten.

§ 9
Abgaben im stationären Bereich

(1) Der Arzt ist verpflichtet, an den Krankenhausträger ein Nutzungsentgelt nach Maßgabe der folgenden Bestimmungen zu zahlen.

(2) Das Nutzungsentgelt beträgt .... v.H. der Bruttohonorareinnahmen.

(3) Bruttohonorareinnahmen sind die Summe der tatsächlichen Zahlungseingänge bei dem Arzt oder bei Dritten aus allen Bereichen, in denen dem Arzt das Liquidationsrecht eingeräumt ist, ohne Abzug von Zuwendungen an nachgeordnete Ärzte und sonstige Mitarbeiter und ohne andere Kürzungen, wie z.B. Aufrechnungen, Abzug von Einzugsvergütungen oder Leistungen an Dritte.

(4) Zur Einziehung der Honorare aus dem Liquidationsrecht beauftragt der Arzt eine privatärztliche Abrechnungsstelle und verpflichtet diese, dem Krankenhaus die diesem nach § 8 zustehenden Abgaben jeweils zeitnah auszuzahlen. Der Arzt verpflichtet die Abrechnungsstelle weiterhin, die zur Abrechnung erforderlichen Unterlagen einschließlich einer Auflistung aller erbrachten Leistungen vollständig zur Verfügung zu stellen. Der Arzt ist ferner verpflichtet, dem Krankenhausträger die Möglichkeit einzuräumen, die Rechnungslegung zu überprüfen. Abrechnungszeitraum ist das Kalenderjahr. Der auf das Krankenhaus entfallende Schlussbetrag wird nach der Ab-

rechnung fällig, die innerhalb von zwei Monaten nach Schluss des Kalenderjahres vorzunehmen ist. Der Krankenhausträger kann die Ordnungsmäßigkeit und Richtigkeit der Abrechnung durch einen zur Verschwiegenheit verpflichteten Sachverständigen aufgrund der Belege, Bücher, Aufzeichnungen und Steuerunterlagen des Arztes prüfen lassen. Die Grundsätze der ärztlichen Schweigepflicht sind zu beachten.

Alternative zu § 9 Abs. 3: Erfolgsabhängige Abgabe

Abhängig vom Erfolg bei der Einhaltung der Budgetvorgabe gem. der Alternative zu § 3 Abs. 2: Budgetverantwortung, beträgt die Abgabe:

1. bei Einhaltung der Budgetvorgaben (Erfolgsfall) mindert sich die Abgabe auf ..... v.H. der Bruttohonorareinnahmen;
2. bei Nichteinhaltung der Budgetvorgaben (Misserfolgsfall) erhöht sich die Abgabe auf .... v.H.;
3. bei Einhaltung der Budgetvorgaben und gleichzeitigem positivem Gesamtergebnis des Krankenhauses vermindert sich die Abgabe auf ..... v.H.

Bruttohonorareinnahmen sind die Summe der tatsächlichen Zahlungseingänge bei dem Arzt oder bei Dritten aus allen Bereichen, in denen dem Arzt das Liquidationsrecht eingeräumt ist, ohne Abzug von Zuwendungen an nachgeordnete Ärzte und sonstige Mitarbeiter und ohne andere Kürzungen, wie z.B. Aufrechnungen, Abzug von Einzugsvergütungen oder Leistungen an Dritte.

§ 10
Finanzielle Beteiligung der ärztlichen Mitarbeiter/innen

Der Arzt ist verpflichtet, die ärztlichen Mitarbeiter der Abteilung an den Einnahmen aus dem Liquidationsrecht gem. § 8 Abs. 2 nach leistungsbezogenen Kriterien angemessen und unter Berücksichtigung des ärztlichen Berufsrechts zu beteiligen.

§ 11
Einkommensgarantie

Der Krankenhausträger garantiert dem Arzt Gesamteinnahmen aus der Dienstvergütung gem. § 8 Abs. 1, den Erlösen aus der Einräumung des Liquidationsrechts gem. § 8 Abs. 2 sowie den Einnahmen aus genehmigter Nebentätigkeit; von den Liquidationserlösen im stationären Bereich und in der Nebentätigkeit sind die an den Krankenhausträger abzuführenden Nutzungsentgelte sowie die Aufwendungen für die Mitarbeiterbeteiligung abzuziehen. Die Höhe der garantierten Gesamteinnahmen beträgt Euro ..... p.a. Ein eventueller Differenzbetrag wird nach Vorliegen der Jahresgesamtabrechnung ausgezahlt; ist vorauszusehen, dass die Einkommensgarantie nicht erreicht wird, zahlt der Krankenhausträger monatliche Abschlagszahlungen auf den zu erwartenden Differenzbetrag. Der Garantiebetrag erhöht oder ermäßigt sich jeweils um den Prozentsatz, um den die Vergütung gem. § 8 Abs. 1 jeweils verändert wird.

Fakultative Ergänzung:
Haben die Vertragspartner eine erfolgsabhängige Regelung des Vorteilsausgleichs vereinbart, so ändert sich der Garantiebetrag hinsichtlich seines auf die Liquidationserlöse im stationären Bereich entfallenden Anteils in dem Umfang, in dem sich die Liquidationserlöse gem. § 9 Abs. 3 erhöhen oder reduzieren.

§ 12
Alters- und Hinterbliebenenversorgung

(1) Der Krankenhausträger gewährt dem Arzt den Arbeitgeberanteil zur gesetzlichen Rentenversicherung bzw. zur Ärzteversorgung.
(2) Der Krankenhausträger gewährt dem Arzt eine zusätzliche Alters- und Hinterbliebenenversorgung durch Anmeldung des Arztes zur Zusatzversorgungskasse gem. Tarifvertrag ...../zur Kirchlichen Zusatzversorgungskasse ..... und trägt hierfür die tarifgemäßen/satzungsgemäßen Umlagen.

Alternative zu § 12 Abs. 2: Zuschuss
(2) Der Krankenhausträger beteiligt sich an den nachgewiesenen Aufwendungen des Arztes für dessen Alters- und Hinterbliebenenversorgung mit einem Zuschuss in Höhe von ..... v.H. der Bruttobezüge aus der Vergütung gem. § 8 Abs. 1.

§ 13
Urlaub, Fortbildung, Vertretung

(1) Der Arzt erhält einen jährlichen Erholungsurlaub von 30 Arbeitstagen bezogen auf die 5-Tage-Woche.
(2) Dem Dienstvorgesetzten ist die Urlaubsabwesenheit rechtzeitig mitzuteilen. Gleichzeitig ist mitzuteilen, wer die Vertretung des Arztes übernimmt.
(3) Zur Teilnahme an wissenschaftlichen Kongressen und ärztlichen Fortbildungsveranstaltungen erhält der Arzt Dienstbefreiung bis zur Dauer von 15 Arbeitstagen (5-Tage-Woche) jährlich, ohne Anrechnung auf den Jahresurlaub. Die Abwesenheit zur Fortbildung ist dem Dienstvorgesetzten rechtzeitig mitzuteilen.
(4) Bei Abwesenheit ist dem Dienstvorgesetzten mitzuteilen, wer die Vertretung des Arztes übernimmt. In der Regel wird der Arzt durch den Ersten Oberarzt der Abteilung vertreten. Steht der Abteilung kein zur Vertretung geeigneter Arzt zur Verfügung, so hat der Krankenhausträger für die Vertretung zu sorgen und diese im dienstlichen Aufgabenbereich zu vergüten. Für die Bestellung eines geeigneten Vertreters hat der Arzt das Vorschlagsrecht.

§ 14
Leistungen im Krankheitsfall, Lohnfortzahlung

(1) Bei Dienstverhinderung durch Krankheit oder Unfall wird das Gehalt gem. § 8 Abs. 1 bis zur Dauer von 26 Wochen gezahlt, jedoch nicht über die Beendigung des Dienstverhältnisses hinaus. Soweit Krankengeld aus einer Versicherung geleistet wird, zu der der Krankenhausträger Beiträge aufgebracht hat, wird dies auf die Gehaltszahlung angerechnet. Hat der Arzt wegen der Dienstverhinderung Schadensersatzansprüche gegen Dritte, so ist er verpflichtet, diese an den Krankenhausträger abzutreten.

(2) Das Liquidationsrecht bzw. die Beteiligungsvergütung gem. § 8 Abs. 2 und Abs. 3 bleiben unberührt.

(3) Im Krankheits-, Geburts- oder Todesfall erhält der Arzt Beihilfen wie die sonstigen Angestellten des Krankenhausträgers.

(4) Der Arzt erhält bei stationärer Behandlungsbedürftigkeit freie Pflege, Unterkunft und Verpflegung in einem 1-Bett-Zimmer des Krankenhauses sowie die notwendigen sachlichen Nebenleistungen, soweit ihm nicht ein Erstattungsanspruch gegen Dritte zusteht.

§ 15
Versicherungsschutz

(1) Der Krankenhausträger stellt den Arzt frei von Haftpflichtansprüchen und schließt hierzu für alle ärztlichen Tätigkeiten im Krankenhaus, für die Gutachter- und Konsiliartätigkeit, für Nebentätigkeiten sowie für Hilfeleistungen in Notfällen eine Haftpflichtversicherung gegen Schadensersatzansprüche Dritter ab.

(2) Der Arzt ist jederzeit berechtigt, in den Versicherungsschein und die Versicherungsbedingungen Einblick zu nehmen.

(3) Der Arzt erstattet dem Krankenhausträger den auf die Absicherung der Nebentätigkeit entfallenden Prämienanteil.

§ 16
Entwicklungsklausel

(1) Der Krankenhausträger kann im Benehmen mit dem Arzt folgende sachlich gebotene strukturelle und organisatorische Änderungen vornehmen:
   1. den Umfang der .....-Abteilung sowie die Zahl und Aufteilung der Betten in dieser Abteilung ändern;
   2. die Ausführungen einzelner Leistungen von der .....-Abteilung ganz oder teilweise abtrennen und anderen Fachabteilungen, Funktionsbereichen, Instituten, Untersuchungs- oder Behandlungseinrichtungen zuweisen;

3. weitere selbstständige Fachabteilungen, Funktionsbereiche oder Institute anderer Fachgebiete, Schwerpunkte oder Kompetenzen im Krankenhaus neu einrichten, unterteilen, abtrennen oder schließen;
4. weitere Ärzte in anderen Abteilungen als Leitende Abteilungsärzte einstellen oder als Belegärzte zulassen.

(2) Die Durchführung der in Abs. 1 aufgeführten Änderungsmaßnahmen setzt voraus, dass damit Auflagen aus der Krankenhausplanung oder aus den Versorgungsverträgen erfüllt werden oder dass die Maßnahmen erforderlich sind, um das medizinische Angebot des Krankenhauses an den allgemeinen medizinischen Fortschritt im Bereich der stationären Versorgung unter Berücksichtigung des Versorgungsauftrags des Krankenhauses anzupassen.

(3) Dem Arzt stehen bei Maßnahmen nach Abs. 1 keine Entschädigungsansprüche zu, wenn seine Einnahmen gem. § 8 Abs. 2 nach Abzug der Abgabe gem. § 9 wenigstens 75 v.H. der durchschnittlichen Einnahmen in den letzten 60 Monaten erreichen.

§ 17
Nebentätigkeiten

(1) Die Versorgung der stationären Patienten muss stets Schwerpunkt der Tätigkeiten des Arztes sein und darf durch die Ausübung von Nebentätigkeiten nicht beeinträchtigt werden.

(2) Zur Ausübung ambulanter ärztlicher Tätigkeiten erteilt der Krankenhausträger dem Arzt eine schriftliche Nebentätigkeitsgenehmigung, die als Anlage 1 diesem Vertrag beigefügt ist. Wissenschaftliche Betätigungen, insbesondere Vorlesungstätigkeit, publizistische Tätigkeit, Vortragstätigkeit im Rahmen ärztlicher Fortbildungsveranstaltungen sowie ..... sind generell genehmigt.

(3) Soweit der Arzt für die Ausübung ambulanter Tätigkeiten Personal, Räume, Einrichtungen und Material des Krankenhauses in Anspruch nimmt, werden die näheren Einzelheiten, insbesondere die Höhe des Nutzungsentgelts, in einem Nutzungsvertrag geregelt, der als Anlage 2 diesem Vertrag beigefügt ist.

§ 18
Vertragsdauer und Kündigung

(1) Der Vertrag tritt am ..... in Kraft; er wird auf unbestimmte Zeit geschlossen.

(2) Die ersten sechs Monate gelten als Probezeit, während der das Vertragsverhältnis beiderseits mit einer einmonatigen Frist zum Monatsende gekündigt werden kann.

(3) Nach Ablauf der Probezeit kann der Vertrag von beiden Seiten mit einer Frist von sechs Monaten zum Ende eines Kalendervierteljahres/Kalenderhalbjahres/Kalenderjahres gekündigt werden; von Seiten des Krankenhausträgers jedoch nur, wenn Gründe in der Person oder im Verhalten des Arztes vorliegen oder wenn dringende

betriebliche Erfordernisse einer Weiterbeschäftigung des Arztes im Krankenhaus entgegenstehen (vgl. Kündigungsschutzgesetz).

(4) Das Recht zur fristlosen Kündigung des Vertrags aus wichtigem Grund gem. § 626 BGB bleibt unberührt; nach Ablauf von drei Jahren kann der Vertrag seitens des Krankenhausträgers nur noch aus wichtigem Grund gekündigt werden.

(5) Der Vertrag endet ohne Kündigung mit Erreichen der im .... Tarifvertrag/in den AVR in der jeweils gültigen Fassung festgelegten Altersgrenze oder mit Ablauf des Monats, in dem der Arzt den Bescheid über eine vom Rentenversicherungsträger oder von einer anderen Versorgungseinrichtung festgestellten Berufs- oder Erwerbsunfähigkeit erhält.

§ 19
Direktionsrecht

Der Krankenhausträger kann im Rahmen seines Direktionsrechts Satzungen, Dienstanweisungen, Hausordnungen und dergl. erlassen. Durch solche Regelungen dürfen weder die vertraglichen Rechte des Arztes geschmälert noch seine vertraglichen Verpflichtungen erweitert werden.

§ 20
Schlussbestimmungen

(1) Änderungen und Ergänzungen des Vertrags sind nur wirksam, wenn sie schriftlich festgelegt und von beiden Parteien unterzeichnet worden sind. Dies gilt auch für den Verzicht auf das Schriftformerfordernis.

(2) Die Nichtigkeit einzelner Vertragsbestimmungen hat die Nichtigkeit des gesamten Vertrags nur dann zur Folge, wenn die Fortsetzung des Vertragsverhältnisses für einen Vertragspartner unzumutbar wird. Nichtige Vertragsbestimmungen sind unter Wahrung des Grundsatzes der Vertragstreue neu zu vereinbaren.

..........................., den ....
(Ort)

....	....
Krankenhausträger	Arzt

3.2 Die Nebentätigkeitsgenehmigung

Anlage 1 zum Chefarztvertrag

Herrn/Frau Dr. med. .....
Chefarzt/Chefärztin der Abteilung für .....
wird gem. § 17 des Dienstvertrags vom ..... folgende

Nebentätigkeitsgenehmigung

erteilt. Die Genehmigung berechtigt zur Ausübung folgender Nebentätigkeiten im Krankenhaus mit dessen personellen und sachlichen Mitteln.

(1) Genehmigte Nebentätigkeiten:
1. ambulante Beratung und Behandlung von Privatpatienten/Selbstzahlerpatienten;
2. ambulante Beratung und Behandlung sozialversicherter Patienten im Rahmen einer Ermächtigung zur vertragsärztlichen Versorgung;
3. ambulante D-Arzt-Tätigkeit für gesetzliche Unfallversicherungsträger;
4. ambulante Gutachtertätigkeit;
5. konsiliarische Beratung anderer Ärzte.

Die Tätigkeiten nach Nr. 1 bis 5 sind – soweit möglich – im Krankenhaus und mit dessen Personal, Geräten und Einrichtungen auszuüben.

(2) Die Erlaubnis nach Ziff. 1 erstreckt sich nicht auf physikalisch-medizinische Leistungen nach Abschnitt E der GOÄ und auf Krankenhaussachleistungen im Sinne des DKG-NT.

(3) Durch die Ausübung der Nebentätigkeiten dürfen die Dienstaufgaben des Arztes und der allgemeine Dienstbetrieb im Krankenhaus nicht beeinträchtigt werden.

(4) Der Arzt ist verpflichtet, dem Krankenhausträger Art und Umfang der von ihm ausgeübten Nebentätigkeiten schriftlich anzuzeigen und Abschriften von Zulassungs- und Beteiligungsbescheiden der Sozialleistungsträger vorzulegen; das Gleiche gilt bei späterer Veränderung.

(5) Durch die Erteilung der Genehmigung übernimmt der Krankenhausträger keine Gewähr, ob und in welchem Umfang der Arzt von Patienten in Anspruch genommen, zur vertragsärztlichen Versorgung ermächtigt oder als Durchgangsarzt zugelassen wird.

(6) Die Einzelheiten über Art und Umfang der Inanspruchnahme von Personal, Räumen, Geräten, Einrichtungen und Material des Krankenhauses sowie über die Entrichtung eines Nutzungsentgelts hierfür werden in einem Nutzungsvertrag (vgl. Anlage 2) vereinbart.

(7) Die Nebentätigkeitsgenehmigung kann aus wichtigem Grund widerrufen oder beschränkt werden, insbesondere wenn
   1. durch die Ausübung der Nebentätigkeiten die Dienstaufgaben des Arztes oder der allgemeine Dienstbetrieb des Krankenhauses beeinträchtigt werden;
   2. eine Änderung der Rechtslage dies erfordert.

(8) Bei einem Widerruf der Erlaubnis oder deren Einschränkung steht dem Arzt kein Ausgleichsanspruch gegen den Krankenhausträger zu.

(9) Mit Beendigung des Dienstvertrags erlischt die Nebentätigkeitsgenehmigung.

...., den ....
Ort

....
Krankenhausträger

3.3 Der Nutzungsvertrag

Anlage 2 zum Chefarztvertrag

Zwischen .....
vertreten durch .....

– nachfolgend „Krankenhausträger“ genannt –

und

Herrn/Frau Dr. med. .....

– nachfolgend „Arzt/Ärztin“ genannt –

wird für die Ausübung der ambulanten Nebentätigkeiten gem. der Nebentätigkeitsgenehmigung vom ..... folgender

Nutzungsvertrag

vereinbart.

§ 1

Bereitstellung von Personal, Räumen, Geräten, Einrichtungen und Material

(1) Der Krankenhausträger stellt dem Arzt Personal, Räume, Geräte, Einrichtungen und Material im Rahmen der jeweiligen Möglichkeiten zur Verfügung.
(2) Abs. 1 gilt nicht
  1. für die Abrechnung und den Einzug der Honorare, sofern nachfolgend nichts anderes geregelt ist;
  2. für die Führung der Buchhaltungs- und Steuergeschäfte des Arztes.
(3) Der ärztliche Dienst wird dem Arzt nur in dem Umfang zur Verfügung gestellt, wie dessen Einsatz ohne Beeinträchtigung der Versorgung der stationären Patienten möglich ist.
(4) Die Verpflichtung des Krankenhausträgers, dem Arzt Personal zur Verfügung zu stellen, endet im Fall der Arbeitsunfähigkeit des Arztes mit Beginn der 27. Woche. Das Gleiche gilt für die Bereitstellung von Räumen, Geräten, Einrichtungen und Materialien.

§ 2

Nutzungsentgelt

(1) Der Arzt hat dem Krankenhausträger die durch die Ausübung der Nebentätigkeiten entstehenden Kosten wie folgt zu erstatten:
  1. die Personalkosten,
  2. die Kosten für Räume, Geräte und Einrichtungen,

3. die sonstigen Sachkosten im betriebswirtschaftlichen Sinn einschließlich der Kosten für Verbrauchsmaterialien.

(2) Zu den Personalkosten gehören neben den Bruttogehaltsbezügen (ohne Vergütung von Bereitschaftsdiensten, Überstunden etc.) auch der Wert etwaiger Sachbezüge sowie Arbeitgeberanteile zur Sozialversicherung und Zusatzversorgung, Beihilfen, Trennungsentschädigungen etc.

§ 3
Pauschalierung

(1) Das Nutzungsentgelt gem. § 2 wird pauschaliert.

(2) Der Arzt erstattet jederzeit widerruflich von den Bruttohonorareinnahmen aus dem Nebentätigkeitsbereich folgende Abgaben:
1. aus der Privatambulanz ..... v.H.;
2. aus der vertragsärztlichen Überweisungsambulanz (Primärkassen und Ersatzkassen) ..... v.H.;
3. im D-Arzt-Verfahren ..... v.H.;
4. für Gutachtertätigkeit ..... v.H.;
5. Auslagen gem. § 10 GOÄ in voller Höhe.

Soweit Sozialversicherungsträger Verbrauchsmaterialien zusätzlich zu den ärztlichen Gebühren erstatten, ist der Erstattungsbetrag an das Krankenhaus abzuführen, sofern die Verbrauchsmaterialien aus den Beständen des Krankenhauses entnommen wurden. Im Übrigen ist der Arzt verpflichtet, von der Möglichkeit der Verordnung des Sprechstundenbedarfs bzw. der Verordnung auf Einzelrezept Gebrauch zu machen.

§ 4
Abrechnung

(1) Das Krankenhaus rechnet die dem Arzt gegenüber der KV zustehende Vergütung mit der KV ab und leitet eingehende Zahlungen nach Abzug der vertraglich vereinbarten Abgabe an den Arzt unverzüglich weiter.

(2) Der Arzt zieht die Einnahmen aus der sonstigen Nebentätigkeit selbstständig und selbstverantwortlich ein. Soweit er zur Einziehung eine privatärztliche Abrechnungsstelle beauftragt, hat er die hieraus entstehenden Kosten selbst zu tragen. Diese können von der Berechnungsgrundlage gem. § 2 Abs. 2 vorab in Abzug gebracht werden.

(3) Abrechnungszeitraum für die Entrichtung des Nutzungsentgelts ist das Kalenderjahr. Bis zur Schlussrechnung sind Abschlagszahlungen auf die Abgaben aus genehmigter Nebentätigkeit vierteljährlich von den jeweils eingegangenen Honorarbeträgen zu leisten.

(4) Der Arzt ist verpflichtet, dem Krankenhaus alle Einnahmen gem. § 259 BGB nachzuweisen. Die Rechenschaftspflicht besteht auch gegenüber den aufgrund gesetzlicher Vorschriften oder gegenüber den vom Krankenhausträger bestellten Prüfungseinrichtungen. Umgekehrt gilt die Rechenschaftspflicht des Krankenhausträgers gegenüber dem Arzt, sofern die Honorare vom Krankenhaus eingezogen werden.

§ 5
Beendigung, Kündigung

(1) Der Vertrag endet, ohne dass es einer Kündigung bedarf, mit Widerruf der Nebentätigkeitsgenehmigung bzw. mit Beendigung des Dienstvertrags.

(2) Im Übrigen kann der Vertrag mit einer Frist von einem Monat zum Ende eines Kalendervierteljahres gekündigt werden. Die Kündigung aus wichtigem Grund ohne Einhaltung einer Kündigungsfrist bleibt unberührt.

§ 6
Sonstiges

(1) Ansprüche aus dem Zusatzvertrag verjähren in drei Jahren.

(2) Soweit das Krankenhaus im Rahmen seiner Haftpflichtversicherung den Nebentätigkeitsbereich mitversichert hat, ist der Arzt verpflichtet, den auf die Nebentätigkeiten entfallenden Prämienanteil zu erstatten.

§ 7
Schlussbestimmungen

Nebenabreden, Änderungen und Ergänzungen dieses Vertrags sind nur gültig, wenn sie schriftlich vereinbart worden sind. Sie müssen ausdrücklich als Vertragsänderungen bzw. Vertragsergänzungen bezeichnet werden.

………………………………, den ………………………………
Ort

……………………………………… ………………………………………
Krankenhausträger Arzt

4 Erläuterungen zum Chefarztvertrag

4.1 Der Chefarztvertrag

Zwischen ..... (Name des Krankenhausträgers)

vertreten durch .....

– nachfolgend „Krankenhausträger" genannt –

und

Herrn/Frau Dr. med. ....., Facharzt/Fachärztin für .....,

wohnhaft in .....

– nachfolgend „Arzt/Ärztin" genannt –

wird folgender

Chefarztvertrag

geschlossen.

Erläuterungen zum Rubrum

1. Chefarzt, Chefarztvertrag
2. Privatrechtlicher Dienstvertrag, Beamtenverhältnis
3. Krankenhausträger
4. Schriftform

1. Chefarzt, Chefarztvertrag

Der Leitende Krankenhausarzt, der eine hauptamtliche Krankenhausabteilung endverantwortlich leitet, wird im allgemeinen Sprachgebrauch nach wie vor als „Chefarzt" bezeichnet. Auch wenn als Folge der Antihierarchiedebatte der 70er Jahre[26] der Chefarzt in einzelnen Krankenhäusern als „Leitender Abteilungsarzt" oder als „Fachabteilungsleiter"[27] bezeichnet wird, z.B. auf Namens- und Hinweisschildern, so ändert dies nichts daran, dass er auch in solchen Krankenhäusern im täglichen Arbeitsleben „Chefarzt" genannt wird.

Der Arbeitsvertrag, den der Leitende Krankenhausarzt mit einem Krankenhausträger abschließt, wird üblicherweise als „Chefarztvertrag" bezeichnet. Daneben sind aber auch andere Bezeichnungen wie „Dienstvertrag" oder „Arbeitsvertrag" gebräuchlich. Diese unterschiedlichen Bezeichnungen sind jedoch für das Wesen und den Inhalt eines solchen Vertrags ohne Bedeutung, er regelt in jedem Fall die Rechte und die Pflichten eines Chefarztes als Arbeitnehmer.

2. Privatrechtlicher Dienstvertrag, Beamtenverhältnis

Der Chefarztvertrag wird heute überwiegend als privatrechtlicher Dienstvertrag, d.h. als Arbeitsvertrag abgeschlossen[28]. Grundsätzlich ist aber auch die Berufung in ein öffentlich-rechtliches Dienstverhältnis möglich, sofern der Krankenhausträger eine juristische Person des öffentlichen Rechts ist, die kraft ihrer Dienstherrenfähigkeit berechtigt ist, Beamte einzustellen. Allerdings ist heute die Berufung eines Chefarztes in das Beamtenverhältnis kaum noch anzutreffen, abgesehen vielleicht von den so genannten Landeskrankenhäusern in der Trägerschaft der Länder. Nordrhein-Westfalen hatte als einziges Bundesland im Verordnungswege die Möglichkeit eröffnet, einen Chefarzt in einem Allgemeinkrankenhaus zum Beamten auf Zeit für zwölf Jahre zu ernennen[29], jedoch machen die Kommunen als Krankenhausträger hiervon kaum noch Gebrauch. Dies mag angesichts der Forderungen aus dem Krankenhausträgerbereich, die rechtlichen Voraussetzungen zur Befristung von Chefarztverträgen zu schaffen, durchaus überraschen. Andererseits steht die Tendenz zur Privatisierung auch kommunaler Krankenhäuser der Neigung der kommunalen Gebietskörperschaften deutlich entgegen, Chefärzte in ein Beamtenverhältnis zu berufen.

Selbst in den Universitätsklinika der Länder werden die Klinikdirektoren meist nicht mehr in ein Beamtenverhältnis berufen, sicherlich nicht zuletzt aus der Überlegung heraus, im Rahmen eines privatrechtlichen Arbeitsvertrags mehr Spielraum im Zusammenhang mit den liquidationsberechtigten Tätigkeiten zu haben und nicht mehr durch die Hochschullehrer-Nebentätigkeitsverordnungen der Länder mit in der Regel sehr günstigen finanziellen Konditionen genehmigter Nebentätigkeiten gebunden zu sein. Wenn also das Dienstverhältnis eines Direktors als endverantwortlicher Leiter einer Fachabteilung in einem Universitätsklinikum neuerdings in der Regel als privatrechtlicher Arbeitsvertrag zwischen Direktor und Klinikum begründet wird, so bleibt immer noch die Frage offen, welches Rechtsverhältnis zwischen dem Arzt und dem Land für den Bereich von Forschung und Lehre begründet wird. Baden-Württemberg sieht für den letztgenannten Bereich nach wie vor die Möglichkeit der Berufung in ein Beamtenverhältnis vor, während andere Bundesländer dazu neigen, auch für diesen Bereich einen Arbeitsvertrag zu begründen. Die Vorgehensweise der Länder ist unterschiedlich bzw. uneinheitlich.

3. Krankenhausträger

Vertragspartner des Chefarztes ist nicht das Krankenhaus oder die Krankenhausverwaltung bzw. der Verwaltungsdirektor, sondern der Eigentümer des Krankenhauses, also z.B. die Kommune (Stadt, Kreis, Land etc.), die Kirchengemeinde bzw. das konfessionelle Krankenhausunternehmen oder ein privates Klinikunternehmen. Krankenhausträger ist also stets die juristische Person des öffentlichen oder des privaten Rechts, die als Eigentümerin ein Krankenhaus betreibt. Vom Krankenhausträger zu unterscheiden ist dessen Vertreter, der kraft Vertrags oder kraft Gesetzes im Namen des Krankenhausträgers handelt. So ist z.B. in einer Krankenhaus-GmbH die Geschäftsführung der gesetzliche Vertreter des Unternehmens. Ob die Geschäftsführung aus einer Person oder aus mehreren Personen besteht, wird im Gesellschaftsvertrag geregelt. Der Gesellschaftsvertrag bestimmt auch, inwieweit die Geschäftsführung beim Abschluss von Verträgen im Innenverhältnis der Mitwirkung des Aufsichtsrats bedarf, was beim Abschluss eines Chefarztvertrags in aller Regel der Fall ist. Dies ändert jedoch nichts daran, dass im Außenverhältnis der Vertrag allein von der Geschäftsführung abgeschlossen und unterzeichnet wird.

4. Schriftform

Für den Abschluss eines Chefarztvertrags gilt im Prinzip der Grundsatz der Formfreiheit. Danach kann der Vertrag nicht nur schriftlich, sondern auch mündlich oder durch schlüssiges Verhalten wirksam abgeschlossen werden. Wegen der Komplexität der Materie ist es jedoch allgemein üblich, den Chefarztvertrag schriftlich abzuschließen, zumal die Schriftform insbesondere dem Nachweis der beiderseitigen Rechte und Pflichten, somit der Rechtssicherheit dient. Im Übrigen ist ein Arbeitgeber aufgrund des Nachweisgesetzes (NachwG) vom 20.07.1995 verpflichtet, spätestens einen Monat nach dem vereinbarten Beginn des Arbeitsverhältnisses die wesentlichen Vertragsbedingungen schriftlich niederzulegen, die Niederschrift zu unterzeichnen und dem Arbeitnehmer auszuhändigen. Hiervon kann nicht zuungunsten des Arbeitnehmers abgewichen werden.

Anders als die Begründung eines Arbeitsverhältnisses bedarf dessen Beendigung durch Kündigung oder durch einen Auflösungsvertrag zur Wirksamkeit gemäß § 623 BGB stets der Schriftform. Die elektronische Form ist ausdrücklich ausgeschlossen. Das gesetzliche Schriftformerfordernis ist bei einem Auflösungsvertrag nur erfüllt, wenn die Urkunde über die Auflösung des Dienstvertrags von Arbeitgeber und Arbeitnehmer eigenhändig durch Namensunterschrift unterzeichnet wird. Dabei muss die Unterzeichnung beider Vertragsparteien auf derselben Urkunde erfolgen.

Präambel

Anmerkung: Hier kann auf einen besonderen Anlass für den Abschluss des Dienstvertrags hingewiesen werden, z.B. auf ein vorangegangenes Dienstverhältnis als Oberarzt mit zugesicherter Chefarztnachfolge. Ebenso kann auf die Besonderheiten eines konfessionellen Krankenhauses als Einrichtung einer Religionsgemeinschaft sowie auf deren Glaubens- und Sittenlehre hingewiesen werden.

Erläuterungen zur Präambel

1. Hinweis auf Vertragsanamnese
2. Konfessionelle Krankenhäuser

1. Hinweis auf Vertragsanamnese

Vielfach empfiehlt es sich, in einer Präambel auf die Besonderheiten hinzuweisen, die Gegenstand des Vertragsabschlusses sind oder zum Vertragsabschluss geführt haben. Eine solche Erwähnung der Vertragsgrundlage kann für die Interpretation des Vertrags von wesentlicher Bedeutung sein.

Ein Hinweis empfiehlt sich insbesondere dann, wenn dem Chefarztvertrag andere Vertragsbeziehungen vorangehen, z.B. als Belegarzt, dessen Abteilung in eine Hauptabteilung umgewandelt und dem der Abschluss eines Chefarztvertrags angeboten wird. Gleiches gilt, wenn einem Oberarzt die Chefarztnachfolge zugesichert wurde oder aber der Oberarzt zum Chefarzt im Kollegialsystem berufen werden soll. In solchen und ähnlichen Fällen hat es sich als zweckmäßig erwiesen, die Anamnese in einer Präambel zum Vertrag zu fixieren.

2. Konfessionelle Krankenhäuser

In konfessionellen Krankenhäusern ist es allgemein üblich, auf die religiöse Zielsetzung des Krankenhausbetriebs, auf die Grundordnung des kirchlichen Dienstes, auf den Leitgedanken der Caritas/Diakonie sowie darauf hinzuweisen, dass jeder Mitarbeiter die Grundsätze der Glaubens- und Sittenlehre der jeweiligen Kirche zu beachten hat. Der Hinweis auf die konfessionelle Ausrichtung des Krankenhauses und die Verpflichtung des Arbeitnehmers auf die Grundsätze der in der Religionsgemeinschaft geltenden Glaubens- und Sittenlehre hat insbesondere eine Bedeutung bei der Frage, welches Verhalten zur Kündigung des Dienstverhältnisses führen kann, und zwar auch im außerdienstlichen Bereich. So ist es z.B. ein von der Rechtsprechung anerkannter Kündigungsgrund, wenn sich der katholische Chefarzt eines katholischen Krankenhauses von seiner Ehefrau scheiden lässt und – ohne vorherige kirchliche Auflösung der Ehe – eine neue Partnerschaft eingeht, egal ob mit oder ohne standesamtliche Trauung (vgl. hierzu Erläuterung Nr. 6 zu § 18).

§ 1

Dienstverhältnis

(1) Herr/Frau Dr. med. ....., geb. am ....., wird mit Wirkung vom ..... als Leitende(r) Ärztin/Arzt der .....-Abteilung/Klinik des ..... Krankenhauses angestellt.

(Im nachfolgenden Text des Vertrags wird aus Gründen der besseren Lesbarkeit nur noch von „Arzt“ gesprochen.)

(2) Das Dienstverhältnis ist privatrechtlicher Natur. Neben den Bestimmungen dieses Vertrags findet der ..... TV-Ärzte/VKA ...../findet der TV-Ärze/KF ...../finden die Arbeitsvertragsrichtlinien des Caritasverbands/des Diakonischen Werkes (AVR) in der jeweils gültigen Fassung insoweit Anwendung, als darauf ausdrücklich in diesem Vertrag Bezug genommen wird. Der Arzt ist verpflichtet, die vom Krankenhausträger erlassenen Dienstanweisungen und Hausordnungen in der jeweils gültigen Fassung zu beachten.

(3) Im Interesse der Erfüllung seiner Dienstaufgaben verpflichtet sich der Arzt, in der Nähe des Krankenhauses zu wohnen.

(4) Der Arzt führt die Dienstbezeichnung „Chefarzt“.

(5) Der Arzt hat über alle Angelegenheiten des Krankenhauses Verschwiegenheit zu bewahren, auch nach Beendigung des Dienstverhältnisses.

Erläuterungen zu § 1

1. Der Chefarzt als Arbeitnehmer
2. Anwendung von Tarifverträgen
3. Dienstanweisungen
4. Residenzpflicht
5. Dienstbezeichnung

1. Der Chefarzt als Arbeitnehmer

Nach der gefestigten Rechtsprechung des Bundesarbeitsgerichts ist derjenige ein Arbeitnehmer, der aufgrund eines privatrechtlichen Vertrags im Dienste eines anderen zur Arbeit verpflichtet ist. Die Unselbstständigkeit, d.h. die Eingliederung in eine fremde Arbeitsorganisation, ist das typische Merkmal des Arbeitnehmers. Selbstständig ist, wer im Wesentlichen seine Tätigkeit frei gestalten und seine Arbeitszeit selbst bestimmen kann, unselbstständig dagegen und persönlich abhängig ist derjenige, dem dies nicht möglich ist. Das Bundesarbeitsgericht hat bereits 1961 die Arbeitnehmereigenschaft des Chefarztes bestätigt, da dieser in die Organisation des Krankenhauses eingegliedert sei[30].

Von der Frage der Arbeitnehmereigenschaft zu unterscheiden ist die immer wieder gestellte Frage, ob der Chefarzt als Leitender Angestellter zu qualifizieren ist. Nach herrschender Rechtsauffassung sind Chefärzte keine Leitenden Angestellten, jedenfalls sofern nicht besondere Umstände hinzukommen[31]. Im Einzelnen vgl. hierzu die Ausführungen in Kapitel 1.6.2.

2. Anwendung von Tarifverträgen

In der Regel wurde bisher in den Chefarztverträgen ergänzend Bezug genommen auf einen Tarifvertrag oder auf die konfessionellen Arbeitsvertragsrichtlinien (AVR). Dies erfolgte entweder durch eine Bezugnahme auf einzelne, namentlich aufgeführte Bestimmungen oder aber in Form einer umfassenden Bezugnahme, „sofern im Vertrag nichts anderes geregelt ist". In kommunalen und privaten Krankenhäusern wurde im Allgemeinen Bezug genommen auf den Bundesangestelltentarifvertrag (BAT) vom 23.02.1962 in der jeweils gültigen Fassung. Der BAT wurde in der Zwischenzeit mit Wirkung ab 01.08.2005 ersetzt durch den TVöD bzw. – speziell für Krankenhausärzte – durch den vom Marburger Bund mit Wirkung ab 01.08.2006 vereinbarten TV-Ärzte/VKA. In katholischen Krankenhäusern wird auf die „Arbeitsvertragsrichtlinien des Deutschen Caritas-Verbandes (AVR)" Bezug genommen, in evangelischen Krankenhäusern auf die „Arbeitsvertragsrichtlinien des Diakonischen Werkes (AVR)" oder aber auf den „Bundesangestelltentarifvertrag – Kirchliche Fassung (BAT-KF)" bzw. auf den – wiederum speziell für Krankenhausärzte geltenden – Ärzte-Tarifvertrag-Kirchliche Fassung (TV-Ärzte-KF).

Gegen eine solche Bezugnahme ist nichts einzuwenden. Allerdings muss sich der Arzt über die Auswirkungen der Bezugnahme genauestens informieren. So wird z.B. von vielen Chefärzten übersehen, dass in ihrem Dienstvertrag namentlich oder mittelbar auf so genannte Ausschlussklauseln Bezug genommen wird, (früher z.B. § 70 BAT), wonach Ansprüche verfallen, wenn sie nicht innerhalb einer Ausschlussfrist von sechs Monaten nach Fälligkeit schriftlich geltend gemacht werden. Die Ausschlusswirkung gilt auch dann, wenn der Arbeitnehmer von seinem Anspruch keine Kenntnis hat, so z.B., wenn die Krankenhausverwaltung die Dienstbezüge des Arztes unter fehlerhafter Anwendung von Vergütungstabellen berechnet hat.

Die DKG empfiehlt seit ihrem Vertragsmuster in der 6. Auflage vom Februar 2002[32] – im Gegensatz zu den vorangegangenen Auflagen – eine vollständige Eliminierung des Bezugs auf irgendeinen Tarifvertrag oder auf sonstige öffentlich-rechtlich geprägte Vorschriften. Begründet wird dies mit der Erklärung, dass der Chefarzt gerade kein Tarifangestellter sei, was sich aus den einzelnen Tarifverträgen (früher § 3i BAT) ergebe. Diese Argumentation ist falsch. So besagen solche Tarifnormen lediglich, dass der jeweilige Tarifvertrag auf einen Leitenden Krankenhausarzt keine Anwendung findet, sofern sein Vertrag einzelvertraglich vereinbart wurde. Die Konsequenz aus dieser DKG-Empfehlung ist, dass für den Chefarzt die tarifliche Besserstellung gegenüber den allgemeinen gesetzlichen Regelungen nicht gilt, also z.B. im Bereich der zusätzlichen Alters- und Hinterbliebenenversorgung, bei der Urlaubsregelung oder der Regelung über die Lohnfortzahlung im Krankheitsfall etc.

3. Dienstanweisungen

Kraft der durch das Arbeitsverhältnis begründeten Weisungsabhängigkeit des Arbeitnehmers ist der Arbeitgeber berechtigt, die im Arbeitsvertrag beschriebenen Leistungspflichten des Arbeitnehmers durch einseitige Weisungen näher auszugestalten und zu konkretisieren. Dieses Direktionsrecht des Arbeitgebers findet allerdings seine Grenzen an höherrangigem Recht, wozu auch die arbeitsvertragliche Vereinbarung zählt. Soweit also die Rechte und Pflichten des Chefarztes in seinem Arbeitsvertrag konkretisiert wurden, ist der Krankenhausträger nicht befugt, im Wege des Erlasses von Dienstanweisungen, Hausordnungen etc. in diese Rechte und Pflichten verändernd einzugreifen. Auch findet das Direktionsrecht seine Grenzen in § 315 BGB[33]. Danach darf der Krankenhausträger von dem ihm zustehenden Leistungsbestimmungsrecht nur nach billigem Ermessen Gebrauch machen, insbesondere nur unter Abwägung der beiderseitigen Interessen, nämlich dem Interesse des Chefarztes am Fortbestand seines Vertrags einerseits und dem betrieblichen Interesse des Krankenhausträgers andererseits. Die Beschränkung des Direktionsrechts hat im Chefarztvertragsrecht seine Konkretisierung in der sog. Entwicklungsklausel gefunden (vgl. § 16).

4. Residenzpflicht

Seit einiger Zeit ist es üblich geworden, den Chefarzt zu verpflichten, in der Nähe des Krankenhauses zu wohnen. Begründet wird dies mit der Notwendigkeit, ohne Zeitverlust den dienstvertraglichen Pflichten nachkommen zu können, insbesondere bei Notfällen. Bekannt ist die Residenzpflicht aus dem öffentlichen Dienstrecht, wonach der Beamte seine Wohnung so zu nehmen hat, dass er in der ordnungsgemäßen Wahrnehmung seiner Dienstgeschäfte nicht beeinträchtigt wird (vgl. z.B. § 74 Bundesbeamtengesetz). Danach kann der Dienstvorgesetzte den Beamten anweisen, wenn die dienstlichen Verhältnisse es erfordern, seine Wohnung innerhalb einer bestimmten Entfernung von seiner Dienststelle zu nehmen oder eine Dienstwohnung zu beziehen. In der Kommentierung werden z.B. Hausmeister und Beamte in Justizvollzugsanstalten erwähnt.

Gegen eine allgemeine Verpflichtung zum Wohnen in der Nähe des Krankenhauses ist sicherlich nichts einzuwenden. Soweit jedoch in Vertragsentwürfen Zeitvorgaben für den Weg von der Wohnung ins Krankenhaus gemacht werden, z.B. 20 Minuten, ist dies abzulehnen. Angesichts der Verhältnisse auf dem Wohnungsmarkt einerseits und der Verkehrsverhältnisse andererseits sind derartige Zeitvorgaben nicht zu realisieren. Es kommt hinzu, dass der ärztliche Bereitschaftsdienst (Anwesenheitsdienst) regelmäßig in der Lage ist, in Notfällen die erforderliche Erstversorgung bis zum Eintreffen des Facharztes durchzuführen, nicht zuletzt aufgrund entsprechender telefonischer Anweisungen des Facharztes. In diesem Zusammenhang muss auch auf eine neue Entscheidung des Bundesarbeitsgerichts zur Rufbereitschaft hingewiesen werden, wonach es im Rahmen der Rufbereitschaft unzulässig ist, dem Arbeitnehmer zur Auflage zu machen, innerhalb einer festgelegten Zeit nach Abruf die Arbeit aufnehmen zu können[34].

5. Dienstbezeichnung

Der endverantwortlich tätige Leitende Krankenhausarzt wird nicht nur im allgemeinen Sprachgebrauch als Chefarzt bezeichnet. Auch das öffentliche Dienstrecht, d.h. das Beamtenrecht, kennt von alters her die Amtsbezeichnung „Chefarzt“, und zwar bis zum heutigen Tag, wie ein Blick in das Bundesbesoldungsgesetz zeigt. Als Folge der antiautoritären Bewegung der 70er Jahre war verschiedentlich der Versuch unternommen worden, die bis dahin übliche Bezeichnung des Chefarztes durch Formulierungen zu ersetzen, die an der Funktion des Leitenden Arztes anknüpften. Erinnert sei beispielhaft an den „Fachabteilungsleiter“ des Krankenhausreformgesetzes Rheinland-Pfalz vom 29.06.1973[35]. Alle diese Formulierungsvorschläge konnten sich jedoch nicht durchsetzen. So ist es inzwischen wieder überwiegend üblich, dem Chefarzt auch förmlich diesen Titel als Dienstbezeichnung zu verleihen.

§ 2

Stellung des Arztes

(1) Der Arzt ist für die gesundheitliche Versorgung der Patienten und den Dienstbetrieb seiner Abteilung verantwortlich. In seiner ärztlichen Verantwortung bei Diagnostik und Therapie ist er unabhängig und nur dem Gesetz verpflichtet. Im Übrigen ist er an die Weisungen des Krankenhausträgers und des Ärztlichen Direktors des Krankenhauses gebunden.

(2) Der Arzt ist zur Zusammenarbeit mit dem Krankenhausträger, seinem Beauftragten, den anderen Chefärzten und Belegärzten, dem Verwaltungsleiter und dem Leiter des Pflegedienstes verpflichtet.

(3) Der Krankenhausträger wird den Arzt vor wichtigen Entscheidungen hören, die seinen Aufgabenbereich betreffen.

(4) Dienstvorgesetzter des Arztes ist der .....

(5) Für die Erledigung der Verwaltungsgeschäfte und der wirtschaftlichen Angelegenheiten des Krankenhauses ist die Krankenhausverwaltung zuständig. Sie bewirtschaftet im Rahmen der von den Organen des Krankenhausträgers erteilten Ermächtigungen die Haushaltsmittel, gibt die Bestellungen auf und tätigt die Einkäufe für das Krankenhaus, soweit es den medizinischen Sachbedarf der Abteilung betrifft, im Benehmen mit dem Arzt.

(6) Bei Meinungsverschiedenheiten des Arztes mit anderen Chefärzten oder Belegärzten entscheidet in ärztlichen Angelegenheiten der Ärztliche Direktor des Krankenhauses, im Übrigen der Dienstvorgesetzte. Der Dienstvorgesetzte entscheidet auch bei Meinungsverschiedenheiten zwischen Arzt und Krankenhausverwaltung oder Pflegedienstleitung.

Alternative zu § 2 Abs. 1: Konfessionelle Krankenhäuser

(1) Der Arzt ist für die gesundheitliche Versorgung der Patienten und den Dienstbetrieb seiner Abteilung verantwortlich. In seiner ärztlichen Verantwortung bei Diagnostik und Therapie ist er unabhängig und nur dem Gesetz – auch dem kirchlichen – verpflichtet. Er hat hierbei die Lehren und Grundsätze der katholischen/evangelischen Kirche zu beachten und auch sein außerdienstliches Verhalten danach auszurichten. Er hat den christlichen Geist des Krankenhauses mitzuprägen und seinen Dienst in Wahrnehmung der leiblichen und seelischen Belange der Patienten auszuüben. Das verlangt auch die regelmäßige und vertrauensvolle Zusammenarbeit mit Pflegedienst, Seelsorge und Sozialdienst. Im Übrigen ist er an die Weisungen des Krankenhausträgers und des Ärztlichen Direktors des Krankenhauses gebunden.

Erläuterungen zu § 2

1. Endverantwortung des Chefarztes
2. Weisungsfreiheit
3. Dienstvorgesetzter
4. Außerdienstliches Verhalten und kirchliche Glaubenslehre (Alternative zu § 2 Abs. 1)

1. Endverantwortung des Chefarztes

Das moderne Krankenhaus ist ein hoch differenzierter Betrieb, in dem Vertreter der Medizin, der Pflege, der Technik und der Verwaltung in einem arbeitsteiligen Prozess zur Sicherstellung der Aufgaben des Krankenhauses zusammenwirken. Zur Organisation der Behandlungs- und Prozessabläufe wird das betriebliche Geschehen im Wege der horizontalen und vertikalen Arbeitsteilung auf Bereiche sowie auf Stellen bzw. Personen verteilt. Die horizontale Arbeitsteilung erfolgt in Anlehnung an medizinische Disziplinen durch die Einrichtung von Fachabteilungen, Instituten und Funktionsbereichen. Die vertikale Arbeitsteilung geschieht durch die Einrichtung eines hierarchischen Systems aus Vorgesetzten und nachgeordneten Mitarbeitern[36].

Zur Sicherstellung der medizinisch-fachlichen Versorgung der Krankenhauspatienten stellt der Krankenhausträger die erforderliche Zahl entsprechend qualifizierter Ärzte ein, denen er bestimmte Aufgaben, Zuständigkeiten und Kompetenzen überträgt. Für jeden im Rahmen der horizontalen Arbeitsteilung selbstständigen Fachbereich beauftragt der Krankenhausträger einen Leitenden Arzt, der sich ihm gegenüber zur Sicherstellung der medizinischen Versorgung der Patienten verpflichtet. Der Chefarzt übernimmt die ärztliche Verantwortung für seinen Zuständigkeitsbereich und damit die Verantwortung für die Qualität der fachärztlichen Versorgung. Diese fachärztliche Endverantwortung des Chefarztes als Folge der hierarchischen Gliederung des Krankenhauses war immer wieder Anlass zur Kritik, soweit hierdurch die sog. nachgeordneten Ärzte in ihrer eigenen ärztlichen Selbstständigkeit beschränkt wurden. Die Befürworter des Chefarztsystems haben jedoch auf die Notwendigkeit hingewiesen, die Einzelleistungen eines arbeitsteiligen Betriebsgeschehens durch Leitungsfunktionen verantwortlich zusammenzufassen.

Soweit in Einzelfällen eine Abteilung durch zwei Chefärzte im Kollegialsystem geleitet wird, ändert dies nichts an der endverantwortlichen Stellung des Chefarztes. Vgl. hierzu auch Kapitel 2.1.

2. Weisungsfreiheit

Der ärztlichen Endverantwortung des Chefarztes entspricht dessen grundsätzliche Weisungsfreiheit bei Diagnostik und Therapie. Er ist insoweit nur dem allgemeinen Gesetz verpflichtet, nicht jedoch dem Weisungsrecht des Krankenhausträgers unterworfen. Diese in jedem Chefarztvertrag verankerte ärztliche Weisungsfreiheit findet ihre Grundlegung in § 1 Abs. 2 Bundesärzteordnung, wonach der ärztliche Beruf seiner Natur nach ein freier Beruf ist[37].

Allerdings darf diese Weisungsfreiheit nicht als generelle Weisungsfreiheit missverstanden werden. Zum einen gilt sie nur in ärztlichen Angelegenheiten, also nicht in Fragen der Organisation, der Verwaltung, in arbeits- und dienstrechlichen Fragen etc. Zum anderen hat der Chefarzt auch bei der Ausübung seiner ärztlichen Tätigkeit Fragen der Wirtschaftlichkeit sowie die Vorgaben des Krankenhausträgers zur Aufgabenstellung des Krankenhauses und der Fachabteilung zu beachten. So kann z.B. ein Krankenhausträger entscheiden, ob in seiner chirurgischen Abteilung thoraxchirurgische oder endoprothetische Eingriffe durchgeführt werden oder nicht. Dagegen obliegt allein dem Chefarzt die Entscheidung, ob bei einem Patienten eine dem Versorgungsauftrag des Krankenhauses entsprechende Behandlung durchgeführt werden soll oder nicht[38].

3. Dienstvorgesetzter

Der Vorgesetzte des Chefarztes ist in dienstrechtlicher Hinsicht regelmäßig der gesetzliche Vertreter des Krankenhausträgers, also z.B. der Landrat eines Kreiskrankenhauses, der Pfarrer eines Kirchengemeindekrankenhauses, der Kuratoriumsvorsitzende eines Stiftungskrankenhauses oder der Geschäftsführer einer Krankenhaus-GmbH. Dies ändert nichts daran, dass dem Ärztlichen Direktor eines Krankenhauses für bestimmte, fachübergreifende medizinische Angelegenheiten oder einem Verwaltungsdirektor in Angelegenheiten der Krankenhausverwaltung ein Weisungsrecht gegenüber dem Chefarzt eingeräumt werden kann. Um eventuell entstehende Meinungsverschiedenheiten beilegen zu können, wird die Aufnahme einer Bestimmung empfohlen, in der die Zuständigkeiten zur Beilegung innerbetrieblicher Differenzen geregelt werden.

4. Außerdienstliches Verhalten und kirchliche Glaubenslehre (Alternative zu § 2 Abs. 1)
In konfessionellen Krankenhäusern wird im Chefarztvertrag regelmäßig darauf hingewiesen, dass der Chefarzt bei der Ausübung seiner ärztlichen Tätigkeit nicht nur das allgemeine Gesetz, sondern auch das kirchliche Gesetz zu beachten hat. Auch wird klargestellt, dass unter dem kirchlichen Gesetz alle von der jeweiligen Religionsgemeinschaft als verbindlich aufgestellten Lehren und Grundsätze zu verstehen sind. Zugleich wird expressis verbis darauf hingewiesen, dass der Chefarzt das kirchliche Recht nicht nur bei seinem innerdienstlichen, sondern auch bei seinem außerdienstlichen Verhalten zu beachten hat, um nicht nur in fachlich-medizinischer Hinsicht, sondern auch in ideeller und ethischer Hinsicht Vorbild gegenüber den Mitarbeitern und den Patienten zu sein. Dass diese Verpflichtung auf die Wertvorstellungen einer Religionsgemeinschaft tief greifende Konsequenzen bis hin zur Kündigung haben kann, wird auch in der Präambel und insbesondere in der Erläuterung Nr. 6 zu § 18 des Vertragsmusters (Vertragsdauer und Kündigung) angesprochen.

§ 3
Wirtschaftlichkeitsgebot und Budgetverantwortung

(1) Der Arzt ist zu zweckmäßiger, wirtschaftlicher und sparsamer Behandlung im Rahmen des ärztlich Notwendigen und der Aufgabenstellung des Krankenhauses und der Abteilung verpflichtet. Er ist auch für die sparsame Verwendung der zur Verfügung stehenden Mittel durch die Ärzte und die anderen Mitarbeiter seiner Abteilung verantwortlich.
(2) Nach Anhörung des Arztes kann ein internes abteilungsbezogenes Budget erstellt werden, auf dessen Einhaltung der Arzt hinzuwirken hat. Der Arzt wird regelmäßig über die Budgetentwicklung im Pflegesatzzeitraum informiert.
(3) Über die Einführung neuer diagnostischer und therapeutischer Untersuchungs- und Behandlungsmethoden bzw. Maßnahmen, die Mehrkosten verursachen, hat der Arzt Einvernehmen mit dem Krankenhausträger herbeizuführen, soweit nicht die medizinische Notwendigkeit in Einzelfällen solche Maßnahmen oder Methoden unabdingbar macht.
(4) Der Arzt hat die Richtlinien des Krankenhausträgers, der Arzneimittelkommission sowie der sonstigen vom Krankenhausträger eingerichteten Kommissionen zu beachten.

Alternative zu § 3 Abs. 2: Budgetverantwortung

(2) Der Arzt verpflichtet sich zur Einhaltung des internen abteilungsbezogenen Budgets. Das Budget sowie die maßgeblichen Soll- und Fallzahlen werden vom Krankenhausträger im Einvernehmen mit dem Arzt – jeweils vor Beginn des Wirtschaftsjahres – aufgestellt.

Die Budgetverantwortung des Arztes umfasst

- die Sicherstellung der stationären Soll-Fallzahlen unter Berücksichtigung der Erfordernisse der DRG-Entgeltsystematik,
- die Einhaltung der Soll-Personalstärke (ärztlicher Dienst und medizinisch-technischer Dienst) für seinen Verantwortungsbereich,
- die Einhaltung der Sachkosten-Planung, insbesondere im Bereich des medizinischen Bedarfs,
- die Erreichung sonstiger Leistungsziele (z.B. teilstationäre und vor- und nachstationäre Erlöse).

Der Arzt wird regelmäßig, mindestens monatlich, über die budgetrelevante Entwicklung der Einnahmen und Ausgaben informiert. Ist eine abweichende Entwicklung erkennbar, so werden sich der Krankenhausträger und der Arzt unverzüglich um Gegenmaßnahmen bemühen. Der Arzt hat Entwicklungen, die außerhalb seines Wirkungsbereichs liegen, nicht zu vertreten.

Erläuterungen zu § 3

1. Wirtschaftlichkeitsgebot
2. Budgetverantwortung
3. Einhaltung des internen Budgets (Alternative zu § 1 Abs. 2)

1. Wirtschaftlichkeitsgebot

Bereits in der 1. Auflage des von der Deutschen Krankenhausgesellschaft herausgegebenen Musters eines Chefarztvertrags von 1983[39] findet sich eine eigenständige Bestimmung zum Wirtschaftlichkeitsgebot. Auch wird von niemandem ernsthaft bestritten, dass der Arzt bei der Ausübung seiner ärztlich-medizinischen Aufgaben die Grundsätze der Wirtschaftlichkeit zu beachten hat. Diese sind in Anlehnung an das in der Gesetzlichen Krankenversicherung normierte Wirtschaftlichkeitsgebot formuliert, wonach die Leistungen, auf die die Versicherten einen gesetzlichen Anspruch haben, ausreichend, zweckmäßig und wirtschaftlich sein müssen und das Maß des Notwendigen nicht überschreiten dürfen (vgl. § 12 Abs. 1 SGB V). Entsprechend seiner Stellung ist der Chefarzt nicht nur für die Wirtschaftlichkeit seiner eigenen ärztlichen Tätigkeit, sondern zugleich auch für die Einhaltung des Wirtschaftlichkeitsgebots durch die Mitarbeiter seiner Abteilung verantwortlich[40].

Als Ausfluss des Wirtschaftlichkeitsgebots ist der Chefarzt verpflichtet, bei der Einführung neuer diagnostischer und therapeutischer Verfahren, die mit Mehrkosten gegenüber bisherigen Verfahren verbunden sind, eine Zustimmung des Krankenhausträgers einzuholen. Ebenso hat der Chefarzt die Richtlinien einer Arzneimittelkommission über den Einsatz von Medikamenten zu beachten. Es ist heute allgemein anerkannt, dass die Arzneimittelkommission eines Krankenhauses befugt ist festzulegen, welche Medikamente bei welcher Indikation einzusetzen sind. Dies war nicht immer so. So wurde in früheren Zeiten hierin eine unzulässige Einschränkung der ärztlichen Weisungsfreiheit gesehen.

2. Budgetverantwortung

Der zunehmende Kostendruck auf die Krankenhäuser durch Veränderung der gesetzlichen und wirtschaftlichen Rahmenbedingungen des Gesundheitswesens hat in den letzten Jahren die Forderung nach einer stärkeren Einbindung der Chefärzte in die ökonomische Verantwortung laut werden lassen[41]. So enthalten seit einigen Jahren neu abgeschlossene Chefarztverträge eine Klausel, die den Chefarzt verpflichtet, auf die Einhaltung des nach seiner Anhörung aufgestellten internen abteilungsbezogenen Budgets hinzuwirken. Diese Klausel, die auf eine Formulierung in der 5. Auflage des DKG-Chefarztvertrags von 1996 zurückgeht, wird insbesondere von ärztlicher Seite deshalb kritisiert, weil das interne Budget nur nach Anhörung, also nicht im Einvernehmen mit dem Chefarzt erstellt werden soll. Andererseits muss jedoch anerkannt werden, dass den Chefarzt in dieser Klausel nur eine Bemühenspflicht trifft. Da in der Vertragspraxis seit längerer Zeit keine Vertragsentwürfe ohne eine Klausel zur Budgetverantwortung bekannt geworden sind, erscheint es als unrealistisch, auf Streichung einer Klausel zu bestehen, wie sie auch in § 3 Abs. 2 des vorliegenden Musters formuliert wurde.

3. Einhaltung des internen Budgets (Alternative zu § 3 Abs. 2)

Das vorliegende Muster eines Chefarztvertrags stellt als Alternative zur Regelung der Budgetverantwortung eine Bestimmung vor, die den Chefarzt stringenter in die Verantwortung für die Einhaltung des internen Budgets einbindet. Dies ist jedoch nur zu vertreten, wenn gemäß des Formulierungsvorschlags das Budget im Einvernehmen mit dem Chefarzt aufgestellt wird. Die Formulierung der Alternative lehnt sich eng an einen Vertragsentwurf an, der von der Geschäftsführung der DIAKO Ev. Diakonie-Krankenhaus GmbH in Bremen für neu abzuschließende Chefarztverträge erstellt wurde.

Nicht nur wegen der einvernehmlichen Aufstellung des Budgets, sondern auch wegen der Bemessungskriterien, die der Budgetverantwortung zugrunde gelegt werden, macht dieses Konzept einen überzeugenden Eindruck.

Die meisten Modelle zur Budgetverantwortung knüpfen an Kostenarten an, die vom Chefarzt nicht oder nur wenig beeinflusst werden können[42]. Besonders deutlich wird dies z.B. bei den Personalkosten, die rund 70% der Betriebskosten eines Krankenhauses ausmachen. Hier können sich auch bei einem unveränderten Stellenplan und einer unveränderten Zahl von Überstunden wesentliche Kostenveränderungen allein durch veränderte Tarifverträge oder durch Veränderungen im Alter und im Familienstand der ärztlichen Mitarbeiter ergeben. Ein wichtiges Kriterium für die Sachgerechtigkeit einer Regelung zur Budgetverantwortung ist daher die Frage, inwieweit deren Bemessungsgrundlagen vom Chefarzt beeinflusst werden können. Hierzu gehören trotz denkbarer Unwägbarkeiten sicherlich die Soll-Fallzahlen im stationären Bereich sowie die Soll-Personalstärke. Gegen die Aufnahme der Kosten des medizinischen Sachbedarfs bestehen insofern Bedenken, als der Chefarzt auf die Preise keinen Einfluss hat. Letztlich soll über diese Bedenken hinweggesehen werden, da diese Kostenart schon seit Jahren budgetiert wird.

Eine wichtige Voraussetzung für die Einhaltung des internen abteilungsbezogenen Budgets ist die regelmäßige, zeitnahe Information des Chefarztes über alle budgetrelevanten Entwicklungen. Nur die Krankenhausleitung kann eine vom aufgestellten Budget abweichende Entwicklung frühzeitig erkennen und die Initiative übernehmen, um gemeinsam mit dem Chefarzt der planwidrigen Entwicklung entgegenzusteuern. Dies wird von manchen Vertragsentwürfen verkannt.

Eine weitere wichtige Voraussetzung für die Realisierung der Budgetverantwortung ist deren Anbindung an eine erfolgsabhängige Vergütungsregelung. Hierzu dient die erfolgsabhängige Abgabe, die in der Alternative zu § 9 Abs. 3 vorgestellt wird.

§ 4

Dienstaufgaben im Bereich der Krankenhausbehandlung

(1) Dem Arzt obliegt die Führung und fachliche Leitung der Abteilung. Der Arzt ist für die medizinische Versorgung der Patienten der Abteilung verantwortlich. Er hat nach Maßgabe der vom Krankenhausträger bestimmten Aufgabenstellung und Zielsetzung des Krankenhauses und der Abteilung alle ihm zugewiesenen ärztlichen Tätigkeiten zu besorgen. Hierzu gehören insbesondere folgende Aufgaben:

1. die Behandlung aller Patienten der Abteilung im Rahmen der Krankenhausleistung;
2. die Untersuchung und Mitbehandlung der Patienten sowie die Beratung der Ärzte anderer Abteilungen des Krankenhauses einschließlich der Belegabteilungen, soweit sein Fachgebiet berührt wird;
3. die nicht-stationäre Untersuchung und Behandlung von Patienten anderer stationärer Einrichtungen, auch fremder Träger, soweit die Untersuchung und Behandlung auf Veranlassung der anderen Einrichtung in seiner Abteilung erfolgt;
4. die ambulante Notfallbehandlung sozialversicherter Patienten;
5. die Erbringung von Institutsleistungen im ambulanten Bereich (prä- und poststationäre Versorgung und ambulantes Operieren gem. §§ 115a und b SGB V, psychiatrische Institutsambulanz, physikalische Therapie);

6. die Vornahme der Leichenschau und die Ausstellung der Todesbescheinigungen bei Todesfällen in seiner Abteilung;
7. die Durchführung von Früherkennungsmaßnahmen, wenn sie aus Anlass eines stationären Aufenthalts durchgeführt werden.

(2) Der Arzt hat organisatorisch den Bereitschaftsdienst und die Rufbereitschaft für die Abteilung sicherzustellen und erforderlichenfalls auch an der Rufbereitschaft selbst teilzunehmen.

(3) In der Verantwortung für seine Abteilung hat der Arzt auf eine nach Maßgabe der Budgetplanung des Krankenhauses anzustrebende Belegung unter Berücksichtigung des Wirtschaftlichkeitsgebots hinzuwirken. Hierzu wird er geeignete Maßnahmen, z.B. Vorkehrungen für eine reibungslose Ablauforganisation in der Abteilung, kollegiale Kontakte zu niedergelassenen Ärzten, Vorträge, Informationsveranstaltungen für Patienten und Angehörige etc., ergreifen. Berufsrechtliche Regelungen bleiben unberührt.

(4) Dem Arzt obliegt weiter,
1. die notwendigen Visiten bei allen Patienten der Abteilung durchzuführen;
2. die den Patienten gegenüber bestehenden Aufklärungspflichten zu erfüllen, dabei die vom Krankenhausträger erlassenen Dienstanweisungen sowie die von der Rechtsprechung entwickelten Grundsätze zu beachten und die Ärzte der Abteilung über die Aufklärungspflicht zu belehren;
3. Kranke, die entgegen ärztlichem Rat ihre Entlassung aus der stationären Versorgung verlangen, darüber zu belehren, dass das Krankenhaus für die daraus entstehenden Folgen nicht haftet.

Die Belehrungen nach 2. und 3. sind in den Krankenunterlagen zu vermerken.

(5) Der Arzt hat ferner den Dokumentationspflichten nachzukommen, die sich bei den Früherkennungsmaßnahmen ergeben und die Inhalt der allgemeinen Krankenhausleistungen sind.

Erläuterungen zu § 4

1. Dienstaufgaben
2. Fachliche Leitung der Abteilung
3. Krankenhausbehandlung
4. Institutsleistungen
5. Nebentätigkeiten als Dienstaufgabe – neuer DKG-Chefarztvertrag
6. Steuerrechtliche Konsequenzen
7. Arzneimittelprüfungen und Anwendungsbeobachtungen
8. Ambulante Notfallbehandlung
9. Bereitschaftsdienst und Rufbereitschaft

1. Dienstaufgaben

Durch den Dienstvertrag wird der Arbeitnehmer gem. § 611 Abs. 1 BGB zur Leistung der versprochenen Dienste, der Arbeitgeber zur Gewährung der vereinbarten Vergütung verpflichtet. Die Dienstleistungspflicht stellt die Hauptleistungspflicht des Arbeitnehmers dar, die mit der Vergütungspflicht als Hauptleistungspflicht des Arbeitgebers korrespondiert. In der Regel wird im Arbeitsvertrag die vom Arbeitnehmer zu erbringende Arbeitsleistung nur rahmenmäßig beschrieben, sodass die Konkretisierung der Arbeitspflicht bzw. der Dienstaufgaben vom Arbeitgeber im Wege der Ausübung des ihm zustehenden Direktionsrechts möglich wird. Dieses Konkretisierungsrecht des Arbeitgebers bezieht sich sowohl auf die Art der einzelnen Tätigkeiten als auch auf die Umstände der Leistungserbringung.

Anders als im gewöhnlichen Arbeitsleben ist es heute überwiegend üblich im Chefarztvertrag, die Dienstaufgaben des Chefarztes detailreich zu regeln[43]. Dies geschieht wohl in der Absicht, mögliche Konfliktfälle von vornherein zu verhindern oder zumindest zu begrenzen. Dass dieses Vorhaben jedoch auch bei einer detaillierten Leistungsbeschreibung misslingt, wird durch die wachsende Zahl von Streitigkeiten zwischen Krankenhausträgern und Chefärzten belegt. Zugleich wird durch eine solche Überregulierung der Dienstpflichten bei Bewerbern um eine Chefarztstelle eine tief greifende Verunsicherung bis hin zu einem nachhaltigen Misstrauen gegenüber der lauteren Absicht des Krankenhausträgers provoziert. Im Ergebnis wird der Vertragsentwurf vielfach als „Knebelungsvertrag“ gewertet. Wenn dann ein Krankenhausträger alle substanziellen Vertragsverhandlungen kategorisch ablehnt, was leider immer wieder anzutreffen ist, wohl in erster Linie aus Gründen der mangelnden Sachkenntnis, dann sind dies die besten Voraussetzungen für spannungsgeladene Vertragsbeziehungen. Statt eines guten Vertrauensverhältnisses wird ein von Argwohn belastetes Verhältnis begründet.

Auch die Tatsache, dass jeder Chefarztvertrag eine Unzahl von Bestimmungen enthält, die im konkreten Fall zumindest überflüssig, möglicherweise sogar schädlich sind, fördert nicht das Einvernehmen zwischen den Vertragspartnern. Als Berater eines Chefarztbewerbers oder als Beauftragter zur Führung der Vertragsverhandlungen steht man oftmals vor dem Problem, entweder den Krankenhausträger von der Überflüssigkeit oder aber den Chefarztbewerber von der Unschädlichkeit einzelner Bestimmungen überzeugen zu müssen. Beides ist erfahrungsgemäß ein schwieriges Unterfangen, insbesondere wenn der Krankenhausträger und/oder der Bewerber die Bedeutung der einzelnen Bestimmungen nicht überblickt oder falsch einschätzt.

2. Fachliche Leitung der Abteilung

Entsprechend der Stellung des Chefarztes als endverantwortlicher ärztlicher Leiter einer Krankenhausfachabteilung obliegt ihm die Führung und fachliche Leitung seiner Abteilung und der darin beschäftigten ärztlichen und nichtärztlichen Mitarbeiter. Diese Leitungspflicht gegenüber dem Krankenhausträger beinhaltet zugleich ein Leitungsrecht gegenüber den Mitarbeitern und umfasst sowohl ärztlich-medizinische als auch administrative Aufgaben und Kompetenzen.

Der Katalog der Dienstaufgaben des Chefarztes umfasst alle diejenigen Arbeitspflichten, die den Mitarbeitern der Abteilung übertragen werden bzw. übertragen werden können. Umgekehrt gilt: Gehört eine Tätigkeit nicht zu den Dienstaufgaben des Chefarztes, kann sie auch nicht ersatzweise einem nachgeordneten Arzt auferlegt werden. Die Übertragung einer Tätigkeit auf einen Oberarzt oder Assistenzarzt jenseits der Dienstaufgaben des Chefarztes wäre mit der endverantwortlichen Stellung des Chefarztes und seiner Leitungsaufgabe unvereinbar. Wenn somit in einem umfangreichen Leistungskatalog der Dienstaufgabenbereich des Chefarztes definiert wird, so stellt dies zugleich auch eine Definition des möglichen Pflichtenkreises der nachgeordneten Ärzte dar[44].

3. Krankenhausbehandlung

Zur Sicherstellung der dem Krankenhausträger obliegenden Aufgaben entsprechend der Aufgabenstellung und der Zielsetzung des Krankenhauses (Versorgungsauftrag) überträgt der Krankenhausträger seinen Chefärzten die Aufgabe, die medizinische Versorgung im gesamten Zuständigkeitsbereich des Krankenhauses sicherzustellen.

Traditionell gehört zum Bereich der Krankenhausbehandlung die Versorgung stationärer Patienten. Neben der sog. vollstationären Behandlungsleistung haben aufgrund der Weiterentwicklung des Gesundheitsrechts weitere Behandlungsformen Eingang in den Bereich der Krankenhausbehandlung gefunden. Hierzu gehören neben der teilstationären Behandlung seit dem 01.01.1993 als Folge des Gesundheitsstrukturgesetzes (GSG) insbesondere die vor- und nachstationäre Behandlung gem. § 115a SGB V sowie das ambulante Operieren gem. § 115b. Mit Wirkung ab 01.01.2004 wurde durch das GKV-Modernisierungsgesetz (GMG) für die Krankenhäuser die Möglichkeit eröffnet, als Institution zur Erbringung ambulanter Behandlungen im Rahmen der vertragsärztlichen Versorgung ermächtigt zu werden, sofern in dem betreffenden Planungsbereich eine Unterversorgung besteht (§ 116a), wovon bisher allerdings noch kaum Gebrauch gemacht wurde. Weiterhin wurde im Rahmen von § 116b SGB V die Möglichkeit eröffnet, das Krankenhaus zur Erbringung hochspezialisierter Leistungen sowie zur Behandlung seltener Erkrankungen und Erkrankungen mit besonderen Krankheitsverläufen zu berechtigen. Zunächst war vorgesehen, dass die Krankenkassen mit den betreffenden Krankenhäusern entsprechende Verträge für diese Leistungsbereiche abschließen, wobei die Vergütung dieser Leistungen direkt von den Krankenkassen erfolgen sollte. Nachdem diese Möglichkeit jedoch wegen der ablehnenden Haltung der Krankenkassen nicht in die Praxis umgesetzt worden war, entschloss sich der Gesetzgeber im Rahmen des GKV-Wettbewerbsstärkungsgesetzes (GKV-WSG) die Zulassung der Krankenhäuser für solche hochspezialisierten Leistungen den für die Krankenhausplanung zuständigen Organen zu übertragen. Schließlich wurde durch das GMG auch die Möglichkeit eröffnet, dass Krankenhäuser im Rahmen Medizinischer Versorgungszentren (MVZ) an der ambulanten Vertragsärztlichen Versorgung teilnehmen.

Seit vielen Jahren besteht unverkennbar die Tendenz der Krankenhausträger und Krankenhausträgerverbände, den Leistungsbereich des Krankenhauses auszuweiten. Soweit diesem Vorhaben geltendes Recht entgegensteht, werden entsprechende Forderungen an den Gesetzgeber herangetragen (z.B. die Forderung nach einer generellen Zulassung der Krankenhäuser zur ambulanten Versorgung). Soweit geltendes Recht nicht entgegensteht, wird der Umfang der Krankenhausbehandlung und damit der Dienstaufgabenbereich des Chefarztes im Rahmen der allgemeinen Vertragsfreiheit erweitert. So gehört heute vielfach zum Dienstaufgabenbereich eines Chefarztes auch die Mitbehandlung stationärer Patienten anderer Krankenhäuser, z.B. im Bereich der Großgeräteleistungen oder zur Versorgung mit Leistungen der Labormedizin und der Pathologie. Allerdings können solche Tätigkeiten auch als liquidationsberechtigte Tätigkeiten des Chefarztes vereinbart werden, sodass der Chefarzt diese Leistungen mit dem anderen Krankenhaus auf der Grundlage der ärztlichen Gebührenordnung (GOÄ) abrechnen kann.

4. Institutsleistungen

Namentlich werden im Chefarztvertrag vielfach auch die sog. Institutsleistungen angesprochen. Darunter werden Leistungen verstanden, die ein Krankenhaus im Rahmen der ambulanten Versorgung aufgrund gesetzlicher Ermächtigung als Institut erbringen kann[45]. Neben der prä- und poststationären Versorgung gem. § 115a SGB V, dem ambulanten Operieren gem. § 115b und der Erbringung hochspezialisierter Leistungen gem. § 116b gehören zu den Institutsleistungen des Krankenhauses die poliklinischen Ambulanzen der Universitätsklinika, die psychiatrische Institutsambulanz gem. § 118 SGB V, die physikalische Therapie sowie die ambulante Notfallbehandlung sozialversicherter Patienten.

5. Nebentätigkeiten als Dienstaufgabe – neuer DKG-Chefarztvertrag

Seit der 6. Auflage ihres Mustervertrags empfiehlt die DKG eine Überführung der klassischen Nebentätigkeitsbereiche des Chefarztes in dessen Dienstaufgabenkatalog. Damit wird die ambulante Beratung und Behandlung von Selbstzahlerpatienten, aber auch von sozialversicherten Patienten (Ermächtigungsambulanz und D-Arzt-Verfahren) zur Dienstaufgabe erhoben, was auf die Ablehnung der Ärzteschaft und ihrer Organe stößt.

Diese Empfehlung verkennt, dass die Ermächtigung eines Krankenhausarztes zur Teilnahme an der vertragsärztlichen Versorgung eine selbstständige, freiberufliche Tätigkeit voraussetzt. Würde ein Krankenhausarzt die vertragsärztliche Versorgung der Versicherten als Dienstaufgabe erbringen, wäre in rechtlicher Hinsicht der Leistungserbringer nicht der Krankenhausarzt, sondern das Krankenhaus als Institut, sodass das System der vertragsärztlichen Versorgung unterlaufen werden würde. Das Krankenhaus kann in der Regel keine Institutsermächtigung für sich beantragen, da die Ermächtigung einer ärztlich geleiteten Einrichtung nachrangig ist gegenüber der persönlichen Ermächtigung von Ärzten (vgl. BSG, Urteil vom 02.10.1996 – 6 R Ka 73/95). Auch kann der Krankenhausträger durch eine Verweigerung der Nebentätigkeitsgenehmigung nicht die Voraussetzungen für eine Institutsermächtigung schaffen, weil ansonsten auf diese Weise der Vorrang der persönlichen Ermächtigung umgangen werden könnte (vgl. BSG, Urteil vom 27.01.2000 – B 6 KA 51/98 R). Trotz dieser eigentlich klaren Rechtslage sehen viele neue Chefarztverträge vor, dass der Chefarzt verpflichtet ist, eine Ermächtigung zur vertragsärztlichen Versorgung zu beantragen, dass diese Tätigkeit jedoch als Dienstaufgabe und somit unentgeltlich für den Krankenhausträger zu erbringen ist. Noch mehr muss es allerdings überraschen, dass sich die Zulassungsinstanzen keinen Chefarztvertrag zur Einsicht vorlegen lassen, sondern ungeprüft die beantragte Ermächtigung erteilen, jedenfalls sofern die Ermächtigung des Chefarztes im Rahmen der Bedürfnisprüfung gem. § 116 SGB V zu befürworten ist.

Entsprechendes gilt für die Bestellung zum D-Arzt, der als persönlich Beauftragter der Berufsgenossenschaften, der Träger der Gesetzlichen Unfallversicherung, darüber entscheidet, ob zur Behandlung eines Arbeitsunfalls bzw. einer Berufskrankheit eine berufsgenossenschaftliche Heilbehandlung einzuleiten ist oder ob die Behandlung im Rahmen der vertragsärztlichen Versorgung ausreicht.

Soweit die Privatambulanz in den Dienstaufgabenbereich des Chefarztes einbezogen werden soll, die Privatambulanz also keine genehmigte Nebentätigkeit mehr darstellt, ist dies sicherlich keine besonders kluge unternehmerische Entscheidung. Denn die Privatambulanz floriert erfahrungsgemäß nur dann, wenn sich der Chefarzt besonders eingehend um diese Patienten persönlich kümmert. Von einer florierenden Privatambulanz ist aber wiederum eine gute Inanspruchnahme der wahlärztlichen Behandlung abhängig, die für das Krankenhausunternehmen von erheblicher Bedeutung ist. Gehört die Privatambulanz jedoch zu den Dienstaufgaben, wird man es keinem Chefarzt verübeln können, wenn er sich diesem Patientenklientel nicht mit der wünschenswerten Intensität widmet. Was spricht eigentlich dagegen, dem Chefarzt zumindest die Privatambulanz auch weiterhin als Nebentätigkeit im Sinn eines Leistungsanreizes zu genehmigen?

6. Steuerrechtliche Konsequenzen

Nachdem der Bundesfinanzhof (BFH) in seinem Urteil vom 05.10.2005 – VI R 152/01 – die Liquidationserlöse aus der stationären wahlärztlichen Behandlung im Fall eines speziellen Chefarztvertrags als Einkünfte auch nichtselbstständiger Tätigkeit gewertet und die Lohnversteuerung dieser Einkünfte durch den Krankenhausträger bestätigt hat, gehen die meisten Krankenhausträger jedenfalls im Rahmen neu abgeschlossener Chefarztverträge dazu über, die Beteiligung des Chefarztes an den Liquidationserlösen aus wahlärztlicher Behandlung der Lohnversteuerung zu unterziehen. Wenn nun auch noch die traditionellen Nebentätigkeiten zukünftig in den Dienstaufgabenbereich einbezogen werden, ergibt sich daraus die Konsequenz, dass der Chefarzt keine Möglichkeit mehr hat, Einkünfte aus freiberuflicher Tätigkeit im Rahmen einer Einkommensteuererklärung zu deklarieren und die in diesem Zusammenhang entstehenden Betriebsausgaben steuerlich geltend zu machen. Stellen dagegen die ambulanten Tätigkeiten auch weiterhin genehmigte Nebentätigkeiten dar, so sind zumindest die Einkünfte aus diesen Tätigkeiten als Einkünfte aus freiberuflicher Tätigkeit zu deklarieren.

Man mag einwenden, dass – jedenfalls rein rechtlich – kein Unterschied zwischen Betriebsausgaben und Werbungskosten besteht. Dennoch sollte sich jeder Krankenhausträger überlegen, ob er dem Chefarzt nicht doch die Möglichkeit zur Veranlagung im Rahmen der Einkommensteuererklärung eröffnen will. Dies könnte zumindest für den Bereich der Privatambulanz geschehen.

Übrigens haben in der Zwischenzeit einige Finanzgerichte entgegen der Entscheidung des BFH vom 05.10.2005 bestätigt, dass die Einkünfte eines Chefarztes aus wahlärztlicher Behandlung als Einkünfte aus freiberuflicher Tätigkeit zu werten sind.[46]

7. Arzneimittelprüfungen und Anwendungsbeobachtungen

Der neue DKG-Chefarztvertrag empfiehlt weiterhin, die Beteiligung des Chefarztes an klinischen Arzneimittelprüfungen, Anwendungsbeobachtungen und Medizinproduktestudien in den Dienstaufgabenbereich des Chefarztes einzubeziehen und den Chefarzt an den hieraus vom Krankenhausträger erzielten Einnahmen in Höhe eines festzulegenden Prozentsatzes zu beteiligen. Begründet wird dies mit der Vermeidung des Risikos straf- und dienstrechtswidrigen Verhaltens als Folge der Verschärfung des Antikorruptionsgesetzes vom August 1997.

Es wird jedoch davon abgeraten, dieser Empfehlung zu folgen. Die DKG verkennt, dass nach dem „Gemeinsamen Standpunkt zur strafrechtlichen Bewertung der Zusammenarbeit zwischen Industrie, medizinischen Einrichtungen und deren Mitarbeitern" vom September 2000, an dessen Erstellung die DKG beteiligt war[47], diese ärztlichen Tätigkeiten in der Regel als Nebentätigkeit und nur in Ausnahmefällen, insbesondere zu Forschungszwecken an Hochschulen, als Hauptamt durchgeführt werden sollen. Auch hat das im „Gemeinsamen Standpunkt" empfohlene Genehmigungsprinzip nur einen Sinn im Rahmen einer Leistungserbringung als Nebentätigkeit. Ebenso dürfte es für das Krankenhaus schwierig werden, das empfohlene Trennungsprinzip zu erfüllen, denn eine klare Trennung zwischen der Zuwendung und etwaigen Umsatzgeschäften ist nicht möglich, wenn die Zuwendungen nicht mehr an den ärztlichen Mitarbeiter, sondern an die medizinische Einrichtung geleistet werden. Es wird bezweifelt, dass die von der DKG vorgeschlagene Vertragsgestaltung für einen Krankenhausträger von Vorteil ist. Es besteht eher die Gefahr, dass sich der Krankenhausträger selbst dem Vorwurf einer Vorteilsannahme aussetzt, wenn er sowohl Vertragspartner einer Anwendungsbeobachtung etc. ist, als auch über den Einkauf von Produkten entscheidet. Es wird oftmals übersehen, dass das Strafrecht nicht nur die entsprechenden Straftaten im Amt gem. §§ 331ff. StGB, sondern auch den Tatbestand der Bestechlichkeit im geschäftlichen Verkehr gem. §§ 299ff. StGB regelt. Natürlich muss der die Zuwendungen annehmende Arzt gegenüber dem Krankenhausträger die Einkünfte deklarieren, wobei möglichst sichergestellt werden sollte, dass die Zuwendungen für medizinische Zwecke oder zur finanziellen Unterstützung der Assistenzärzte für die Teilnahme an Fortbildungsveranstaltungen verwendet werden können. Vgl. zum vorliegenden Thema auch die Hinweise in Anhang 7.2.

8. Ambulante Notfallbehandlung

Die ambulante Notfallbehandlung sozialversicherter Patienten als Dienstaufgabe des Chefarztes gehört seit vielen Jahren zum Standard neu abzuschließender Chefarztverträge. Das Bundessozialgericht hatte bereits in seinem Urteil vom 24.10.1961[48] darauf hingewiesen, dass die ambulante Notfallbehandlung nicht nur vom Leitenden Krankenhausarzt, sondern auch vom Krankenhaus als Institut abgerechnet werden kann. Entscheidend kommt es somit darauf an, wer nach dem Chefarztvertrag die Leistungen der ambulanten Notfallbehandlung mit der KV abrechnen kann (so auch BSG, Urteil vom 07.12.1988 – 6 R Ka 34/87).

Soweit die ambulante Notfallbehandlung als Dienstaufgabe vereinbart ist oder wird, bezieht sich dies regelmäßig nur auf sozialversicherte Patienten, denn der Begriff der ambulanten Notfallbehandlung ist ein Terminus technicus aus dem Bereich der kassenärztlichen/vertragsärztlichen Versorgung[49]. Soweit daher ein Selbstzahlerpatient außerhalb der Sprechstundenzeiten in der chirurgischen Ambulanz des Krankenhauses durch ärztliche Mitarbeiter der Chirurgie behandelt wird, kann die Liquidationsberechtigung des Chefarztes gegenüber dem Privatpatienten nicht in Frage gestellt werden.

9. Bereitschaftsdienst und Rufbereitschaft

Die ärztliche Versorgung der stationären Patienten einer Krankenhausabteilung wird außerhalb der Tagesdienstzeiten durch einen Bereitschaftsdienst der Assistenzärzte (sog. Hausdienst bzw. Anwesenheitsdienst) sowie durch eine Rufbereitschaft der Fachärzte (sog. Hintergrunddienst) sichergestellt. Dass der Chefarzt kraft seiner Organisationskompetenz sowohl den Bereitschaftsdienst als auch die Rufbereitschaft für seine Abteilung sicherzustellen hat, ist eine Selbstverständlichkeit. Umstritten ist jedoch, in welchem Umfang der Chefarzt an der Rufbereitschaft persönlich teilnehmen muss.

Es entspricht einem guten Brauch, den Chefarzt zur persönlichen, regelmäßigen Teilnahme an der Rufbereitschaft nur dann zu verpflichten, wenn ihm nicht genügend Mitarbeiter zur Verfügung stehen. insbesondere wenn in seiner Abteilung außer ihm nur noch ein einziger weiterer Facharzt vorhanden ist. Stehen jedoch zwei oder mehr Fachärzte zur Sicherstellung der Rufbereitschaft zur Verfügung, so ist der Chefarzt nur „erforderlichenfalls" zur persönlichen Beteiligung an der Rufbereitschaft verpflichtet, also nur ausnahmsweise, z.B. wenn wegen Urlaubs oder Krankheit vorübergehend nicht genügend fachärztliche Mitarbeiter zur Sicherstellung der Rufbereitschaft zur Verfügung stehen.

In diesem Zusammenhang ist das Urteil des Landesarbeitsgerichts Stuttgart vom 16.12.2004 – 3 Sa 30/04 – von Bedeutung. Das Gericht hat nämlich einem Chefarzt das Recht eingeräumt, sich aus der regelmäßigen Teilnahme an der Rufbereitschaft zurückzuziehen, nachdem durch Einstellung eines weiteren Oberarztes zwei Oberärzte zur Verfügung standen. Ausdrücklich weist das LAG darauf hin, dass es dem Chefarzt vertragsrechtlich erlaubt ist, die ihm zur Verfügung gestellten personellen Ressourcen so auszuschöpfen, wie es nach den einzuhaltenden rechtlichen Rahmenbedingungen im Hinblick auf alle Beteiligten möglich ist. Das LAG weist darauf hin, dass „die mit der leitenden Tätigkeit eines Chefarztes verbundene erhöhte Arbeitsbelastung und Verantwortung es nicht unbillig erscheinen [lässt], sich selbst in geringerem Maße mit Rufbereitschaften zu belasten".

Angesichts der vielfältigen und verantwortungsvollen Aufgaben eines Chefarztes als ärztlicher Leiter einer Fachabteilung ist es kaum nachvollziehbar, dass wegen eines finanziellen Mehraufwands von zirka 400 Euro als Rufbereitschaftsvergütung die Arbeitskraft eines Chefarztes durch eine Beteiligung an der Rufbereitschaft verschlissen werden soll. Wenn immer wieder auf die exzeptionelle Position des Chefarztes, seine Sonderrolle innerhalb des Krankenhausbetriebs sowie auf seine arbeitsrechtlich herausgehobene Stellung hingewiesen wird[50], so entspricht dieses Bild nicht immer ganz der Realität, wie das Thema Rufbereitschaft zeigt.

§ 5
Sonstige Dienstaufgaben

(1) Der Arzt ist für den geordneten Dienstbetrieb und für die allgemeine Hygiene in der Abteilung verantwortlich. Er hat nach bestem Können die ärztlichen Anordnungen und Maßnahmen zu treffen, zu unterstützen oder – soweit der Krankenhausträger zuständig ist – anzuregen, die einen ordnungsgemäßen Betrieb des Krankenhauses im Allgemeinen und seiner Abteilung im Besonderen gewährleisten. In seinem ärztlichen Aufgabenbereich hat er auch für die Beachtung der Hausordnung zu sorgen.

(2) Zu den Aufgaben des Arztes gehört es auch, die ärztlichen Anzeige- und Meldepflichten zu erfüllen, die für den ärztlichen Bereich erlassenen Vorschriften, Dienstanweisungen und Anordnungen einzuhalten sowie deren Durchführung im Bereich der Abteilung sicherzustellen.

(3) Auf Verlangen des Krankenhausträgers hat der Arzt

1. an den Sitzungen der Aufsichtsgremien des Krankenhausträgers teilzunehmen;

2. in den Gremien des Krankenhauses (Arzneimittelkommission, Hygienekommission, Ethikkommission etc.) mitzuwirken;
3. die Leitung einer dem Krankenhausträger gehörenden Ausbildungsstätte für nichtärztliche Berufe des Gesundheitswesens zu übernehmen;
4. die Aufgabe des Ärztlichen Direktors des Krankenhauses wahrzunehmen;
5. sich an Qualitätssicherungsmaßnahmen des Krankenhausträgers zu beteiligen.

(4) Im Rahmen seines Fachgebietes hat der Arzt ferner
1. den Krankenhausträger in allen ärztlichen Angelegenheiten zu beraten;
2. die ärztlichen und nichtärztlichen Mitarbeiter des Krankenhauses aus-, weiter- und fortzubilden, insbesondere den ärztlichen Unterricht an einer Aus- und Weiterbildungsstätte für nichtärztliche Berufe des Gesundheitswesens zu erteilen;
3. an der Ausbildung von Studierenden der Medizin nach Maßgabe der Vorschriften der Approbationsordnung für Ärzte mitzuwirken;
4. über den Gesundheitszustand der im Krankenhaus tätigen Personen oder von Personen, die sich um eine Anstellung im Krankenhaus bewerben, ärztliche Zeugnisse und gutachterliche Äußerungen zu erstatten;
5. die in Gesetzen, Verordnungen oder anderen Rechtsnormen, Unfallverhütungsvorschriften, Dienstanweisungen usw. vorgeschriebenen regelmäßigen Untersuchungen der im Krankenhaus tätigen Personen vorzunehmen und hierüber die erforderlichen Aufzeichnungen zu machen;
6. an der Organisation des Rettungsdienstes nach Maßgabe bestehender Regelungen (z.B. Rettungsdienstgesetze der Länder) und der zwischen dem Träger des Rettungsdienstes und dem Krankenhausträger getroffenen Vereinbarungen mitzuwirken, insbesondere auch den am Rettungsdienst teilnehmenden Ärzten die für die notärztliche Versorgung erforderlichen besonderen Kenntnisse und Fertigkeiten zu vermitteln.

Erläuterungen zu § 5

1. Administrative Tätigkeiten
2. Ärztlicher Direktor

1. Administrative Tätigkeiten

Neben den Hauptpflichten des Chefarztes im Rahmen der Patientenbehandlung regelt traditionell eine weitere Bestimmung die „sonstigen Dienstaufgaben", die sich insbesondere auf administrative Aufgaben, auf die Mitwirkung in krankenhausinternen Gremien, auf die Aus-, Weiter- und Fortbildung der ärztlichen und nichtärztlichen Mitarbeiter, die Teilnahme an Qualitätssicherungsmaßnahmen etc. beziehen. Bei allem ist stets zu prüfen, ob der Chefarzt im Rahmen des Stellenplans seiner Abteilung neben den Aufgaben der Patientenversorgung solche zusätzlichen Aufgaben überhaupt übernehmen kann.

Insgesamt bietet die Bestimmung über „sonstige Dienstaufgaben" in der Regel nur wenig Anlass zur Kritik, jedenfalls wenn man davon absieht, dass viele der hier aufgezeigten Tätigkeiten für den einzelnen Chefarzt nicht einschlägig sind. So muss der Urologe nicht befürchten, mit der Forderung nach Übernahme der Tätigkeit des Betriebsarztes konfrontiert zu werden, da ihm für diese Aufgabe die fachlichen Qualifikationen fehlen. Im Übrigen wird heute auch in den Krankenhäusern die betriebsärztliche Versorgung in der Regel durch externe Ärzte sichergestellt, was zur Vermeidung von Interessenkollisionen sicherlich gut ist.

2. Ärztlicher Direktor

In § 5 Abs. 3 Nr. 4 ist aber auch die Möglichkeit eröffnet, dass dem Chefarzt die Tätigkeit als Ärztlicher Direktor des Krankenhauses übertragen wird. Insbesondere diese Tätigkeit ist in der Regel mit einer so hohen zusätzlichen Belastung verbunden, dass die Übernahme dieser Aufgabe zu einer Beeinträchtigung der originären chefärztlichen Tätigkeit führt und daher meist nur möglich ist, wenn gleichzeitig ein Entlastungsassistent zur Verfügung gestellt wird.

Ein heikles Thema ist die Frage, wer darüber entscheidet, welcher der Chefärzte zum Ärztlichen Direktor berufen wird. In einem gut geführten Krankenhaus bittet der Krankenhausträger das Chefarztkollegium, ihm einen Vorschlag zu unterbreiten. In aller Regel wird der Krankenhausträger diesem Vorschlag auch folgen. Es gibt aber auch Krankenhausträger, die meinen, den Ärztlichen Direktor ohne Mitwirkung des Chefarztkollegiums bestimmen zu müssen. Meist wird in solchen Fällen ein Kandidat ausgewählt, von dem der Krankenhausträger meint, dass er am ehesten bereit sei, die Interessen des Trägers zu vertreten, und zwar auch gegenüber den anderen Chefärzten. Aufgrund vielfältiger Erfahrungen kann vor einer solchen Lösung nur gewarnt werden. Ein ärztlicher Direktor, der nicht das Vertrauen seiner Chefarztkollegen genießt, wird es bei der Ausübung seines Amts schwer haben.

§ 6

Durchführung der Dienstaufgaben

(1) Im Rahmen der Erfüllung seiner Dienstaufgaben überträgt der Arzt, soweit nicht die Art oder die Schwere der Krankheit sein persönliches Tätigwerden erfordern, den ärztlichen Mitarbeitern – entsprechend ihrem beruflichen Bildungsstand, ihren Fähigkeiten und Erfahrungen – bestimmte Tätigkeitsbereiche oder Einzelaufgaben zur selbstständigen Erledigung. Die Gesamtverantwortung des Arztes wird hierdurch nicht eingeschränkt.

(2) Gesondert berechenbare wahlärztliche Leistungen erbringt der Arzt nach Maßgabe der GOÄ (GOZ) in der jeweils gültigen Fassung. Im Verhinderungsfall übernimmt diese Aufgabe sein ständiger ärztlicher Vertreter.
(3) Der Arzt hat die Rechte und Pflichten der anderen Chefärzte und der Belegärzte zu beachten. Er hat das Recht und die Pflicht, andere Chefärzte des Krankenhauses, Belegärzte, Ärzte und Einrichtungen außerhalb des Krankenhauses, mit denen vertragliche Beziehungen bestehen, zur Beratung, Untersuchung oder Mitbehandlung beizuziehen, wenn dies erforderlich ist. Die Einschaltung anderer Ärzte und Einrichtungen außerhalb des Krankenhauses soll nur in Ausnahmefällen erfolgen.
(3a) **Fakultativ:** Für die Abgrenzung der Zuständigkeit zu anderen Fachabteilungen gilt Folgendes:
- Für röntgendiagnostische Leistungen ist grundsätzlich das Röntgeninstitut zuständig. Der Arzt ist jedoch zuständig für .....
- Für Laborleistungen gilt: .....
- Für die Intensivbetten gilt: .....
- Für ..... Leistungen gilt: .....

(4) Unbeschadet des allgemeinen Weisungsrechts des Krankenhausträgers wird der Arzt ermächtigt, im Rahmen seiner Dienstaufgaben über Aufnahme, Beurlaubung und Entlassung von Patienten innerhalb seiner Abteilung zu entscheiden.
(5) Die mit den Dienstaufgaben zusammenhängenden ärztlichen Leistungen sind – soweit möglich – ausschließlich im Krankenhaus mit dessen Geräten und Einrichtungen zu bewirken; dies gilt nicht für Hilfeleistungen in Notfällen, die außerhalb des Krankenhauses erbracht werden müssen.
(6) Der Arzt ist verpflichtet, vorübergehend freie Betten der Abteilung bei Bedarf den anderen Chefärzten und den Belegärzten zur vorübergehenden Belegung zu überlassen, soweit gesetzliche Vorschriften oder zwingende medizinische Bedenken nicht entgegenstehen. Wegen der Benutzung von Räumen und Einrichtungen des Krankenhauses, die auch den Zwecken anderer Abteilungen dienen, hat er sich mit anderen Krankenhausärzten kollegial zu verständigen.
(7) Der Arzt hat dafür zu sorgen, dass für jeden Patienten der Abteilung eine Krankengeschichte geführt wird.
Mit der Anfertigung der Krankengeschichte geht diese in das Eigentum des Krankenhausträgers über, der sie unter Sicherung der ärztlichen Schweigepflicht und unter Beachtung der Datenschutzbestimmungen aufbewahrt. Der Arzt hat jederzeit Zugang zu den für die Patienten der Abteilung geführten Krankengeschichten; dies gilt auch für die Zeit nach seinem Ausscheiden, wenn der Arzt ein berechtigtes Interesse nachweist.

Originalkrankengeschichten und deren Anlagen (auch als Mikrofilme) dürfen aus den Räumen des Krankenhauses nicht entfernt werden. Falls die Entfernung aus zwingenden Gründen nicht zu vermeiden ist, z.B. im Fall der gerichtlichen Beschlagnahme, sind vor der Herausgabe Ablichtungen anzufertigen.

Abschriften, Auszüge und Ablichtungen von Krankengeschichten dürfen nur an Berechtigte und nur mit Zustimmung des Arztes oder seines Nachfolgers herausgegeben werden; der Zustimmung bedarf es nicht, wenn für den Krankenhausträger aufgrund gesetzlicher Vorschriften eine Rechtspflicht zur Herausgabe besteht.

Der Arzt ist berechtigt, von den Krankengeschichten auf seine Kosten Abschriften, Auszüge oder Ablichtungen herstellen zu lassen, auch nach seinem Ausscheiden.

Bei Untersuchungen oder Behandlungen von Patienten in anderen Abteilungen des Krankenhauses hat der Arzt seine Aufzeichnungen dem Leitenden Arzt der anderen Abteilung zur Vereinigung mit der von diesem geführten Krankengeschichte zu übergeben.

Die vorstehenden Regelungen für Krankengeschichten gelten sinngemäß für Röntgenaufnahmen, Elektrokardiogramme oder ähnliche Aufzeichnungen.

(8) Soweit der Krankenhausträger für allgemeine statistische Zwecke, zur Diagnosestatistik, zur Erstellung der Kosten- und Leistungsrechnung, zur Erhebung seiner Entgelte o.Ä. Angaben über die von dem Arzt selbst oder von den nachgeordneten Ärzten oder sonstigen Mitarbeitern bewirkten ärztlichen Leistungen oder Krankenhaussachleistungen benötigt, ist der Arzt verpflichtet, der Krankenhausverwaltung alle Angaben zu machen. Dies gilt insbesondere auch für Angaben über die in Betracht kommenden Leistungsziffern der Gebührenordnung für Ärzte (GOÄ), des Einheitlichen Bewertungsmaßstabes (EBM), des Krankenhaustarifs (DKG-NT) sowie für Angaben von Verschlüsselungen gem. International Classification of Diseases (ICD) und International Classification of Procedures in Medicine (ICPM), die zur Erhebung der Daten benötigt werden. Er hat der Krankenhausverwaltung die hierzu erforderlichen Unterlagen zur Verfügung zu stellen. Die ärztliche Schweigepflicht und die Vorschriften über den Datenschutz bleiben unberührt.

(9) Vorkommnisse von erheblicher oder grundsätzlicher Bedeutung, insbesondere auch Untersuchungen der Polizei oder der Staatsanwaltschaft, auftretende Schwierigkeiten oder Missstände in der Abteilung hat der Arzt unverzüglich dem Dienstvorgesetzten – in ärztlichen Angelegenheiten über den Ärztlichen Direktor des Krankenhauses, im Übrigen auch über die Krankenhausverwaltung – mitzuteilen.

Erläuterungen zu § 6

1. Delegation und persönliche Leistung
2. Wahlärztliche Leistungen
3. Zuständigkeiten und Abgrenzungen
4. Krankengeschichten

1. Delegation und persönliche Leistung

Die Frage nach der persönlichen Leistungspflicht des Chefarztes im Rahmen seines Dienstvertrags mit dem Krankenhausträger wird vielfach überlagert durch den Streit um die persönliche Leistungserbringung bei der wahlärztlichen Behandlung von Privatpatienten. Wenn insbesondere die Private Krankenversicherung fordert, das Liquidationsrecht des Chefarztes für die Wahlarztbehandlung auf höchstpersönlich erbrachte Leistungen zu beschränken, zumindest für den Bereich der sog. Kernleistungen, und diese Position auch von verschiedenen Instanzgerichten übernommen wird, so hat dies keinerlei Bedeutung für die Frage, welche Dienstpflichten dem Chefarzt aus seinem Dienstvertrag obliegen. So hat also die Rechtsprechung zur persönlichen Leistungspflicht des Wahlarztes keinerlei Bedeutung für die Frage der Dienstpflichten des Chefarztes gegenüber dem Krankenhausträger[51].

Die Aufgabe des Chefarztes und das Wesen seiner Tätigkeit besteht zu allererst darin, im Rahmen der ihm vom Krankenhausträger übertragenen Führungs- und Organisationsaufgaben die klinischen Abläufe zu gestalten, zu koordinieren und zu kontrollieren und hierbei das ärztliche und nichtärztliche Personal anzuleiten, einzusetzen und zu überwachen. Es wäre daher verfehlt, im Rahmen der Vielzahl der einem Chefarzt übertragenen Dienstaufgaben von einer höchstpersönlichen Leistungspflicht auszugehen, wie dies der Auslegungsregel gem. § 613 BGB entspricht, wonach der zur Dienstleistung Verpflichtete die Dienste im Zweifel in Person zu leisten hat. Es ist daher zutreffend und konsequent, wenn alle einschlägigen Musterverträge von dem Grundsatz ausgehen, dass der Chefarzt im Rahmen der Besorgung seiner Dienstaufgaben Einzelaufgaben oder bestimmte Tätigkeitsbereiche auf die ärztlichen Mitarbeiter zur selbstständigen Erledigung übertragen kann, soweit nicht die Art oder die Schwere der Krankheit einen persönlichen Einsatz des Chefarztes erfordern[52]. Insofern repräsentiert § 6 Abs. 1 das Wesen des Chefarztprinzips.

Dass der Chefarzt im Rahmen der Delegation den Ausbildungsstand der Mitarbeiter, ihre Kenntnisse, Fähigkeiten und Erfahrungen zu berücksichtigen hat, ist eine Selbstverständlichkeit, da der Chefarzt gemäß seiner Endverantwortung dafür haftet, dass er ein zur Erfüllung der Dienstaufgaben geeignetes Personal auswählt, das den gestellten Aufgaben gewachsen ist und das über die erforderliche Qualifikation verfügt. Delegiert der Chefarzt Aufgaben an nicht ausreichend qualifiziertes Personal, so haftet er aus sog. Organisationsverschulden[53].

Soweit der DKG-Mustervertrag seit seiner 6. Auflage in § 6 Abs. 1 neben der Art und Schwere der Krankheit, die ein persönliches Tätigwerden erfordern, zusätzlich auch noch auf die Erfordernisse der persönlichen Leistungserbringung im Rahmen der Ermächtigung oder Zulassung verweist, hat dies nur insoweit Bedeutung, als der Chefarzt aufgrund der Definitionen seiner Dienstaufgaben (vgl. § 4 Abs. 1) verpflichtet ist, Tätigkeiten im Rahmen der Ermächtigung zur vertragsärztlichen Versorgung oder im Rahmen der Zulassung zum D-Arzt-Verfahren als Dienstaufgabe zu erbringen. Allerdings vertritt der Verfasser die Rechtsauffassung, dass ein Chefarzt, der vom Krankenhausträger gezwungen wird, eine Ermächtigung zu beantragen und diese Ermächtigung ein Teil der Dienstaufgaben ist, berechtigt ist, die Leistungen im Rahmen der Ermächtigungsambulanz auf nachgeordnete Ärzte zu delegieren.

Als wichtig bleibt festzustellen, dass die Frage nach der persönlichen Leistungserbringung und der Zulässigkeit der Delegation im Rahmen des typischen Chefarztvertrags nach anderen Grundsätzen zu beurteilen ist als etwa im Rahmen gebührenrechtlicher Fragestellungen.

2. Wahlärztliche Leistungen

Lange Zeit war höchstrichterlich nicht geklärt, welche Anforderungen im Einzelnen an die Erbringung der wahlärztlichen Leistungen gestellt werden, insbesondere inwieweit der Wahlarzt die Behandlung des Privatpatienten höchstpersönlich übernehmen muss bzw. inwieweit er Teile der Behandlung auf ärztliche Mitarbeiter delegieren darf. Das DKG-Vertragsmuster hatte noch in der 2. Auflage von 1987 davon gesprochen, dass der Chefarzt die wahlärztlichen Leistungen „persönlich" zu erbringen habe. Aufgrund mehrfacher Interventionen des Verfassers wurde ab der 3. Auflage von 1990 eine Formulierung gewählt, die auch das vorliegende Vertragsmuster empfiehlt. Diese Formulierung nimmt lediglich Bezug auf die Ärztliche Gebührenordnung (GOÄ) in der jeweils gültigen Fassung, so dass durch diese Formulierung nichts präjudiziert wird.

Allerdings hatte sich schon seit Jahren in der instanzgerichtlichen Rechtsprechung die Meinung verfestigt, dass zumindest die so genannte Kernleistung vom Wahlarzt höchstpersönlich zu erbringen sei. Als Kernleistung wird in der Regel die operative Leistung oder auch die Narkose bezeichnet[54]. Auf jeden Fall gingen sowohl die Literatur als auch die Rechtsprechung überwiegend davon aus, dass der Chefarzt im Rahmen der wahlärztlichen Behandlung nicht alle Leistungen höchstpersönlich erbringen muss[55]. Ebenso umstritten war in der Vergangenheit die Frage, inwieweit der Wahlarzt berechtigt ist, im Falle einer Verhinderung einen Vertreter mit der Durchführung der wahlärztlichen Behandlung zu beauftragen. Zum Teil wurde die Zulässigkeit einer solchen Vertretervereinbarung in Krankheits- und Urlaubsfällen bejaht[56]. Andere differenzierten dagegen zwischen einer vorhersehbaren Verhinderung (im Urlaubsfall) und einer unvorhersehbaren Verhinderung (im Krankheitsfall) und wollten eine zulässige Vertretervereinbarung nur im Fall der unvorhersehbaren Verhinderung anerkennen[57]. Von der privaten Krankenversicherung wurde sogar der Standpunkt vertreten, dass jedenfalls im Bereich der so genannten Kernleistungen der Wahlarzt höchstpersönlich tätig werden müsse, eine Vertretung also generell ausgeschlossen sei[58].

Diese ganze Diskussion in Literatur und Rechtsprechung wurde durch ein Grundsatzurteil des Bundesgerichtshofs (BGH) vom 20.12.2007 beendet[59]. Durch das Urteil des BGH vom 20.12.2007 wurden mehrere strittige Fragen höchstrichterlich geklärt. So stellt der BGH z.B. fest, dass die formularmäßigen Stellvertretervereinbarungen, wie sie typischerweise in den Wahlleistungsverträgen der Krankenhausträger enthalten sind, nur bei einer unvorhergesehenen Verhinderung des Wahlarztes wirksam sind. Weitere Voraussetzung ist, dass die Verhinderung des Wahlarztes zu dem Zeitpunkt des Abschlusses der Wahlleistungsvereinbarung noch nicht feststeht. Letztlich sind solche formularmäßigen Stellvertretervereinbarungen also nur noch wirksam, wenn nach Abschluss des Wahlarztvertrags der Wahlarzt plötzlich und unvorhergesehen erkrankt. Aber auch in einem solchen Fall ist es erforderlich, den Patienten von der plötzlichen Verhinderung zu informieren und ihm die Möglichkeit anzubieten, die Behandlung zu verschieben, jedenfalls wenn dies medizinisch vertretbar ist.

Ist die Verhinderung des Wahlarztes vorhersehbar, z.B. wegen Urlaubs oder wegen der Teilnahme an einem Kongress, so ist eine Vertretung des Wahlarztes nur zulässig im Rahmen einer individuellen Stellvertretervereinbarung, sofern bestimmte Voraussetzungen erfüllt sind. So muss der Patient z.B. so früh wie möglich über die Verhinderung des Wahlarztes unterrichtet und ihm das Angebot unterbreitet werden, dass an dessen Stelle ein bestimmter Vertreter zu den vereinbarten Bedingungen die wahlärztlichen Leistungen erbringt. Weiterhin ist der Patient über die alternative Option zu unterrichten, auf die Inanspruchnahme der wahlärztlichen Leistung zu verzichten und sich ohne Zuzahlung von dem jeweils Dienst habenden Arzt behandeln zu lassen (Regelleistung). Ist schließlich die jeweilige Maßnahme bis zum Ende der Verhinderung des Wahlarztes verschiebbar, so ist dem Patienten auch dies zur Wahl zu stellen. Dass eine solche individuelle Stellvertretervereinbarung schriftlich geschlossen werden muss, ist selbstverständlich.

Schließlich beendete die Entscheidung des BGH auch den Streit darüber, ob der Wahlarzt verpflichtet ist, alle Leistungen im Rahmen der wahlärztlichen Behandlung höchstpersönlich zu erbringen oder ob er auch berechtigt ist, Leistungen auf Mitarbeiter zu delegieren. So führt der BGH in seinem Urteil aus, dass der Arzt Gebühren nur für selbstständige ärztliche Leistungen berechnen kann, die er selbst erbracht hat oder die unter seiner Aufsicht nach fachlicher Weisung erbracht wurden. Ausdrücklich weist der BGH darauf hin, dass der Wahlarzt einfache ärztliche und sonstige medizinische Verrichtungen delegieren darf. Der Wahlarzt müsse nur die seine Disziplin prägende Kernleistung persönlich und eigenhändig erbringen, insbesondere die geschuldete Operation[60]. Welche Leistung allerdings im Einzelfall zur Kernleistung gehört und welche nicht, welche also delegiert werden kann, darüber wird man nach wie vor im Einzelfall diskutieren müssen.

Das Muster einer individuellen Stellvertretervereinbarung findet sich in Anhang 7.3.

3. Zuständigkeiten und Abgrenzungen

Der Chefarzt führt als Leiter einer Krankenhausfachabteilung kein isoliertes Eigenleben. Da auch die Erkrankung eines Patienten oftmals kein ausschließlich auf ein einzelnes Organ beschränktes Ereignis ist, besteht der Krankenhausalltag aus vielfältigen Kooperationen mit anderen Fachabteilungen, Instituten und Einrichtungen des eigenen Krankenhauses. Hier gilt der Grundsatz, der auch seinen Niederschlag in entsprechenden Vertragsklauseln findet, dass jede Fachabteilung primär verpflichtet ist, die im eigenen Krankenhaus zur Verfügung stehenden Einrichtungen in Anspruch zu nehmen, sei es zur konsiliarischen Abklärung der Diagnostik, sei es zur Ergänzung der eigenen therapeutischen Leistung. So wird der Gynäkologe bei einer großen Bauchoperation möglicherweise den Visceralchirurgen hinzuziehen, während der Chirurg den Kardiologen zur Abklärung unklarer Schmerzen im Bauchbereich konsultiert. Ebenso besteht die grundsätzliche Verpflichtung, die im eigenen Krankenhaus vorhandenen Funktionsfächer, wie Radiologie, Pathologie und Labormedizin, in Anspruch zu nehmen.

Immer wieder wird die Frage gestellt, ob ein Chefarzt im Rahmen seiner ärztlichen Weisungs- und Entscheidungsfreiheit nicht berechtigt ist, externe Ärzte und Einrichtungen in Anspruch zu nehmen, wenn er Zweifel an der Leistungsfähigkeit der hauseigenen Bereiche hat. Diese Frage muss bei Abwägung des Für und Wider grundsätzlich, d.h. im Regelfall, mit Nein beantwortet werden. Hat ein Chefarzt Bedenken gegen die Leistungsfähigkeit hausinterner Einrichtungen, so muss er dies zunächst auf kollegialer Ebene, danach ggf. auch gegenüber dem Krankenhausträger zur Sprache bringen. Grundsätzlich kann jedoch der Krankenhausträger die Inanspruchnahme externer Leistungserbringer wegen der damit verbundenen Kostenfolge untersagen. Dies gilt natürlich nicht, sofern bestimmte Leistungen im eigenen Krankenhaus nicht zur Verfügung stehen.

Darüber hinaus kann es aber auch zu Abgrenzungsstreitigkeiten zwischen verschiedenen Fachabteilungen kommen, insbesondere dann, wenn nach dem Facharztrecht mehrere Fachgebiete für die Behandlung einer Erkrankung zuständig sind. Ebenso kann es zu Abgrenzungsstreitigkeiten kommen, wenn für ein Fachgebiet in einem Krankenhaus mehrere Abteilungen eingerichtet sind, z.B. eine allgemein- und visceralchirurgische Abteilung sowie eine unfallchirurgische Abteilung. Zur Lösung solcher Konfliktfälle gibt es zum einen die Möglichkeit, die Entscheidung über die Leistungszuständigkeit dem freien Spiel der Kräfte zu überlassen. Da dieses Verfahren jedoch zu tief greifenden Zerwürfnissen zwischen verschiedenen Fachabteilungen führen kann, werden Abgrenzungsfragen vielfach durch den Krankenhausträger entschieden, natürlich nach Einholung von Stellungnahmen der betroffenen Fachabteilungen, der zuständigen Ärztekammer und der wissenschaftlichen Fachgesellschaften. Zum Teil finden solche Abgrenzungsentscheidungen der Krankenhausträger auch Eingang in den Chefarztvertrag.

In jedem Fall ist ein neuer Chefarzt gut beraten, wenn er sich bereits vor seinem Eintritt über bestehende Abgrenzungsregelungen informiert, damit der Beginn seiner neuen Tätigkeit nicht durch eine Auseinandersetzung mit langjährig etablierten Chefärzten belastet wird.

4. Krankengeschichten

Die Pflicht des Arztes zur ausführlichen, sorgfältigen und vollständigen Dokumentation der ärztlichen Diagnostik und Therapie entspricht der gefestigten Rechtsprechung[61]. Die Dokumentation der ärztlichen Behandlung hat aber nicht nur eine eminente Bedeutung zur späteren Rekonstruktion von Art, Inhalt und Umfang der ärztlichen Tätigkeit für den Fall eines Behandlungsfehlervorwurfs sowie zur Fortsetzung der ärztlichen Behandlung zu einem späteren Zeitpunkt. Immer mehr gewinnt die ausführliche Dokumentation auch an Bedeutung zur Sicherung der Entgeltansprüche des Krankenhauses gegenüber dem Kostenträger. Es ist daher nicht überraschend, dass die Bestimmungen, die sich mit dem Thema Krankengeschichte und Dokumentation befassen, inzwischen einen recht stattlichen Umfang angenommen haben.

Für den stationären Bereich gilt, dass die Krankengeschichte zwar im Eigentum des Krankenhausträgers steht, das Urheberrecht jedoch dem Chefarzt zukommt, der auch für die Sicherung des Patientengeheimnisses zuständig ist. Daraus folgt u.a., dass es grundsätzlich der Zustimmung des Chefarztes bedarf, wenn eine Krankenunterlage an Dritte herausgegeben werden soll, und zwar auch dann, wenn z.B. der Krankenhausträger in einem Rechtsstreit mit einer Krankenkasse seine Entgeltforderungen im Klageweg geltend machen will.

In jedem Fall kann gesagt werden, dass die üblichen Bestimmungen zur Führung der Krankenunterlagen sowie zur Dokumentation der erbrachten Leistungen in den einschlägigen Musterverträgen keine Probleme aufwerfen.

§ 7

Rechte und Pflichten in Personalangelegenheiten

(1) Der Krankenhausträger stellt die zur ordnungsgemäßen Aufrechterhaltung des Betriebs der Abteilung erforderlichen ärztlichen Mitarbeiter, das medizinisch-technische und pflegerische Personal und die Schreibkräfte im Rahmen des Stellenplans ein. Bei der Vorbereitung des Stellenplans für den ärztlichen und medizinisch-technischen Dienst seiner Abteilung erhält der Arzt Gelegenheit zur Stellungnahme.

(2) Bei der Anstellung, Umsetzung, Versetzung, Abordnung, Beurlaubung oder Entlassung der nachgeordneten Ärzte der Abteilung hat der Arzt das Vorschlagsrecht; personelle Entscheidungen, die den Leitenden Oberarzt der Abteilung und die Chefarztsekretärin betreffen, erfolgen im Einvernehmen mit dem Arzt. Vor entsprechenden Maßnahmen bei Mitarbeitern der Abteilung im medizinisch-technischen Dienst, bei Pflegepersonen in herausgehobener Stellung sowie bei den Sekretärinnen für den Arzt wird dieser gehört.

(3) Der Arzt hat in ärztlichen Angelegenheiten das Weisungsrecht gegenüber den Mitarbeitern der Abteilung; die Befugnisse des Ärztlichen Direktors des Krankenhauses, des Leiters des Pflegedienstes und des Verwaltungsleiters in ihren Aufgabenbereichen bleiben unberührt.

(4) Bei der Diensteinteilung und bei der Zuweisung von Aufgaben und Tätigkeiten an Ärzte und nichtärztliche Mitarbeiter hat der Arzt – bei Krankenpflegepersonen im Benehmen mit dem Leiter des Pflegedienstes – den beruflichen Bildungsstand der Mitarbeiter, die Arbeits-, Aus- und Weiterbildungsverträge des Krankenhausträgers mit den Mitarbeitern sowie Vermittlungs- oder Gestellungsverträge des Krankenhauses mit Schwesternschaften, Mutterhäusern u.Ä. zu beachten. Der Arzt hat besonders dafür zu sorgen, dass die einzel- und tarifvertraglich vereinbarten Arbeitszeiten der Ärzte und nichtärztlichen Mitarbeiter der Abteilung eingehalten werden.

(5) Personen, die vom Krankenhausträger weder angestellt noch von ihm zu einer beruflichen Bildungsmaßnahme zugelassen sind, dürfen vom Arzt im Krankenhaus nicht beschäftigt oder aus-, weiter- und fortgebildet werden; Ausnahmen bedürfen der vorherigen Zustimmung; die Zuziehung von Konsiliarärzten bleibt unberührt.

(6) Arbeitszeugnisse für nachgeordnete Ärzte der Abteilung, für die medizinisch-technischen und physiotherapeutischen Mitarbeiter der Abteilung sowie für die Arztschreibkräfte der Abteilung werden vom Krankenhausträger unter Verwendung einer vom Arzt abzugebenden fachlichen Beurteilung ausgestellt. Die fachliche Beurteilung und das Arbeitszeugnis werden in einer Urkunde zusammengefasst.

(7) Zeugnisse für nachgeordnete Ärzte im Rahmen der Gebietsarztweiterbildung oder Zeugnisse und Bescheinigungen, die sich ausschließlich mit der ärztlich-wissenschaftlichen Qualifikation befassen, stellt der Arzt aus. Sie sind vor ihrer Aushändigung dem Krankenhausträger zur Kenntnis vorzulegen; die Krankenhausverwaltung erhält für die Personalakte eine Mehrfertigung der Zeugnisse und Bescheinigungen.

Erläuterungen zu § 7

1. Mitwirkungsrechte des Chefarztes
2. Personalhoheit
3. Zeugniserteilung

1. Mitwirkungsrechte des Chefarztes

Für den Bewerber um eine Chefarztposition ist es meist befremdlich, dass insbesondere die Anstellung der ärztlichen Mitarbeiter seiner Abteilung nicht im Einvernehmen mit ihm erfolgen soll. Stattdessen ist meist von einer Anhörung des Chefarztes oder von einem Benehmen mit ihm die Rede. Der Bewerber ist überrascht, weil nach der von ihm bisher erlebten Berufspraxis stets der Chefarzt über die Auswahl eines neuen Mitarbeiters entschieden hat. Tatsächlich steht in diesem Bereich der Vertragswortlaut im krassen Gegensatz zur Vertragswirklichkeit. Der Verfasser hat es in vielen Berufsjahren nur wenige Male erlebt, dass ein Krankenhausträger dem Wunsch und Vorschlag des Chefarztes nicht gefolgt ist, weil z.B. der Neffe des Landrats oder des Pastors eingestellt werden sollte. Obwohl die Vertragswirklichkeit in aller Regel von einer Personalentscheidung nach Vorschlag des Chefarztes ausgeht, sträuben sich die Krankenhausträger regelmäßig, ein solches Mitwirkungsrecht auch im Vertragstext zu formulieren. Meist wird jedoch vom Krankenhausträger akzeptiert, dass der Leitende Oberarzt und die Chefarztsekretärin im Einvernehmen mit dem Chefarzt eingestellt werden. Dagegen stößt auf eine kategorische Ablehnung jede Forderung nach einer Verstärkung des Mitwirkungsrechts bei der Aufstellung und Änderung des Stellenplans der Abteilung.

2. Personalhoheit

Gewarnt werden muss vor einer Übertragung der Personalhoheit auf den Chefarzt. Vereinzelt wird dies von Krankenhausträgern vorgeschlagen, aber auch von dem Bewerber gewünscht. Würde jedoch der Chefarzt berechtigt sein, allein und selbstständig das Personal für seine Abteilung einzustellen und zu entlassen, so wäre er damit möglicherweise ein „Leitender Angestellter" im Sinn von § 14 Abs. 2 Kündigungsschutzgesetz mit der Folge, dass die Möglichkeit des Krankenhausträgers, sich im Wege der Kündigung von dem Chefarzt zu lösen, wesentlich erleichtert wird. Allerdings wird das vom BAG verneint, wenn sich die Personalhoheit nur auf eine geringe Zahl von Arbeitnehmern bezieht (Beschluss vom 10.10.2007 – 7 ABR 61/06). In dem zu Grunde liegenden Fall war einem Chefarzt die Personalhoheit für die ärztlichen Mitarbeiter seiner Abteilung eingeräumt worden, während im Krankenhaus insgesamt 600 Mitarbeiter beschäftigt waren, davon 80 Ärzte in acht medizinischen Abteilungen. Nach Meinung des BAG umfasste die Personalhoheit des Chefarztes nur eine geringe Zahl von Arbeitnehmern, so dass er nicht als Leitender Angestellter angesehen werden konnte. Diesbezügliche Klauseln in Chefarztverträgen von HELIOS sind also unwirksam. Vergleiche im Übrigen hierzu auch die Erläuterungen in Kapitel 1.6.2 Der Chefarzt als Leitender Angestellter.

Im Übrigen liegt eine Personalhoheit gemäß § 14 Abs. 2 liegt auch nur dann vor, wenn der Chefarzt auch im Außenverhältnis befugt ist, die Einstellung und Entlassung von Arbeitnehmern vorzunehmen, insbesondere den Arbeitsvertrag mit Arbeitnehmern zu unterzeichnen. Es reicht dagegen nicht aus, dass der Chefarzt im Innenverhältnis verbindliche Vorschläge machen darf, die vom Krankenhausträger nur unter bestimmten Voraussetzungen abgelehnt werden können[62].

3. Zeugniserteilung

Über die Form der Mitwirkung des Chefarztes bei der Ausstellung von Arbeitszeugnissen wird gelegentlich diskutiert. Dabei wird zu Recht darauf hingewiesen, dass Arbeitszeugnisse für ärztliche Mitarbeiter im Geltungsbereich von Tarifverträgen gemeinsam vom Leitenden Arzt und vom Vertreter des Krankenhausträgers auszustellen sind (vgl. z.B. § 36 Abs. 4 Satz 2 TV-Ärzte/VKA) In der Praxis lohnt sich jedoch eine Diskussion hierüber nicht, da erfahrungsgemäß ärztliche Mitarbeiter ohnehin nur an einer Zeugniserteilung im Rahmen der Weiterbildung zum Facharzt interessiert sind. Hierfür ist jedoch die Befugnis des Chefarztes unbestritten.

§ 8

Gehalt, Liquidationsrecht, sonstige Bezüge

(1) Der Arzt erhält für seine Tätigkeit im dienstlichen Aufgabenbereich eine Vergütung entsprechend der Entgeltgruppe IV (EG IV) des TV-Ärzte/VKA [oder: entsprechend der jeweils höchsten Entgeltgruppe des .... Tarifvertrags/der AVR] in der jeweils gültigen Fassung. Wird der vorstehend genannte Tarifvertrag oder der maßgebende Vergütungstarifvertrag durch einen anderen Tarifvertrag ersetzt, so tritt an die Stelle der vereinbarten Vergütung die entsprechende Vergütung des neuen Tarifvertrags unter Berücksichtigung etwaiger Überleitungsbestimmungen.

(2) Der Arzt erhält ferner

a) das Liquidationsrecht für die gesondert berechenbaren wahlärztlichen Leistungen bei denjenigen Kranken, die diese Leistungen gewählt, mit dem Krankenhaus vereinbart und in Anspruch genommen haben; das Liquidationsrecht besteht auch bei der Mitbehandlung von Wahlleistungspatienten anderer Abteilungen;

b) das Liquidationsrecht für das Gutachterhonorar bei Aufnahmen zur Begutachtung, soweit die gesonderte Berechnung eines Gutachterhonorars neben dem Pflegesatz nach dem Pflegekostentarif des Krankenhauses in der jeweils gültigen Fassung zulässig ist.

Die Einnahmen aus dem Liquidationsrecht sind kein zusatzversorgungspflichtiges Entgelt.

(3) Neben der Vergütung nach Abs. 1 und der Einräumung des Liquidationsrechts nach Abs. 2 wird der Arzt an den Einnahmen des Krankenhausträgers aus folgenden Bereichen beteiligt:
a) aus dem ambulanten Operieren gem. § 115a SGB V in Höhe von ..... v.H.;
b) aus der Behandlung stationärer Patienten anderer Krankenhäuser im Fachgebiet des Arztes in Höhe von ..... v.H.

(4) Das Liquidationsrecht nach Abs. 2 beginnt mit der schriftlichen Vereinbarung zwischen Patient und Krankenhausträger. Es endet mit der Kündigung der Vereinbarung oder der Einstellung der wahlärztlichen Leistungen.

(5) Bei der Bemessung der Honorare aus dem Liquidationsrecht hat der Arzt den gemeinnützigen Charakter des Krankenhauses und dessen Pflegekostentarif zu berücksichtigen.

(6) Mit der Vergütung sind alle Dienstaufgaben einschließlich Überstunden, Mehr-, Samstags-, Sonntags-, Feiertags- und Nachtarbeit jeder Art sowie eine evtl. Teilnahme an der Rufbereitschaft abgegolten.

Erläuterungen zu § 8

1. Dienstvergütung
2. DKG-Chefarztvertrag, 6. Auflage, 2002
3. Festgehalt
4. Liquidationsrecht
5. Wahlarztkette
6. Persönliche Leistung und Rechtsprechung des BGH
7. Versteuerung der Liquidationserlöse
8. Zukunft des Liquidationsrechts
9. Erfolgsabhängige Vergütung
10. Sonstige Vergütungskomponenten
11. Abgeltung aller Dienstaufgaben

1. Dienstvergütung

Die Dienstvergütung ist das Synallagma zur Dienstleistungspflicht (vgl. § 611 Abs. 1 BGB). Mit der Dienstvergütung wird die Erbringung der vertraglich vereinbarten Dienstaufgaben entgolten. Die Entlohnung setzt sich in der Regel aus verschiedenen Komponenten zusammen, einem Festgehalt, dem Liquidationsrecht oder der Beteiligung an den Liquidationserlösen, einer Nebentätigkeitsgenehmigung zur Ausübung ambulanter Tätigkeiten oder einer Beteiligung an den Liquidationserlösen im ambulanten Bereich und neuerdings einem Bonus oder einer Tantieme als Erfolgsbeteiligung bei Erreichen zuvor vereinbarter Ziele. Die Ausgestaltung der Dienstvergütung des Chefarztes ist seit einigen Jahren außerordentlich heterogen, so dass es kaum möglich ist, Konzeptionen aufzuzeigen, von denen man mit gutem Gewissen sagen kann, dass sie sich überwiegend durchgesetzt haben. Neuerdings wird in den Krankenhäusern einer großen Klinik-Kette sogar das Liquidationsrecht bei stationären Wahlleistungspatienten wieder eingeräumt.

Die Einräumung des Liquidationsrechts bei stationären Wahlleistungspatienten (vor 1973 bei Patienten der ersten und zweiten Pflegeklasse) war seit dem Beginn der Bundesrepublik neben einem relativ niedrigen Festgehalt praktisch die Standardregelung in Chefarztverträgen. Verhandelt wurde lediglich über die Höhe der Abgaben aus dem Liquidationsrecht. Als Festgehalt wurde entweder ein Gehalt nach einer Beamtenbesoldungsgruppe oder aber ein Gehalt nach der Vergütungsgruppe BAT I bzw. AVR I vereinbart.

Nur in wenigen Fällen wurde in der Vergangenheit für den gesamten stationären Bereich ein Festgehalt ohne gleichzeitige Liquidationsberechtigung im stationären Bereich vereinbart, wobei dann allerdings diese Festgehaltsvergütung eine Höhe hatte, die sich in der Regel am Einkommen von Chefärzten mit Liquidationsrecht im stationären Bereich orientierte. Derartige Verträge wurden vor allem in Sanatorien praktiziert, in denen – aus welchen Gründen auch immer – nicht zwischen den Regelleistungspatienten und den Wahlleistungspatienten differenziert wurde. Solche Chefärzte hatten neben ihrem Festgehalt meist nur noch eine Genehmigung zur Ausübung einer – in der Regel kleineren – Ambulanz.

Die so genannte Beteiligungsvergütung, bei der der Chefarzt neben einem Tarifgehalt eine Beteiligung an den Liquidationserlösen des Krankenhausträgers bei stationären Wahlleistungspatienten erhält, wurde von verschiedenen Krankenhäusern und zum Teil auch Krankenhausträgerverbänden seit ungefähr 15 Jahren propagiert. Die offizielle Begründung war in der Regel, man wolle keine Chefärzte, die Eigeninteressen vertreten. In Wirklichkeit war wohl das Motiv, höhere Anteile aus den Liquidationserlösen für das Krankenhaus zu reklamieren. Denn verbunden mit der Einführung der Beteiligungsvergütung war regelmäßig eine deutliche Absenkung des Anteils des Chefarztes am Liquidationserlös. Rein rechtlich besteht der einzige Unterschied zwischen der „Liquidationsvergütung" und der „Beteiligungsvergütung" darin, dass im ersten Fall der Chefarzt der Gläubiger der Honorarforderung ist und an den Krankenhausträger ein Nutzungsentgelt entrichtet, während im zweiten Fall der Krankenhausträger dem Patienten als Gläubiger gegenübertritt und an den Chefarzt einen Beteiligungsanteil abführt.

In der 5. Auflage von 1996 empfahl die Deutsche Krankenhausgesellschaft in ihrem Mustervertrag erstmals als bevorzugte Entgeltform für Chefärzte die Beteiligungsvergütung. Seither findet dies in zunehmendem Maße Eingang in neu abzuschließende Chefarztverträge.

Hat sich ein Krankenhausträger dezidiert für die Beteiligungsvergütung entschieden, so ist die Forderung eines Bewerbers nach Einräumung des Eigen-Liquidationsrechts in der Regel zum Scheitern verurteilt. Letztlich kann es für den Chefarzt sogar von Vorteil sein, wenn nicht er, sondern der Krankenhausträger sich mit der Privaten Krankenversicherung wegen der Rechtmäßigkeit von Honorarforderung streiten oder sich gar gegenüber der Staatsanwaltschaft gegen den Vorwurf eines Abrechnungsbetrugs zur Wehr setzen muss. Für den Chefarzt ist vor allem von Bedeutung, wie hoch sein Anteil am Liquidationserlös ist.

Allerdings muss der Chefarzt mit Beteiligungsvergütung darauf achten, dass der Krankenhausträger die Wahlarzthonorare über eine Privatärztliche Verrechnungsstelle einziehen lässt, da erfahrungsgemäß die Krankenhausverwaltungen mit der Honorareinziehung völlig überfordert sind.

2. DKG-Chefarztvertrag, 6. Auflage 2002

Das Jahr 2002 brachte einen Paradigmenwechsel für den Chefarztvertrag. Der Vorstand der Deutschen Krankenhausgesellschaft hatte am 05.02.2002 einer geänderten Auflage der *Beratungs- und Formulierungshilfe Chefarztvertrag* zugestimmt[63], die gegenüber früheren Auflagen gravierende Veränderungen im finanziellen Bereich enthielt. So sollte ein Festgehalt nicht mehr in Anlehnung an ein Tarifgehalt vereinbart werden. Im Bereich der wahlärztlichen Behandlung war nur noch eine Beteiligung am Liquidationserlös vorgesehen, also keine Einräumung des Liquidationsrechts, auch nicht als Alternative. Vor allem sollte nach dieser Empfehlung der DKG dem Chefarzt keine Nebentätigkeitsgenehmigung zur Ausübung ambulanter Tätigkeiten eingeräumt werden. Die klassischen Nebentätigkeitsbereiche des Chefarztes, also die ambulante Beratung und Behandlung von Selbstzahlerpatienten sowie von sozialversicherten Patienten im Rahmen einer Ermächtigung, sollten stattdessen in den Katalog der Dienstaufgaben des Chefarztes überführt und der Chefarzt als Arbeitnehmer an den Liquidationserlösen des Krankenhausträgers aus diesen Bereichen beteiligt werden. Die Empfehlung der DKG verkennt, dass einem Chefarzt eine Ermächtigung nur unter der Voraussetzung erteilt werden kann, dass der Chefarzt diese Tätigkeit als selbstständige, freiberufliche Tätigkeit ausübt, also nicht als Institutsleistung des Krankenhauses. Im Einzelnen hierzu vgl. Erläuterung Nr. 5 zu § 4.

3. Festgehalt

Neben der Einräumung des Liquidationsrechts oder einer Beteiligung am Liquidationserlös des Krankenhausträgers, allgemein als „variable Vergütung" bezeichnet, erhält der Chefarzt als Festgehalt regelmäßig eine Vergütung, die sich in der Vergangenheit an der jeweils höchsten Tarifvergütung orientiert hatte (BAT I bzw. – in konfessionellen Krankenhäusern – AVR I).

Aufgrund der neuen Empfehlung der DKG aus dem Jahr 2002 wird nun statt eines Tarifgehalts in der Regel ein Jahresfestgehalt vereinbart, das sich i.d.R. oberhalb der früheren Tarifgehälter bewegt. Festgehälter von 120.000 Euro und mehr sind keine Seltenheit, insbesondere wenn die Erlöse aus den übrigen Vergütungskomponenten etwas niedriger liegen. Allerdings sehen viele Vertragsentwürfe, jedenfalls zunächst, keine Anpassungsklausel des Festgehalts an die allgemeine Gehaltsentwicklung vor, was sicherlich nicht akzeptabel ist. In der Regel sind die Krankenhausträger jedoch bereit, im Rahmen der Vertragsverhandlungen eine Anpassungsklausel in den Vertrag aufzunehmen.

Der Verfasser schlägt in seinem Vertragsentwurf ein Festgehalt vor in Anlehnung an die Entgeltgruppe IV (EG IV) des TV-Ärzte/VKA, den der Marburger Bund mit Wirkung ab 01.08.2006 mit der Vereinigung der Kommunalen Arbeitgeberverbände ausgehandelt hat. Dieser arztspezifische Tarifvertrag ist sicherlich eine geeignete Berechnungsgrundlage für eine Festgehaltsregelung, wobei allerdings berücksichtigt werden muss, dass die Jahresvergütung nach diesem Tarifvertrag etwas unter den sonst neuerdings angebotenen Jahresfestgehältern liegt, was jedoch bei der Ausgestaltung der übrigen Vergütungskomponenten berücksichtig werden kann.

4. Liquidationsrecht

Gemäß § 17 Abs. 1 KHEntgG sind Wahlleistungen vor der Erbringung schriftlich zu vereinbaren; außerdem muss der Patient vor Abschluss der Vereinbarung über die Entgelte der Wahlleistungen und deren Inhalt im Einzelnen unterrichtet werden. Die Bedeutung der Unterrichtungspflicht ist nach wie vor umstritten, höchstrichterlich geklärt ist dagegen die Bedeutung des Schriftformerfordernisses.

Viele Jahre lang legten die Krankenhausträger den Wahlleistungspatienten in der Patientenaufnahmestelle einen sog. Wahlleistungsantrag vor, der vom Patienten im Wege einer einseitigen Erklärung unterzeichnet werden sollte. Diese Verfahrensweise war schon frühzeitig Gegenstand verschiedener instanzgerichtlicher Entscheidungen gewesen, die jedoch zu unterschiedlichen Ergebnissen gelangten. Während z.B. das Landgericht Flensburg der Meinung war, dass mit der Unterzeichnung des Wahlleistungsantrags durch den Patienten der Schriftform Genüge getan werde, war dies vom Landgericht Hamburg verneint worden[64]. Obwohl schließlich der Bundesgerichtshof im Februar 1998 höchstrichterlich entschieden hat, dass das Schriftformerfordernis der Bundespflegesatzverordnung gemäß § 126 Abs. 2 Satz 1 BGB nur dann gewahrt ist, wenn alle die Wahlleistungen betreffenden Erklärungen in derselben Urkunde niedergelegt und von beiden Parteien unterzeichnet sind[65], werden auch heute noch in manchen Krankenhäusern lediglich Wahlleistungsanträge verwendet, die einseitig vom Patienten zu unterzeichnen sind. Eine solche Verwaltungspraxis kann zur Folge haben, dass private Krankenversicherer unter Berufung auf die Unwirksamkeit der Wahlleistungsvereinbarungen hohe Rückforderungen geltend machen.

Umstritten ist jedoch nach wie vor, in welcher Art und Weise der Patient vor Abschluss der Wahlleistungsvereinbarung über die Entgelte der Wahlleistungen und über deren Inhalt im Einzelnen zu unterrichten ist. Immerhin hat der BGH nunmehr mit Urteil vom 08.01.2004 – III ZR 375/02 – entschieden, dass der Abschluss einer wirksamen Wahlleistungsvereinbarung nicht voraussetzt, dass der Patient vor Abschluss der Vereinbarung detailliert und auf den Einzelfall abgestellt über die Höhe der voraussichtlich entstehenden Arztkosten informiert wird, wie dies z.B. bei einem Kostenvoranschlag nach § 650 BGB der Fall ist. Da die Darstellung dieser Rechtsfrage und der hierzu ergangenen instanzgerichtlichen Rechtsprechung den Rahmen dieser Arbeit sprengen würde, sei auf die ausführlichen Beiträge in der Fach- und Standespresse verwiesen[66].

5. Wahlarztkette

Gemäß § 17 Abs. 2 KHEntgG erstreckt sich die Vereinbarung über die wahlärztliche Behandlung auf alle an der Behandlung des Patienten beteiligten Ärzte des Krankenhauses, soweit diese zur gesonderten Berechnung ihrer Leistungen berechtigt sind, einschließlich der von diesen Ärzten veranlassten Leistungen von Ärzten und ärztlich geleiteten Einrichtungen außerhalb des Krankenhauses. Diese sog. Bündelung war von jeher politisch umstritten. Insbesondere der PKV-Verband wies wiederholt auf eine angeblich fehlende Ermächtigungsgrundlage für diese Regelung hin und forderte den Gesetz- und Verordnungsgeber immer wieder auf, den Patienten zu berechtigen, die Wahlleistungsvereinbarung auf bestimmte, von ihm ausgewählte Ärzte des Krankenhauses beschränken zu können. Ein solches Recht des Patienten knüpfe an die erwarteten besonderen medizinischen Fähigkeiten der betreffenden Ärzte an[67]. Diese Position verkennt, dass eine solche Regelung zu einer einseitigen Bevorzugung der gegenüber dem Patienten unmittelbar in Erscheinung tretenden Chefärzte führen würde, während die sog. Funktionsfächer, also die Anästhesie, die Radiologie, Pathologie und Labormedizin von der Möglichkeit weitgehend ausgeschlossen wären, über die wahlärztliche Behandlung zusätzliche Einkünfte zu erzielen. Gerade der Hinweis von Uleer auf die „erwarteten besonderen medizinischen Fähigkeiten“ macht die Fragwürdigkeit dieser Position deutlich, da ein Außenstehender oftmals gar nicht beurteilen kann, schon gar nicht im Vorfeld einer stationären Behandlung, welche Bedeutung den Funktionsfächern für seine persönliche Erkrankung zukommt und welche Funktionsfächer im Rahmen der bevorstehenden Behandlung überhaupt benötigt werden. Es bedarf sicherlich keiner besonderen Vertiefung, dass z.B. bei einem älteren Patienten die Narkose von sehr viel größerer Problematik sein kann, als der eigentliche operative Eingriff.

6. Persönliche Leistung und Rechtsprechung des BGH

Als Folge der Grundsatzentscheidung des BGH vom 20.12.2007 – III ZR 144/07 – ist nun höchstrichterlich geklärt, inwieweit der Wahlarzt bei einer Verhinderung die Behandlung auf einen Vertreter delegieren kann. Auch entspricht es zwischenzeitlich der gefestigten Rechtsprechung, dass der Wahlarzt nur die so genannte Kernleistung (die Operation, die Narkose etc.) höchstpersönlich erbringen muss. Vgl. hierzu im Einzelnen die Erläuterung Nr. 2 zu § 6 (Wahlärztliche Leistungen).

In jüngster Zeit haben die Bundesärztekammer und die Kassenärztliche Bundesvereinigung eine Stellungnahme unter dem Titel „Persönliche Leistungserbringung –

Möglichkeiten und Grenzen der Delegation ärztlicher Leistungen" mit Stand vom 29.08.2008 verabschiedet[68]. Diese Stellungnahme hat Irritationen hervorgerufen.

Das Thema persönliche Leistungserbringung ist – jedenfalls im Rahmen der vertragsärztlichen Versorgung – seit jeher umstritten. Daran änderte sich auch nichts durch das im Jahr 1988 von der KBV mit den Spitzenverbänden der Krankenkassen verabschiedete Papier mit dem Titel „Anforderungen an die persönliche Leistungserbringung". Der 111. Deutsche Ärztetag in Ulm im Mai 2008 hatte nun dem Vorstand der Bundesärztekammer den Auftrag erteilt, eine eindeutige Meinungsäußerung zur Delegation und Substitution ärztlicher Leistungen auf nichtärztliche Mitarbeiter zu erarbeiten. Hintergrund war die anhaltende Diskussion in der gesundheitspolitischen Öffentlichkeit über die verstärkte Einbeziehung des ärztlichen Hilfspersonals in die medizinische Behandlung. Diesem Auftrag wird die jetzt vorgelegte Empfehlung zwar gerecht, doch geht sie in etlichen Details weit über diesen Auftrag hinaus.

So befasst sich die Empfehlung nicht nur mit dem vertragsärztlichen Bereich, sondern auch mit dem Bereich der Privatambulanz und sogar mit dem Bereich der wahlärztlichen Behandlung. Außerdem wird erstmals der Begriff der „höchstpersönlichen" Leistungserbringung in die Diskussion eingeführt, obwohl hierzu keine Notwendigkeit bestanden hatte. In einigen Punkten geht die Empfehlung über die von der Rechtsprechung entwickelten Grundsätze hinaus. So vertritt die Empfehlung die Auffassung, die Aufklärung und die Beratung des Patienten gehöre zu den höchstpersönlich zu erbringenden Leistungen, was jedoch eindeutig der Rechtsprechung des BGH widerspricht, wonach Aufklärung und Einwilligung auch an ärztliche Mitarbeiter delegiert werden kann. Ähnliches gilt für die Anamneseerhebung. Diese Ausführungen werden in einen unmittelbaren Kontext zur wahlärztlichen Behandlung gestellt mit der Aussage, dass der Wahlarzt dem Patienten eine höchstpersönliche Leistung schulde. Wie gesagt, diese Aussage ist unzutreffend. Nach der Rechtsprechung des BGH beschränkt sich die Verpflichtung zur persönlichen Leistungserbringung durch den Wahlarzt auf die so genannte Kernleistung.

7. Versteuerung der Liquidationserlöse

In seinem Urteil vom 05.10.2005 – Az.: VI R 152/01 – hatte der Bundesfinanzhof (BFH) in einem konkreten Einzelfall die Einkünfte eines Chefarztes mit Liquidationsrecht aus der wahlärztlichen Behandlung als Einkünfte aus nichtselbständiger Tätigkeit behandelt und die Lohnversteuerung durch den Krankenhausträger bestätigt. Dieses Urteil hat – man kann es durchaus so sagen – wie eine Bombe eingeschlagen, denn alle Chefärzte hatten bisher die Einkünfte aus dem Liquidationsrecht für die wahlärztliche Behandlung im Wege der Veranlagung zur Einkommensteuer als Einkünfte aus selbstständiger beruflicher Tätigkeit deklariert. Noch überraschender als das Urteil war allerdings der vorauseilende Gehorsam vieler Krankenhausträger, die die Entscheidung des BFH umgehend umsetzen wollten. Dies führte zum Teil zu außerordentlich unerfreulichen

Auseinandersetzungen zwischen solchen Krankenhausträgern und den Chefärzten. Zum Teil nahmen diese Auseinandersetzungen geradezu groteske Züge an, wenn z.B. Krankenhausträger selbst bei beamteten Chefärzten eine Umstellung auf die Lohnversteuerung forderten, obwohl nach der gefestigten Rechtsprechung der Verwaltungsgerichte beamtete Chefärzte die wahlärztliche Behandlung im Rahmen eines so genannten Nebenamts als genehmigte Nebentätigkeit ausüben. Immerhin gelang es dem Verfasser nach langwierigen Verhandlungen die Oberfinanzdirektion NRW davon zu überzeugen, dass beamtete Chefärzte ihre Liquidationserlöse auch weiterhin als Einkünfte aus selbstständiger Tätigkeit versteuern können, was zu einem entsprechenden Erlass führte.

Aber auch bei angestellten Chefärzten war eine Anwendung der BFH-Entscheidung in der Regel fehlerhaft, da nach der gefestigten Rechtsprechung des Bundesgerichtshofs (BGH) neben dem – schriftlichen – Wahlleistungsvertrag zwischen Patient und Krankenhausträger in der Regel auch ein Vertrag zwischen Patient und dem liquidationsberechtigten Chefarzt zustande kommt, wobei dies auch mündlich oder sogar durch konkludentes Handeln geschehen kann. Der BGH geht in gefestigter Rechtsprechung davon aus, dass der Wahlleistungspatient in der Regel einen so genannten totalen Krankenhausaufnahmevertrag mit Zusatzvertrag abschließt (vgl. BGHZ 121, 107).

Der Verfasser hat in vielen Publikationen[69] darauf hingewiesen, dass der Entscheidung des Bundesfinanzhofs ein atypischer Einzelfall zugrunde liegt und daher die Entscheidung nicht ohne weiteres auf andere Chefarztverträge übertragbar ist. Darüber hinaus hatte der Verfasser auch auf die Möglichkeit hingewiesen, dass sich Chefarzt und Steuerberater gegenüber dem Krankenhausträger zu einer ordnungsgemäßen Versteuerung der Liquidationserlöse verpflichten, um so die Liquidationserlöse auch weiterhin der Einkommensteuer zuzuführen.

Inzwischen gibt es einige finanzgerichtliche Urteile, die im Rahmen typischer Chefarztvertragsgestaltungen nach traditioneller Art die Forderungen der Finanzämter nach einer Lohnversteuerung zurückgewiesen haben, so z.B. das Finanzgericht Düsseldorf mit Urteil vom 22.10.2007 – Az.: 9 K 2035/07 – und das Finanzgericht Neustadt mit Urteil vom 22.10.2008 – Az.: 2 K 2585/07. Unter dem Eindruck solcher Entscheidungen haben in der Zwischenzeit etliche Finanzämter ihre früheren Entscheidungen korrigiert und erkennen nunmehr an, dass es sich bei den Liquidationserlösen aus der wahlärztlichen Behandlung um Einkünfte aus freiberuflicher Tätigkeit im Sinn des § 18 EStG handelt. So hat z.B. das Finanzamt Krefeld, das sich zuvor als besonders aggressiver Verfechter der Lohnversteuerung geriert hatte, in einem Bescheid vom 23.12.2008 anerkannt, dass es sich bei den Einkünften der Chefärzte eines bestimmten Krankenhauses um Einkünfte aus freiberuflicher Tätigkeit handelt.

8. Zukunft des Liquidationsrechts

Nach Informationen aus dem Bundesministerium für Gesundheit (BMG) gab es im Bereich der Unterabteilung Gesundheitsversorgung Überlegungen, die Einführung des diagnoseorientierten Fallpauschalensystems (DRG-System) als Entgelt für die stationären Leistungen das bisherige Liquidationsrecht der Leitenden Krankenhausärzte für wahlärztliche Behandlungen durch einen Zuschlag zur jeweiligen Fallpauschale oder aber durch einen so genannten Wahlarztfaktor zu ersetzen. Neben der Berechnung der Fallpauschale sei zukünftig aus systematischen Gründen eine Berechnung von Wahlarzthonoraren auf der Grundlage der GOÄ, wie dies bisher geschieht, nicht mehr möglich. Allerdings ist von solchen Überlegungen zwischenzeitlich nichts mehr zu hören, was jedoch nicht ausschließt, dass in einer Schublade des Ministeriums entsprechende Gesetzesentwürfe parat liegen.

Das Argument, dass neben einer Fallpauschale ein Wahlarzthonorar nach der GOÄ nicht mehr berechenbar sei, ist allerdings nicht nachvollziehbar, da das bisherige Liquidationssystem ohne Probleme an das DRG-Fallpauschalensystem angepasst werden kann und auch tatsächlich angepasst werden konnte. Dem Einwand einer Doppelbelastung des Patienten könnte im Übrigen durch eine Anhebung der Honorarminderung gegenüber dem Patienten gem. § 6a GOÄ bei einer gleichzeitigen Reduzierung der Abgabe an den Krankenhausträger begegnet werden. Das Vorhaben des BMG würde einen geradezu revolutionären Eingriff in die gewachsenen Krankenhausstrukturen bedeuten, da mit einem Schlag ein wesentlicher Teil der Vergütung in mehr als 13.000 Chefarztverträgen entfallen würde. Die hieraus resultierenden Auseinandersetzungen und Rechtsstreitigkeiten zwischen Chefärzten und Krankenhausträgern über Art und Umfang der Ausgleichszahlungen würden das Krankenhauswesen über Jahre in unverantwortlicher Weise belasten und diejenigen Vertragspartner zu Kontrahenten machen, auf deren harmonische und konstruktive Zusammenarbeit das Krankenhauswesen aufbaut.

Im Übrigen sei daran erinnert, dass nach einer Entscheidung des Bundesverfassungsgerichts vom 07.11.1979 – 7 BvR 513/74 – das Liquidationsrecht zu dem „hergebrachten Grundsatz des Rechts der leitenden Krankenhausärzte gehört, der den Gesetzgeber dazu verpflichtet, bei der Regelung des öffentlichen Dienstrechts das Liquidationsrecht in seinem Kernbestand zu sichern". Die Notwendigkeit, für eine besonders qualifizierte medizinische Leitung öffentlicher Krankenhäuser zu sorgen und dafür auch entsprechende Regelungen zu schaffen, habe die Entwicklung des die Krankenanstalten betreffenden Arztvertragsrechts von Anfang an bewegt. Ohne eine Zusicherung des Rechts zur Privatliquidation hätten sich solche Einstellungswünsche allein schon aus finanziellen Gründen nicht verwirklichen lassen. Die Einräumung des Rechts zur Privatliquidation diene dem Ziel, die Gesamteinkünfte der Leitenden Krankenhausärzte durch eine zusätzliche „besondere Vergütung" anzuheben.

Es ist daher unverzichtbar, dass auch zukünftig das Liquidationsrecht des Chefarztes für die Behandlung stationärer Wahlleistungspatienten bzw. zumindest die Beteiligung des Chefarztes an den Liquidationserlösen zur Sicherung einer leistungsgerechten Vergütung des Chefarztes unverändert fortbesteht.

9. Erfolgsabhängige Vergütung

Der Chefarztvertrag soll mehr als bisher durch das Leistungsprimat geprägt und die Höhe der Dienstvergütung mehr vom wirtschaftlichen Erfolg des Krankenhauses bzw. der Abteilung des Chefarztes abhängig gemacht werden. So und ähnlich lauten die Forderungen, die aus dem Krankenhausträgerbereich zu hören sind. Der Grund hierfür liegt in dem zunehmenden Leistungswettbewerb und dem wachsenden ökonomischen Anpassungsdruck, dem die Krankenhäuser ausgesetzt sind. Zur Realisierung dieser Forderung wird über die Einführung von Zulagen, Tantiemen oder von Bonus-Malus-Regelungen diskutiert. Die Diskussionen sind jedoch noch nicht abgeschlossen. Von ärztlicher Seite wird eindringlich vor der Einführung von Vergütungssystemen gewarnt, die dem Chefarzt einen zusätzlichen Gewinn versprechen, wenn er bei der Behandlung der Patienten besonders sparsam vorgeht. Die Debatte über die so genannte Priorisierung auf dem Deutschen Ärztetag 2009 in Mainz hat deutlich gemacht, dass wirtschaftliche Erwägungen zunehmend bei der Entscheidung von Diagnostik und Therapie von Bedeutung sind. Natürlich ist jeder Chefarzt verpflichtet, mit den zur Verfügung stehenden Ressourcen sparsam und wirtschaftlich umzugehen. Wenn jedoch davon berichtet wird, dass Krankenhausverwaltungen Ärzte anhalten, vom Einsatz besonders teurer, medizinisch indizierter Diagnostik- und Therapieverfahren abzusehen bzw. Patienten ggf. in andere Krankenhäuser zu verlegen, dann muss es nachdenklich stimmen, wenn dem Chefarzt zusätzliche Einkünfte bei einem besonders sparsamen Verhalten in Aussicht gestellt werden. Zwar macht z.B. das Rhön-Klinikum die Höhe der Tantieme für den Chefarzt vom wirtschaftlichen Gesamtergebnis des Krankenhauses abhängig; doch hängt Letzteres zumindest mittelbar vom wirtschaftlichen Ergebnis der einzelnen Abteilungen ab. Gerade die jüngste Wirtschafts- und Finanzkrise hat deutlich gemacht, welche negativen Konsequenzen sich aus einer Vergütungsregelung ergeben können, die vom schnellen wirtschaftlichen Erfolg abhängig gemacht werden. Umso kritischer muss ein solches System im Bereich der Gesundheitsversorgung beurteilt werden.

Auch die Empfehlungen der DKG zur Zahlung eines variablen Bonus, sofern der Chefarzt eine jährlich zu treffende Zielvereinbarung erreicht, sind nicht frei von dieser Gefahr. Denn auch nach den Vorschlägen der DKG soll die Einhaltung der Sach- und Personalkosten, die Einhaltung von Zielgrößen für Leistungen nach Art und Menge, ganz allgemein der wirtschaftliche Erfolg zum Gegenstand der Zielvereinbarung gemacht werden. In der Konsequenz bedeutet dies, dass z.B. der Nichteinsatz eines Medikaments, dessen Behandlungskosten bei mehreren hunderttausend Euro liegen, als Maßnahme des Chefarztes interpretiert werden kann, sein Einkommen zu erhöhen. Ist dies wirklich gewünscht? Wenn überhaupt, dann sollten ergebnisorientierte Vergütungsbestandteile nur vereinbart werden, wenn sie nicht von der Höhe der Einsparungen abhängig sind.

Unabhängig hiervon erweisen sich viele Modelle einer erfolgsabhängigen Vergütung als ausgesprochen schwierig in der praktischen Umsetzung. Nähere Erläuterungen hierzu werden unter § 9 Abs. 3, Alternative: Erfolgsabhängige Abgabe, gemacht. Vorab jedoch einige Anmerkungen zu den Vorschlägen der DKG in deren Musterverträgen.

Seit die DKG in ihren Musterverträgen ab der 6. Auflage einen Bonus für die Erreichung einer Zielvereinbarung vorschlägt, gibt es Schwierigkeiten bei der praktischen Umsetzung. Es sind daher viele Fälle bekannt, in denen zwar in Anlehnung an den DKG-Vorschlag Bonusvereinbarungen getroffen wurden, konkrete Zielvereinbarungen jedoch unterbleiben. Nach der Empfehlung der DKG können Gegenstand der Zielvereinbarung insbesondere sein die Zielgrößen für Sach- und Personalkosten der Abteilung, Zielgrößen für Leistungen nach Art und Menge, die Einführung neuer Behandlungsmethoden, Maßnahmen und Ergebnisse der Qualitätssicherung, Inanspruchnahme nichtärztlicher Wahlleistungen, die Beteiligung an Strukturmaßnahmen sowie sonstige leistungsorientierte Regelungen. Damit wird seitens der DKG so ziemlich alles angesprochen, was als mögliche Bemessungskriterien überhaupt in Frage kommt. Ob die genannten Kriterien für die Gewährung einer Zulage tatsächlich geeignet sind, bleibt jedoch offen. Wird z.B. die Teilnahme an Qualitätssicherungsmaßnahmen gesetzlich vorgeschrieben, kann sie kein Zulagenkriterium sein. Und die meisten Kriterien sind vom Chefarzt nicht zu beeinflussen, so dass sie auch nicht für eine Zielvereinbarung geeignet sind. Offen bleibt auch, was mit Strukturmaßnahmen gemeint ist, wer sie definiert und was sonstige leistungsorientierte Regelungen sind. Ebenso ist unklar, welchen Sinn das Kriterium „Inanspruchnahme nichtärztlicher Wahlleistungen" haben soll. Soll etwa der Chefarzt zukünftig durch die Allgemeinstation gehen und für die Wahl des Komfortzimmers werben? Ergänzend wird verwiesen auf die Erläuterungen zu § 3 Abs. 2, Alternative: Budgetverantwortung.

10. Sonstige Vergütungskomponenten

Die DKG schlägt in ihrem Mustervertrag im Rahmen der sog. Beteiligungsvergütung vor, dass der Chefarzt neben einer Beteiligung an den stationären Liquidationserlösen des Krankenhausträgers zusätzlich an dessen Einnahmen aus anderen Bereichen beteiligt werden soll. Erwähnt wird in diesem Zusammenhang die Pathologie, die Untersuchungen für Regelleistungspatienten anderer Krankenhäuser durchführt[70]. Ähnliches sollte aber auch für das ambulante Operieren gemäß § 116 SGB V gelten, zu dessen Realisierung ein besonderer Leistungsanreiz geschaffen werden muss. Darauf wurde auch anlässlich der Einführung dieser Institutsleistungen 1993 von Vertretern der DKG wiederholt hingewiesen. Die Durchführung des ambulanten Operierens ist u.a. wegen der Risiken, die mit der frühzeitigen Entlassung des Patienten aus dem unmittelbaren Wirkungsbereich des Krankenhauses verbunden sind, mit einer erhöhten Verantwortung und mit erheblich gesteigerten Sorgfaltspflichten verbunden, sodass eine finanzielle Beteiligung an den Einnahmen aus dieser Tätigkeit einen erforderlichen und geeigneten Anreiz darstellen.

Soweit die DKG schließlich eine Beteiligung an den Einnahmen des Krankenhausträgers aus ambulanter Tätigkeit anspricht, wurde bereits auf die rechtlichen Bedenken gegen dieses Konzept hingewiesen, vgl. Erläuterung Nr. 5 zu § 4. Ein Krankenhausträger wäre sicherlich gut beraten, wenn er die traditionellen Nebentätigkeiten (Privatambulanz, Kassenambulanz und D-Arzt-Verfahren) auch weiterhin seinen Chefärzten genehmigt.

11. Abgeltung aller Dienstaufgaben

Gemäß § 8 Abs. 6 sollen alle Dienstaufgaben mit der vereinbarten Vergütung abgegolten sein, einschließlich Überstunden und einschließlich einer eventuellen Teilnahme an der Rufbereitschaft. Diese Bestimmung darf nicht missverstanden werden. Daraus kann nicht etwa der Schluss gezogen werden, dass der Chefarzt verpflichtet sei, die dort genannten Tätigkeiten auch tatsächlich zu erbringen. Mit dieser Bestimmung wird lediglich ausgeschlossen, dass ein Chefarzt unter Berufung auf geleistete Mehrarbeit eine zusätzliche Vergütung einfordern kann. § 8 Abs. 6 ist somit keine Vergütungsregelung, was auch vom Landesarbeitsgericht Stuttgart mit Urteil vom 16.12.2004 – 3 Sa 30/04 – bestätigt wurde.

§ 9

Abgaben im stationären Bereich

(1) Der Arzt ist verpflichtet, an den Krankenhausträger ein Nutzungsentgelt nach Maßgabe der folgenden Bestimmungen zu zahlen.

(2) Das Nutzungsentgelt beträgt .... v.H. der Bruttohonorareinnahmen.

(3) Bruttohonorareinnahmen sind die Summe der tatsächlichen Zahlungseingänge bei dem Arzt oder bei Dritten aus allen Bereichen, in denen dem Arzt das Liquidationsrecht eingeräumt ist ohne Abzug von Zuwendungen an nachgeordnete Ärzte und sonstige Mitarbeiter und ohne andere Kürzungen, wie z.B. Aufrechnungen, Abzug von Einzugsvergütungen oder Leistungen an Dritte.

(4) Zur Einziehung der Honorare aus dem Liquidationsrecht beauftragt der Arzt eine privatärztliche Abrechnungsstelle und verpflichtet diese, dem Krankenhaus die diesem nach § 8 zustehenden Abgaben jeweils zeitnah auszuzahlen. Der Arzt verpflichtet die Abrechnungsstelle weiterhin, die zur Abrechnung erforderlichen Unterlagen einschließlich einer Auflistung aller erbrachten Leistungen vollständig zur Verfügung zu stellen. Der Arzt ist ferner verpflichtet, dem Krankenhausträger die Möglichkeit einzuräumen, die Rechnungslegung zu überprüfen. Abrechnungszeitraum ist das Kalenderjahr. Der auf das Krankenhaus entfallende Schlussbetrag wird nach der Abrechnung fällig, die innerhalb von zwei Monaten nach Schluss des Kalenderjahres vorzunehmen ist. Der Krankenhausträger kann die Ordnungsmäßigkeit und Richtigkeit der Abrechnung durch einen zur Verschwiegenheit verpflichteten Sachverständigen aufgrund der Belege, Bücher, Aufzeichnungen und Steuerunterlagen des Arztes prüfen lassen. Die Grundsätze der ärztlichen Schweigepflicht sind zu beachten.

Alternative zu § 9 Abs. 3: Erfolgsabhängige Abgabe
Abhängig vom Erfolg bei der Einhaltung der Budgetvorgabe gem. der Alternative zu § 3 Abs. 2, Budgetverantwortung, beträgt die Abgabe:
1. bei Einhaltung der Budgetvorgaben (Erfolgsfall) mindert sich die Abgabe auf ..... v.H. der Bruttohonorareinnahmen.
2. bei Nichteinhaltung der Budgetvorgaben (Misserfolgsfall) erhöht sich die Abgabe auf ..... v.H.;
3. bei Einhaltung der Budgetvorgaben und gleichzeitigem positivem Gesamtergebnis des Krankenhauses vermindert sich die Abgabe auf ..... v.H.

Bruttohonorareinnahmen sind die Summe der tatsächlichen Zahlungseingänge bei dem Arzt oder bei Dritten aus allen Bereichen, in denen dem Arzt das Liquidationsrecht eingeräumt ist, ohne Abzug von Zuwendungen an nachgeordnete Ärzte und sonstige Mitarbeiter und ohne andere Kürzungen, wie z.B. Aufrechnungen, Abzug von Einzugsvergütungen oder Leistungen an Dritte.

Erläuterungen zu § 9

1. Historische Entwicklung
2. Abgaben
3. Höhe der Beteiligungsvergütung
4. Honorareinziehung
5. Erfolgsabhängiger Vorteilsausgleich
6. Bonus-Malus-Regelung

1. Historische Entwicklung

Ausgehend von den so genannten Chefarztvertragsgrundsätzen von 1957 hatte der liquidationsberechtigte Chefarzt aus den Liquidationserlösen im stationären Bereich eine Abgabe an den Krankenhausträger zu leisten, die als Kostenerstattung deklariert war. Die Höhe der Abgabe bewegte sich zumeist zwischen 20 und 30%, wobei als Leitlinie sicherlich auch die beamtenrechtlichen Nebentätigkeitsverordnungen für beamtete Ärzte von Bedeutung waren, die in der Regel einen Abgabesatz von 20% enthielten. Im Laufe der Jahre waren die Krankenhausträger bemüht, beim Abschluss neuer Chefarztverträge die Abgabesätze langsam zu steigern, wobei – von Ausnahmen abgesehen – auch noch in den 70er Jahren Abgaben von 30% als hohe Abgaben angesehen wurden. Anfang der 80er Jahre wurde der Begriff der Kostenerstattungsabgabe bei Abschluss neuer Verträge immer mehr durch den Begriff des Nutzungsentgelts ersetzt, ein Begriff aus dem Beamtenrecht. Mit diesem Begriff versuchten die Krankenhausträger ihre Forderung zu rechtfertigen, dass die Abgabe nicht nur unter dem Gesichtspunkt der Kostenerstattung, sondern auch durch den Begriff des Vorteilsausgleichs zu rechtfertigen und zu bemessen sei. Dabei wurde – sicherlich vorsätzlich – übersehen, dass der beamtenrechtliche Begriff des Vorteilsausgleichs nur eine Ersatzfunktion hatte, nämlich für den Fall, dass durch die Ausübung einer Nebentätigkeit dem Dienstherrn keine Kosten entstehen und somit eine Abgabe unter dem Gesichtspunkt der Kostenerstattung nicht gerechtfertigt werden kann. Das Beamtenrecht wendet bis heute die Begriffe Kostenerstattung und Vorteilsausgleich nicht kumulativ, sondern ausschließlich alternativ an[71].

Nachdem der sog. Interessenausgleich neben der Kostenerstattung Eingang in die 2. Auflage des DKG-Mustervertrags von 1987 gefunden und in der Folgezeit Eingang in neu abgeschlossene Chefarztverträge und somit zu immer höheren Abgabesätzen geführt hatte, wurde auch die Begehrlichkeit des Gesetzgebers geweckt. So führte der Gesetzgeber anlässlich der Novellierung der Bundespflegesatzverordnung im Rahmen des Gesundheitsstrukturgesetzes (GSG) mit Wirkung ab 01.01.1993 die Verpflichtung für den Krankenhausträger ein, die Abgaben der liquidationsberechtigten Ärzte als Kostenabzug bei der Ermittlung der Selbstkosten eines Krankenhauses in die Kosten- und Leistungsrechnung einzubringen[72].

Im Rahmen des genannten Gesundheitsstrukturgesetzes wurden die Krankenhausträger zugleich verpflichtet, bei Abschluss neuer Chefarztverträge eine Abgabe unter dem Titel der Kostenerstattung in einer gesetzlich definierten Höhe zu erheben. So sollte die Kostenerstattung bei den so genannten rein ärztlichen Leistungen 20 v.H. des berechneten Honorars vor Abzug der Gebührenminderung nach § 6a GOÄ betragen, bei den ärztlich-technischen Leistungen sogar 40 v.H. Konkret bedeutete dies, dass der Chefarzt von den tatsächlichen Honorareingängen 26,7 v.H. bzw. 53,4 v.H. als Kostenerstattung abzuführen hatte. Hinzu kam dann auch noch ein so genannter Vorteilsausgleich, über dessen Höhe sich mancher Krankenhausträger schadlos halten wollte. Allerdings gab es auch viele Krankenhausträger, die bereit waren, angesichts der bereits sehr hohen Kostenerstattungsabgabe sich mit einem niedrigen Vorteilsausgleich zufrieden zu geben. Dieses in jeder Hinsicht höchst komplizierte und unbefriedigende Konzept gehört in der Zwischenzeit jedenfalls beim Abschluss neuer Chefarztverträge der Vergangenheit an. Die Krankenhausträger sind pragmatisch dazu übergegangen, einen einheitlichen Abgabesatz aus den Liquidationserlösen zu vereinbaren.

2. Abgaben

Das neue Entgeltsystem für den Bereich der stationären Krankenhausleistungen durch Einführung von so genannten Fallpauschalen im Wege des DRG-Systems hat zu einem Umdenken der Krankenhäuser bzw. deren Geschäftsführer geführt. Dabei spielt sicherlich auch eine Rolle, dass insbesondere Geschäftsführer mit Erfahrungen aus der freien Wirtschaft sehr viel unvoreingenommener über die Höhe der Abgaben aus Liquidationserlösen des Chefarztes verhandeln und gegenüber Sachargumenten offen sind. Auch sind solche Geschäftsführer an einfach zu handhabenden Regelungssystemen interessiert, deren Auswirkungen und Konsequenzen schnell zu überblicken sind. Die Abgabenregelungen in neu abgeschlossenen Chefarztverträgen sehen daher schon seit längerer Zeit nur noch einheitliche Abgabesätze vor, die allerdings auch höher sind als in früheren Zeiten. Abgabesätze von 50% der Liquidationserlöse müssen heute als durchaus normal angesehen werden.

Aus dem ihm verbleibenden Anteil muss der Chefarzt weiterhin die ärztlichen Mitarbeiter seiner Abteilung an den Liquidationserlösen beteiligen. Soweit das jeweils geltende Landeskrankenhausgesetz Regelungen zur Mitarbeiterbeteiligung enthält (vgl. Anhang 7.1) sind die gesetzlichen Vorgaben zu beachten, anderenfalls kann der Chefarzt in der Regel frei über die Verteilung der vereinbarten Anteile an die Mitarbeiter entscheiden (vgl. Näheres unter § 10).

3. Höhe der Beteiligungsvergütung

Folgt ein Krankenhausträger der Empfehlung der DKG, wird dem Chefarzt anlässlich eines neuen Chefarztvertrags kein Liquidationsrecht, sondern lediglich eine Beteiligung an den Liquidationserlösen des Krankenhausträgers für die wahlärztliche Behandlung in der Abteilung eingeräumt. Die DKG schlägt hierzu vor, die Beteiligung in Höhe eines bestimmten Prozentsatzes der Brutto-Liquidationserlöse zu bemessen.

Man sollte nun meinen, dass es hinsichtlich des Anteils des Chefarztes letztlich gleichgültig sein müsste, ob der Chefarzt selbst der Inhaber des Liquidationsrechts ist und demgemäß eine Abgabe an den Krankenhausträger entrichtet, oder aber ob der Chefarzt mit einem bestimmten prozentualen Anteil am Liquidationserlös des Krankenhausträgers beteiligt wird. Denn in jedem Fall ist es der Chefarzt, dessen wahlärztliche Behandlung der Patient in Anspruch nimmt und dessen fachliches Renommee oftmals der alleinige Anlass für einen Patienten ist, diesen Chefarzt für eine wahlärztliche Behandlung in Anspruch zu nehmen. Allerdings muss immer wieder festgestellt werden, dass die Höhe der Anteile im Rahmen der Beteiligungsvergütung vielfach niedriger ausfällt gegenüber der Höhe des dem Chefarzt verbleibenden Anteils bei eingeräumtem Liquidationsrecht.

4. Honorareinziehung

Der Vertragsentwurf empfiehlt, mit der Honorareinziehung eine privatärztliche Abrechnungsstelle zu beauftragen. Abgeraten wird also nicht nur von der Honorareinziehung durch den Arzt selbst, sondern auch von einer Honorareinziehung durch den Krankenhausträger, auch wenn dieser hierbei eine kleine zusätzliche Abgabe erhalten würde. Angesichts der vielen Rechtsstreitigkeiten um die richtige und angemessene Honorarberechnung sowie insbesondere angesichts der zunehmenden Strafverfahren wegen eines angeblichen Abrechnungsbetrugs ist es wichtig, dass die Honorareinziehung von einer unabhängigen, sachkundigen Stelle durchgeführt wird, die neben der Honorareinziehung zugleich auch mit der Honorarerstellung beauftragt wird. Zweckmäßig ist es daher, wenn der Arzt hierzu die Krankenunterlagen zur Auswertung der Abrechnungsstelle übergibt und diese die Rechnungserstellung unabhängig von irgendwelchen Weisungen des Arztes durchführt. Zu beachten ist allerdings, dass der liquidationsberechtigte Arzt für diese Form der Rechnungsstellung und der Überlassung der Krankenunterlagen an die Abrechnungsstelle einer schriftlichen Einwilligung durch den Wahlleistungspatienten bedarf. Die Einwilligungserklärung muss auf einem separaten Formular vom Patienten unterzeichnet werden.

5. Erfolgsabhängiger Vorteilsausgleich

In der Erläuterung Nr. 8 zu § 8 wurde bereits das Thema erfolgsabhängige Vergütung angesprochen. Die Gewährung Tantiemen und Boni wird zwar häufig diskutiert, nachhaltige Erfahrungen liegen jedoch noch nicht vor. Sehr viel häufiger findet sich dagegen in neueren Chefarztverträgen ein Vorschlag für eine erfolgsabhängige Regelung der Abgabe. Voraussetzung einer solchen Regelung ist jedoch, dass ein überzeugendes Konzept zur Budgetverantwortung des Chefarztes vorliegt. Denn nur dann, wenn die der Budgetverantwortung zugrunde gelegten Bemessungskriterien vom Chefarzt auch beeinflussbar sind und nur dann, wenn dem Chefarzt für die Einhaltung des Budgets eine echte Verantwortung eingeräumt wird, indem er bei der Aufstellung des Budgets verantwortlich mitentscheiden kann, macht eine erfolgsabhängige Abgaberegelung überhaupt Sinn. In Anlehnung an ein in einem Krankenhaus entwickeltes Konzept zur Budgeterstellung im Einvernehmen mit dem Chefarzt wurde zu § 3 Abs. 2 eine Alternative vorgestellt, die der Verfasser als eine überzeugende Regelung ansieht. Entsprechend dieser Budgetregelung ist es dann auch konsequent, die Höhe des Anteils des Chefarztes an den Liquidationserlösen vom Budgetergebnis abhängig zu machen, was durch die Alternative zu § 9 Abs. 3 geschehen soll.

6. Bonus-Malus-Regelung

Als schwierig erweist sich die Ausgestaltung einer Bonus-Malus-Regelung. Zum Teil wird eine relativ hohe Abgabe vereinbart, die nur bei einer Unterschreitung des Kostenbudgets abgesenkt werden soll. Da das in einem Wirtschaftsjahr erzielte Ergebnis, also auch eine Unterschreitung, zur Bemessungsgrundlage für das nachfolgende Wirtschaftsjahr gemacht wird, entfällt nach einem Ausschöpfen der Einsparreserven die Möglichkeit zur Unterschreitung des vorgegebenen Kostenbudgets (sog. Kellertreppeneffekt). So kann ein Erfolg bzw. ein Bonus schon bald nicht mehr erzielt werden bzw. ist nur noch bei einer Reduzierung des Leistungsniveaus erreichbar. Die Folge eines solchen Modells sind frustrierte Chefärzte, die mit überhöhten Abgaben belastet werden.

Um dies zu vermeiden, ist es unabdingbar, als sog. Erfolgsfall bereits die Einhaltung der Budgetplanung zu definieren und für diesen Fall eine angemessene, möglichst niedrige Abgabe vorzusehen. Daneben wird als sog. Misserfolgsfall die Nichteinhaltung der Budgetvorgabe definiert, die einen erhöhten Abgabesatz zur Folge hat. Bei einer solchen Konzeption ist es von untergeordneter Bedeutung, ob zusätzlich ein Fall definiert wird, der eine Reduzierung der Abgabe zur Folge hat. Denn allein die drohende Erhöhung der

Abgabe wird den Chefarzt motivieren, die Einhaltung der Budgetvorgabe anzustreben, was letztlich für den wirtschaftlichen Erfolg des Krankenhauses von entscheidender Bedeutung ist. Das Streben nach einer Unterschreitung der Budgetvorgabe wird immer mit dem Odium behaftet sein, der Chefarzt spare zu Lasten der Patienten für seinen eigenen wirtschaftlichen Vorteil. Stellen die Vertragspartner am Ende eines Wirtschaftsjahres fest, dass die Budgetvorgaben ohne Probleme eingehalten oder gar unterschritten werden konnten, bleibt es ihnen unbenommen, für das nachfolgende Wirtschaftsjahr reduzierte Budgetvorgaben anzusetzen, sofern dies einer realistischen Betrachtung standhält.

§ 10

Finanzielle Beteiligung der ärztlichen Mitarbeiter/innen

Der Arzt ist verpflichtet, die ärztlichen Mitarbeiter der Abteilung an den Einnahmen aus dem Liquidationsrecht gem. § 8 Abs. 2 nach leistungsbezogenen Kriterien angemessen und unter Berücksichtigung des ärztlichen Berufsrechts zu beteiligen.

Erläuterungen zu § 10

1. DKG-Chefarztvertrag versus Mitarbeiterbeteiligung
2. Ärztliches Berufsrecht
3. Poolregelungen des Landeskrankenhausgesetzes
4. Versteuerung der Mitarbeiterbeteiligung

1. DKG-Chefarztvertrag versus Mitarbeiterbeteiligung

Der DKG-Chefarztvertrag erwähnt seit der 6. Auflage von 2002 die Mitarbeiterbeteiligung mit keinem Wort; im Gegensatz zu den früheren Auflagen, die einen eigenen Paragraphen zur Regelung der finanziellen Beteiligungen der nachgeordneten Ärzte enthielten. Dies mag aus der Sicht der DKG anlässlich der völligen Beseitigung aller liquidationsberechtigter Tätigkeiten für den Chefarzt konsequent sein, doch ist es eigentlich nicht einleuchtend, dass die DKG früher, zu Zeiten des Liquidationsrechts des Chefarztes, wortreich für die Mitarbeiterbeteiligung plädiert hat, nunmehr aber davon nichts mehr wissen will, nachdem die Liquidationserlöse nun vom Krankenhaus selbst vereinnahmt werden. Die Haltung der DKG stößt naturgemäß bei der Ärzteschaft auf Ablehnung, da die Mitarbeiterbeteiligung eine wesentliche Berufspflicht[73] darstellt. Es kommt hinzu, dass sich immer mehr Ärzte von einer Krankenhaustätigkeit wegen der ständigen Überbelastungen einerseits und der schlechten Vergütung andererseits abwenden, sodass die Haltung der DKG besonders fragwürdig erscheint. Bisher war es oftmals nur die vom Chefarzt gewährte Mitarbeiterbeteiligung, die dafür sorgte, dass insbesondere die Leistungsträger der Abteilung, also Fach- und Oberärzte, im Krankenhaus verblieben sind. Dem wird nun durch das neue Muster der DKG der Boden entzogen. Daran kann auch der beiläufige Hinweis auf die Mitarbeiterbeteiligung in den DKG-Leitlinien zum

Chefarztvertragsrecht vom 11.03.2008[74] nichts ändern, die in Ziff. 7 zur Begründung einer geringen Höhe der Beteiligung des Chefarztes am Liquidationserlös u.a. darauf hinweisen, dass das Krankenhaus die Mittel auch für eine Beteiligung der nachgeordneten Ärzte und ggf. weitere Mitarbeiter benötige. Ein völlig neuer Gesichtspunkt! Der Verfasser hat bisher aber nur ganz wenige Chefarztvertragsentwürfe zu Gesicht bekommen, in denen sich der Krankenhausträger dazu bereit erklärt, einen Teil seiner Einnahmen aus den liquidationsberechtigten Tätigkeiten auf die Mitarbeiter der Abteilung zu verteilen. Es bleibt abzuwarten, ob der Hinweis in den Leitlinien von den Krankenhäusern zur Kenntnis genommen wird. Wenn es der DKG wirklich ernst wäre, hätte sie in die jüngste Ausgabe ihres Vertragsmusters eine entsprechende Klausel aufgenommen.

2. Ärztliches Berufsrecht

Unbeschadet der Haltung der DKG zur Mitarbeiterbeteiligung bestimmt die Muster-Berufsordnung für die deutschen Ärztinnen und Ärzte in § 29 Abs. 3 Satz 2: *„Erbringen angestellte Ärzte für einen liquidationsberechtigten Arzt abrechnungsfähige Leistungen, so ist der Ertrag aus diesen Leistungen in geeigneter Form an die beteiligten Mitarbeiter abzuführen.“* Nach einer Entscheidung des Bundesarbeitsgerichts aus dem Jahr 1993 kann aus diesem Standesrecht zwar kein zivilrechtlicher Anspruch des ärztlichen Mitarbeiters gegen den Chefarzt hergeleitet werden[75], doch ändert dies nichts daran, dass ein Verstoß gegen § 29 Abs. 3 Satz 2 berufsrechtlich geahndet werden kann.

Rechtsansprüche des Mitarbeiters gegen den Chefarzt entstehen nach Meinung des BAG selbst dann nicht, wenn der Chefarzt über einen längeren Zeitraum monatlich einen bestimmten Pauschalbetrag an den nachgeordneten Arzt ausgezahlt hat[76]. Während das BAG in seiner Entscheidung die formlose Einstellung der Zahlungen an den Mitarbeiter sanktioniert hat, gehen andere Entscheidungen von der Notwendigkeit einer förmlichen Kündigung unter Einhaltung einer Kündigungsfrist aus, wenn ein Chefarzt jahrelang die Mitarbeiterbeteiligung nach einer gleichartigen Berechnungsweise gewährt hat[77]. Allerdings hat der BGH 1998 klargestellt, dass Rechtsstreitigkeiten zwischen Ärzten eines Krankenhauses in die Zuständigkeit der Arbeitsgerichte gehören[78], sodass zukünftig Rechtsstreitigkeiten aus der Mitarbeiterbeteiligung wohl nur noch vor den Arbeitsgerichten geführt werden.

In jedem Fall sollte der Chefarzt seine Mitarbeiter nach leistungsbezogenen Kriterien unter Berücksichtigung des ärztlichen Berufsrechts an den Liquidationserlösen beteiligen, insbesondere die Leistungsträger seiner Abteilung, also die Fach- und Oberärzte, wobei das Maß der Beteiligung nach der Qualifikation und dem Arbeitseinsatz zu bemessen ist. Diesem Anliegen trägt die Formulierung in § 10 Rechnung. Engagierte und zufriedene Mitarbeiter, auf die sich der Chefarzt auch in Abwesenheitsfällen verlassen kann, sind dies allemal wert, und zwar nicht nur für den Chefarzt, sondern auch für den Krankenhausträger. Ein Krankenhausträger sollte daher beim Abschluss neuer Chefarztverträge nicht durch überhöhte Abgabenforderungen die Grundlage für eine leistungsgerechte Mitarbeiterbeteiligung entziehen.

Eine Besonderheit sieht die Ärztliche Berufsordnung der Ärztekammer Niedersachsen vor. Über die bereits zitierte Verpflichtung zur Mitarbeiterbeteiligung hinaus enthält § 29 Abs. 3 in Satz 3 bis 5 folgende Regelung: *„Die Beteiligung erfolgt nach vertraglicher Abmachung oder in Form einer Poolordnung. Bemessungsgrundlage für die Mitarbeiterbeteiligung ist der Liquidationserlös vermindert um gesetzliche oder vertragliche Abzüge. Die Beteiligung beträgt mindestens 20 Prozent und mindestens 50 Prozent, wenn die liquidationsfähigen Leistungen vom Mitarbeiter auf Dauer überwiegend selbst erbracht werden."*

3. Poolregelungen der Landeskrankenhausgesetze

Soweit in einem Landeskrankenhausgesetz der Krankenhausträger verpflichtet wird, beim Abschluss neuer Chefarztverträge eine Mitarbeiterbeteiligung nach Maßgabe der landesgesetzlichen Poolbestimmungen zu vereinbaren, sind diese Gesetze als höherrangiges Recht zu beachten. Die einschlägigen landesgesetzlichen Poolregelungen sind: §§ 34–36 LKG Baden-Württemberg, § 32 LKG Berlin, § 14 LKG Hessen, § 45 LKG Mecklenburg-Vorpommern, § 27 LKG Rheinland-Pfalz sowie § 24 LKG Sachsen[79]. Die seit 1976 in Nordrhein-Westfalen bestehende Poolregelung wurde anlässlich der Novellierung des Landeskrankenhausgesetzes im Jahre 1986 wieder aufgehoben.

Diese gesetzlichen Poolregelungen gelten jedoch nur für nichtkirchliche Krankenhäuser. Denn nach einer Entscheidung des Bundesverfassungsgerichts von 1980 sind Vorschriften der Landeskrankenhausgesetze zur inneren Struktur der Krankenhäuser auf konfessionelle Einrichtungen nicht anzuwenden[80]. Als Folge dieser Entscheidung ist in der Zwischenzeit in allen Landeskrankenhausgesetzen klargestellt, dass die landesrechtlichen Poolbestimmungen nicht für kirchliche Krankenhausträger gelten. Dabei spielt es keine Rolle, in welcher Rechtsform das konfessionelle Krankenhaus betrieben wird.

4. Versteuerung der Mitarbeiterbeteiligung

Die Krankenhausträger bestehen in der Regel darauf, dass die Versteuerung der Mitarbeiterbeteiligung über die Krankenhausverwaltung im Rahmen der Lohnzahlung erfolgt. Sie berufen sich dabei auf eine Verfügung des Bundesministers der Finanzen vom 27.04.1982. Eine Versteuerung durch den Krankenhausträger schließt jedoch nicht aus, dass der Chefarzt die Zuwendung selbst und direkt an den Mitarbeiter überweist. In diesem Fall teilt er dem Krankenhausträger die Höhe des Zuwendungsbetrags mit, der diesen Betrag als Lohnzahlung zusammen mit den Gehaltszahlungen des Krankenhauses versteuert.

§ 11
Einkommensgarantie

Der Krankenhausträger garantiert dem Arzt Gesamteinnahmen aus der Dienstvergütung gem. § 8 Abs. 1, den Erlösen aus der Einräumung des Liquidationsrechts gem. § 8 Abs. 2 sowie den Einnahmen aus genehmigter Nebentätigkeit; von den Liquidationserlösen im stationären Bereich und in der Nebentätigkeit sind die an den Krankenhausträger abzuführenden Nutzungsentgelte sowie die Aufwendungen für die Mitarbeiterbeteiligung abzuziehen. Die Höhe der garantierten Gesamteinnahmen beträgt Euro ..... p.a. Ein eventueller Differenzbetrag wird nach Vorliegen der Jahresgesamtabrechnung ausgezahlt; ist vorauszusehen, dass die Einkommensgarantie nicht erreicht wird, zahlt der Krankenhausträger monatliche Abschlagszahlungen auf den zu erwartenden Differenzbetrag. Der Garantiebetrag erhöht oder ermäßigt sich jeweils um den Prozentsatz, um den die Vergütung gem. § 8 Abs. 1 jeweils verändert wird.

Fakultative Ergänzung:
Haben die Vertragspartner eine erfolgsabhängige Regelung des Vorteilsausgleichs vereinbart, so ändert sich der Garantiebetrag hinsichtlich seines auf die Liquidationserlöse im stationären Bereich entfallenden Anteils in dem Umfang, in dem sich die Liquidationserlöse gem. § 9 Abs. 3 erhöhen oder reduzieren.

Erläuterungen zu § 11

1. Historie
2. Sicherung einer leistungsgerechten Vergütung

1. Historie

Abgesehen von Sanatorien, insbesondere solche, die nur gesetzlich krankenversicherte Patienten behandeln, wurden in der Vergangenheit Einkommensgarantien in Allgemeinkrankenhäusern nur sehr selten vereinbart. In der Regel dann, aber auch nur dann, wenn von vornherein absehbar war, dass aus den traditionellen liquidationsberechtigten Tätigkeiten keine oder nur ganz geringe Einkünfte zu erzielen sind. Dies galt vor allem in strukturschwachen Regionen ohne nennenswertes Klientel an Privatpatienten bzw. Wahlleistungspatienten, aber auch in solchen Fachgebieten, die traditionell nur über wenige Wahlleistungspatienten verfügen, wie z.B. die Pädiatrie. In all solchen Fällen wurden zwar traditionelle Chefarztverträge abgeschlossen, zugleich jedoch mit einer Einkommensgarantie verbunden, um dem betreffenden Chefarzt ein leistungsgerechtes Einkommen zu sichern.

Nach der deutschen Einigung am 04.10.1990 wurden Chefarztverträge mit einer Einkommensgarantie aber auch zunehmend in den neuen Bundesländern abgeschlossen, weil von vornherein feststand, dass die Liquidationsrechte lediglich auf dem Papier stehen würden. Lediglich im Bereich der vertragsärztlichen Versorgung sozialversicherter Patienten konnten ggf. im Wege einer Ermächtigung nennenswerte Einkünfte aus einer Ermächtigungsambulanz erzielt werden, allerdings auch nur dann, wenn die vom Chefarzt angebotenen ambulanten Leistungen nicht bereits durch niedergelassene Vertragsärzte abgesichert waren (vgl. § 116 SGB V Bedürfnisprüfung).

2. Sicherung einer leistungsgerechten Vergütung

Krankenhausträger stehen in der Regel der Vereinbarung einer Einkommensgarantie im Chefarztvertrag kritisch gegenüber, obwohl die sog. Festgehaltsvergütung, bei der ein frei ausgehandeltes, leistungsgerechtes Gehalt ohne Liquidationsrecht oder Beteiligung am Liquidationserlös gezahlt wird, im wirtschaftlichen Ergebnis einer Einkommensgarantie gleichkommt. Immerhin erkennt die DKG in ihren Leitlinien zum Chefarztvertragsrecht an, dass bei einer eingeschränkten Möglichkeit zur Erbringung wahlärztlicher Leistungen, insbesondere in den neuen Bundesländern, abweichende Vergütungsmodelle Anwendung finden müssen, bei denen vor allem die Garantie eines bestimmten Gesamteinkommens durch den Krankenhausträger im Vordergrund steht (vgl. Ziff. 8 der Leitlinien). Mit dieser Leitlinie vom 11.03.2008 erkennt die DKG erstmals offiziell an, dass bei entsprechend geringen oder gar fehlenden Einkünften aus liquidationsberechtigten Tätigkeiten entweder eine entsprechend hohe Festgehaltsvergütung oder aber eine Einkommensgarantie vereinbart werden muss. Dieses Bekenntnis der DKG muss ausdrücklich und nachdrücklich gewürdigt werden. Der Verfasser hatte bereits in der 1. Auflage der vorliegenden Publikation mit denselben Argumenten für eine Einkommensgarantie plädiert.

Statt einer Einkommensgarantie kann jedoch von vornherein auch ein entsprechend hohes Festgehalt vereinbart werden. Diese Lösung wird man dann wählen, wenn keine Aussichten bestehen, dass sich im Liquidationsbereich in der Zukunft Änderungen ergeben werden. Kann jedoch nicht ausgeschlossen werden, dass die Liquidationserlöse während der Laufzeit des Dienstvertrags ansteigen, stellt die Einkommensgarantie eine auch für das Krankenhaus sachgerechte Lösung dar. Welche Lösung auch immer man wählt, es muss der Grundsatz gelten: *„Ein Chefarzt muss die Möglichkeit haben, ein seiner Stellung und Verantwortung adäquates Einkommen zu erzielen."* Dieses Zitat stammt aus der Leitlinie Nr. 6 der DKG-Leitlinien zum Chefarztvertragsrecht vom 11.03.2008 (vgl. Anhang 7.4).

§ 12
Alters- und Hinterbliebenenversorgung

(1) Der Krankenhausträger gewährt dem Arzt den Arbeitgeberanteil zur gesetzlichen Rentenversicherung bzw. zur Ärzteversorgung.

(2) Der Krankenhausträger gewährt dem Arzt eine zusätzliche Alters- und Hinterbliebenenversorgung durch Anmeldung des Arztes zur Zusatzversorgungskasse gem. Tarifvertrag ...../zur Kirchlichen Zusatzversorgungskasse ..... und trägt hierfür die tarifgemäßen/satzungsgemäßen Umlagen.

Alternative zu § 12 Abs. 2: Zuschuss

(2) Der Krankenhausträger beteiligt sich an den nachgewiesenen Aufwendungen des Arztes für dessen Alters- und Hinterbliebenenversorgung mit einem Zuschuss in Höhe von ..... v.H. der Bruttobezüge aus der Vergütung gem. § 8 Abs. 1.

Erläuterungen zu § 12

1. Zusatzversorgung
2. Ablehnende Haltung der DKG
3. Lebensversicherung

1. Zusatzversorgung

Neben dem Arbeitgeberanteil zur Rentenversicherung bzw. Ärzteversorgung, der dem Chefarzt kraft Gesetzes zusteht[81], was aber dennoch im Arbeitsvertrag angesprochen werden sollte, war es traditionell üblich, den Chefarzt beim Aufbau einer zusätzlichen Altersversorgung zu unterstützen. Dies geschah in der Vergangenheit häufig durch Gewährung eines Anwartschaftsrechts auf eine beamtenrechtliche Altersversorgung. Anderenfalls meldete der Krankenhausträger den Chefarzt regelmäßig bei der für das Krankenhaus zuständigen Zusatzversorgungskasse an. Nachdem auch die beiden großen Konfessionen kirchliche Zusatzversorgungskassen eingerichtet hatten, entsprach die Anmeldung des Chefarztes zur Zusatzversorgung dem allgemeinen Standard. Vereinzelt hatten Krankenhausträger ihren Chefärzten die Wahlmöglichkeit gelassen, die Aufwendungen des Krankenhausträgers für die Zusatzversorgung in eine Lebensversicherung einzuzahlen.

2. Ablehnende Haltung der DKG

Während alle DKG-Chefarztverträge bis einschließlich der 5. Auflage eine zusätzliche Alters- und Hinterbliebenenversorgung für den Chefarzt vorsahen, ist dies seit der 6. Auflage aus dem Jahr 2002 nicht mehr der Fall. Noch in der 5. Auflage ist in § 9 (Zusätzliche Alters- und Hinterbliebenenversorgung) folgende Aussage zu finden: *„Kann der Arzt in Ausnahmefällen nicht bei einer Zusatzversorgungseinrichtung versichert werden oder* *wird er auf seinen Antrag hin dort nicht versichert ...".* Um so befremdlicher ist es, dass die DKG es seit der 6. Auflage nicht mehr für erforderlich hält, dem Chefarzt eine betriebliche Altersversorgung zusätzlich zu ermöglichen, obwohl schon seit vielen Jahren jede Bundesregierung mit Nachdruck darauf hinweist, dass die betriebliche Alterversorgung für den Arbeitnehmer immer wichtiger werden wird. Auch die DKG-Leitlinien zum Chefarztvertragsrecht vom 11.03.2008 enthalten keine Aussage zu diesem Thema.

3. Lebensversicherung

Trotz der Haltung der DKG enthalten auch neuere Chefarztverträge Regelungen für eine zusätzliche Vorsorge für den Lebensabend des Chefarztes und seiner Familie. Dabei tauchen zunehmend auch Regelungen auf, in denen der Krankenhausträger dem Chefarzt die Wahl zwischen Zusatzversorgungskasse und Lebensversicherung überlässt. Die Entscheidung hierüber kann nur im Einzelfall getroffen werden. Am besten ist es in solchen Fällen, wenn der Chefarzt einen kompetenten Rentenberater konsultiert.

§ 13
Urlaub, Fortbildung, Vertretung

(1) Der Arzt erhält einen jährlichen Erholungsurlaub von 30 Arbeitstagen (bezogen auf die 5-Tage-Woche).

(2) Dem Dienstvorgesetzten ist die Urlaubsabwesenheit rechtzeitig mitzuteilen. Gleichzeitig ist mitzuteilen, wer die Vertretung des Arztes übernimmt.

(3) Zur Teilnahme an wissenschaftlichen Kongressen und ärztlichen Fortbildungsveranstaltungen erhält der Arzt Dienstbefreiung bis zur Dauer von 15 Arbeitstagen (5-Tage-Woche) jährlich, ohne Anrechnung auf den Jahresurlaub. Die Abwesenheit zur Fortbildung ist dem Dienstvorgesetzten rechtzeitig mitzuteilen.

(4) Bei Abwesenheit ist dem Dienstvorgesetzten mitzuteilen, wer die Vertretung des Arztes übernimmt. In der Regel wird der Arzt durch den Ersten Oberarzt der Abteilung vertreten. Steht der Abteilung kein zur Vertretung geeigneter Arzt zur Verfügung, so hat der Krankenhausträger für die Vertretung zu sorgen und diese im dienstlichen Aufgabenbereich zu vergüten. Für die Bestellung eines geeigneten Vertreters hat der Arzt das Vorschlagsrecht.

Erläuterungen zu § 13

1. Erholungsurlaub
2. Anzeige oder Genehmigung des Urlaubs?
3. Bedeutung der Fortbildung

1. Erholungsurlaub

Ein Erholungsurlaub von 30 Arbeitstagen für den Chefarzt ist seit Jahrzehnten allgemein üblich und steht nach den Feststellungen des Verfassers nicht zur Diskussion. Zur

Klarstellung muss im Vertrag allerdings festgehalten werden, dass die vereinbarten Urlaubstage sich auf die 5-Tage-Woche beziehen. Denn auch der Samstag ist arbeitsrechtlich ein Werktag.

2. Anzeige oder Genehmigung des Urlaubs?

In der Regel ist der Urlaub förmlich zu beantragen mit der Folge, dass ein Antrag unter Umständen auch abgelehnt werden kann, allerdings nur aus dringenden betrieblichen Erfordernissen. In der Regel ist es bei Chefärzten üblich, dass sie – auch bei einem anders lautenden Vertrag – ihren Urlaub dem Dienstvorgesetzten lediglich mitteilen. Manche Chefarztbewerber legen Wert darauf, dass dieses Recht zur Mitteilung auch im Vertrag festgehalten wird. Wenn der Krankenhausträger dies jedoch ablehnt, sollte daraus kein Grundsatzstreit gemacht werden.

3. Bedeutung der Fortbildung

Neben dem Erholungsurlaub erhält der Chefarzt regelmäßig einen sog. Fortbildungsurlaub. Bisher war es üblich, den Fortbildungsurlaub im Umfang von zwei Wochen zu gewähren. Da jedoch die Fortbildung des Chefarztes immer größere Bedeutung erlangt, wird zunehmend ein Fortbildungsurlaub von drei Wochen vereinbart, insbesondere wenn der Chefarzt wissenschaftlich engagiert ist. Im Übrigen wird empfohlen, auch den Umfang des Fortbildungsurlaubs nach Arbeitstagen, bezogen auf die 5-Tage-Woche, zu definieren, um Missverständnisse auszuschließen.

§ 14

Leistungen im Krankheitsfall, Lohnfortzahlung

(1) Bei Dienstverhinderung durch Krankheit oder Unfall wird das Gehalt gem. § 8 Abs. 1 bis zur Dauer von 26 Wochen gezahlt, jedoch nicht über die Beendigung des Dienstverhältnisses hinaus. Soweit Krankengeld aus einer Versicherung geleistet wird, zu der der Krankenhausträger Beiträge aufgebracht hat, wird dies auf die Gehaltszahlung angerechnet. Hat der Arzt wegen der Dienstverhinderung Schadensersatzansprüche gegen Dritte, so ist er verpflichtet, diese an den Krankenhausträger abzutreten.

(2) Das Liquidationsrecht bzw. die Beteiligungsvergütung gem. § 8 Abs. 2 und Abs. 3 bleiben unberührt.

(3) Im Krankheits-, Geburts- oder Todesfall erhält der Arzt Beihilfen wie die sonstigen Angestellten des Krankenhausträgers.

(4) Der Arzt erhält bei stationärer Behandlungsbedürftigkeit freie Pflege, Unterkunft und Verpflegung in einem 1-Bett-Zimmer des Krankenhauses sowie die notwendigen sachlichen Nebenleistungen, soweit ihm nicht ein Erstattungsanspruch gegen Dritte zusteht.

Erläuterungen zu § 14

1. Lohnfortzahlung im Krankheitsfall
2. Eingeschränkte Lohnfortzahlung

1. Lohnfortzahlung im Krankheitsfall

Seit alters her gehörte es zu den hergebrachten Grundsätzen des Chefarztvertrags, dass auf jeden Fall das Festgehalt im Krankheitsfall bis zur Dauer von 26 Wochen fortgezahlt wurde. Das Liquidationsrecht wurde in der Regel ebenfalls für die Dauer von 26 Wochen gewährt, sofern es überhaupt im Krankheitsfall limitiert wurde. Von dieser Konzeption geht auch der vorliegende Vorschlag aus.

Früher war es sogar vielfach üblich, dem Chefarzt im Krankheitsfall freie Unterkunft, Pflege und Verpflegung in einem Einbettzimmer des Krankenhauses bei einer stationären Behandlungsbedürftigkeit zuzusichern. Solche Zusagen sind heute jedoch kaum noch anzutreffen.

2. Eingeschränkte Lohnfortzahlung

Seit der Diskussion um die Lohnfortzahlung als Folge des Entgeltfortzahlungsgesetzes von 1994 wird von den vorstehend dargestellten hergebrachten Grundsätzen in neueren Chefarztverträgen oftmals abgewichen. Dies ist umso erstaunlicher, als z.B. die Dauer der Lohnfortzahlung in Geschäftsführer-Verträgen im Durchschnitt ebenfalls sechs Monate beträgt[82].

Auch die 6. Auflage des DKG-Mustervertrags will die Lohnfortzahlung im Krankheitsfall auf sechs Wochen, also auf das gesetzliche Mindestmaß beschränken, also auf einen Umfang, der dem Chefarzt auch ohne vertragliche Regelung bereits kraft Gesetzes zusteht. Damit würde der Chefarzt schlechter als alle übrigen Bediensteten des Krankenhauses gestellt werden. Diese Empfehlung der DKG wurde allgemein zu Recht als ein Skandal bezeichnet. Der Verfasser hat dies in der Vorauflage auch entsprechend kritisiert. Auch noch in der 7. Auflage des DKG-Vertragsmusters war diese Empfehlung enthalten. Demgegenüber ist Erfreuliches über die nunmehr vorgelegte 8. Auflage zu berichten. Hier überlässt es der Formulierungsvorschlag ausdrücklich dem Krankenhausträger, die Dauer der Lohnfortzahlung selbst zu bestimmen, wobei in einer Anmerkung hierzu auch noch darauf hingewiesen wird, dass „in der Gestaltungspraxis auch längere Zeiträume nicht unüblich" (sind).

§ 15
Versicherungsschutz

(1) Der Krankenhausträger stellt den Arzt frei von Haftpflichtansprüchen und schließt hierzu für alle ärztlichen Tätigkeiten im Krankenhaus, für die Gutachter- und Konsiliartätigkeit, für Nebentätigkeiten sowie für Hilfeleistungen in Notfällen eine Haftpflichtversicherung gegen Schadensersatzansprüche Dritter ab.

(2) Der Arzt ist jederzeit berechtigt, in den Versicherungsschein und die Versicherungsbedingungen Einblick zu nehmen.

(3) Der Arzt erstattet dem Krankenhausträger den auf die Absicherung der Nebentätigkeit entfallenden Prämienanteil.

Erläuterungen zu § 15

1. Berufshaftpflichtversicherung
2. Höhe der Versicherung

1. Berufshaftpflichtversicherung

Da die Haftpflichtversicherung des Krankenhausträgers regelmäßig auch die Haftpflicht der Krankenhausärzte abdeckt, muss der angestellte Chefarzt keine eigene Haftpflichtversicherung abschließen. Dies gilt in jedem Fall für den stationären Bereich, und zwar auch hinsichtlich der Behandlung stationärer Wahlleistungspatienten, da diese Behandlung regelmäßig zu den Dienstaufgaben des Chefarztes gehört (vgl. § 4 Abs. 1 Nr. 1).

Gehört die Ausübung der ambulanten Tätigkeiten aufgrund der Empfehlung der DKG zu den Dienstaufgaben und nicht mehr zu den genehmigten Nebentätigkeiten, dann muss in jedem Fall auch der ambulante Tätigkeitsbereich von der Haftpflichtversicherung des Krankenhauses umfasst werden.

Wird dem Chefarzt eine Nebentätigkeitsgenehmigung zur Ausübung ambulanter Tätigkeiten eingeräumt, ist die versicherungsrechtliche Situation unterschiedlich. Oftmals wird von der Haftpflichtversicherung des Krankenhauses auch der Nebentätigkeitsbereich der Chefärzte abgedeckt, vielfach sogar ohne einen zusätzlichen Prämienaufschlag. In diesem Fall muss der Chefarzt keine eigene Haftpflichtversicherung für den Nebentätigkeitsbereich abschließen. Deckt die Haftpflichtversicherung des Hauses den Nebentätigkeitsbereich jedoch nicht ab und lässt sich eine Versicherung der Nebentätigkeit auch nicht durch einen Prämienzuschlag in der Haftpflichtversicherung des Krankenhauses erreichen, muss der Chefarzt selbst eine Haftpflichtversicherung abschließen.

2. Höhe der Versicherung

Da die Rechtsprechung den geschädigten Patienten zunehmend höhere Schadenersatzansprüche zugesteht, sind in den letzten Jahren die im Arzthaftpflichtbereich üblichen Deckungssummen erheblich gestiegen. Von der 7. DKG-Auflage zur 8. Auflage hat sich die Empfehlung zur Höhe der Deckungssummen bei Personenschäden verdoppelt.

Aktuell wird allgemein eine Deckungssumme bei Personenschäden von fünf Millionen Euro, bei Sachschäden von einer Million Euro und bei Vermögensschäden von 100.000 Euro empfohlen. Verschiedene Versicherungsgesellschaften bieten auch Verträge mit Deckungssummen in unbegrenzter Höhe an. Auf jeden Fall sollte man sich bei Abschluss einer Haftpflichtversicherung von einem Versicherungsagenten beraten lassen. Wichtig ist auch, dass die einmal abgeschlossene Deckungssumme regelmäßig den Erfordernissen der Rechtsprechung angepasst wird.

§ 16
Entwicklungsklausel

(1) Der Krankenhausträger kann im Benehmen mit dem Arzt folgende sachlich gebotene strukturelle und organisatorische Änderungen vornehmen:
1. den Umfang der .....-Abteilung sowie die Zahl und Aufteilung der Betten in dieser Abteilung ändern;
2. die Ausführungen einzelner Leistungen von der ....-Abteilung ganz oder teilweise abtrennen und anderen Fachabteilungen, Funktionsbereichen, Instituten, Untersuchungs- oder Behandlungseinrichtungen zuweisen;
3. weitere selbstständige Fachabteilungen, Funktionsbereiche oder Institute anderer Fachgebiete, Schwerpunkte oder Kompetenzen im Krankenhaus neu einrichten, unterteilen, abtrennen oder schließen;
4. weitere Ärzte in anderen Abteilungen als Leitende Abteilungsärzte einstellen oder als Belegärzte zulassen.

(2) Die Durchführung der in Abs. 1 aufgeführten Änderungsmaßnahmen setzt voraus, dass damit Auflagen aus der Krankenhausplanung oder aus den Versorgungsverträgen erfüllt werden oder dass die Maßnahmen erforderlich sind, um das medizinische Angebot des Krankenhauses an den allgemeinen medizinischen Fortschritt im Bereich der stationären Versorgung unter Berücksichtigung des Versorgungsauftrags des Krankenhauses anzupassen.

(3) Dem Arzt stehen bei Maßnahmen nach Abs. 1 keine Entschädigungsansprüche zu, wenn seine Einnahmen gem. § 8 Abs. 2 nach Abzug der Abgabe gem. § 9 wenigstens 75 v.H. der durchschnittlichen Einnahmen in den letzten 60 Monaten erreichen.

Erläuterungen zu § 16

1. Entwicklungsklausel und AGB-Recht

Die Novellierung des Rechts der Allgemeinen Geschäftsbedingungen (AGB) mit Wirkung ab 01.01.2002 hat dem Thema Entwicklungsklausel eine völlig neue Dimension gegeben. So war die Deutsche Krankenhausgesellschaft gezwungen, in der 7. Auflage ihres Mustervertrags vom Februar 2006 eine vollständig überarbeitete Neufassung der Entwicklungsklausel zur Anwendung zu empfehlen.

Seit Jahrzehnten hatte die DKG in ihren Musterverträgen eine Entwicklungsklausel vorgelegt, in der sich der Krankenhausträger eine umfassende strukturelle und organisatorische Veränderung im Krankenhaus, insbesondere in Bezug auf die dem Chefarzt übertragene Abteilung vorbehielt. Nicht nur der Umfang der Abteilung und die Zahl und die Aufteilung der Betten der Abteilung sollte verändert werden können, auch die Ausführung bestimmter Leistungen sollte der Abteilung entzogen und auf andere Abteilungen etc. übertragen werden können. Es war sogar die Möglichkeit vorgesehen, Fachabteilungen gleicher Fachrichtung neu einzurichten. Dies alles sollte weitgehend entschädigungslos vollzogen werden können.

Das Bundesarbeitsgericht hatte sich seit den 70er Jahren wiederholt mit Art und Inhalt solcher Entwicklungsklauseln befasst und sie für grundsätzlich wirksam erklärt. Der Vorbehalt eines solchen Leistungsbestimmungsrechts sei nur dann nichtig, wenn es zu einer Umgehung des zwingenden Kündigungsschutzes führen würde. Dies sei aber nur dann der Fall, wenn wesentliche Elemente des Arbeitsvertrags einer einseitigen Änderung unterliegen würden oder aber wenn durch solche Organisationsvorbehalte in vertraglich fest vereinbarte Rechte und Pflichten eingegriffen werde[83].

In den Vertragsverhandlungen der Chefärzte mit den Krankenhausträgern hatte sich seit zirka 20 Jahren die Entwicklungsklausel als eine „Heilige Kuh" erwiesen, über deren Inhalt zu verhandeln ein Krankenhausträger nur in den seltensten Fällen bereit war. Umso schwieriger war es für den Verfasser, im Rahmen seines vorliegenden Mustervertrags eine Entwicklungsklausel zu präsentieren, die einerseits den Empfindlichkeiten der Krankenhausträger entgegen kommt, andererseits aber auch die berechtigten Interessen des Chefarztes berücksichtigt. Ob dieser Gratwanderung der vom Verfasser in der 1. Auflage gemachte Vorschlag gerecht wird, daran hat der Verfasser selbst oftmals gezweifelt. Er hofft jedoch, dass er mit der jetzt vorgelegten Fassung diesem Anliegen besser gerecht wird.

2. Auswirkungen des neuen AGB-Rechts

Nach Inkrafttreten des neuen AGB-Rechts mit Wirkung ab 01.01.2002 war von maßgeblicher Seite der Standpunkt vertreten worden, dass das AGB-Recht auf Arbeitsverträge keine Anwendung finde, da der Arbeitsvertrag kein Verbrauchervertrag im Sinn von § 310 Abs. 3 BGB sei. Diese Rechtsauffassung wurde jedoch mit Urteil des BAG vom 25.05.2005 verworfen[84]. Seither befassen sich Arbeitsgerichte immer wieder mit der Frage, ob eine in einem Chefarztvertrag enthaltene Entwicklungsklausel mit dem Recht der Allgemeinen Geschäftsbedingungen in Einklang steht oder aber ob sie z.B. gegen das Transparenzgebot gemäß § 307 Abs. 1 Satz 2 BGB verstößt oder aus anderen Gründen den Chefarzt unangemessen benachteilige (§ 308 Nr. 4 BGB). Auch in der Literatur wurde wiederholt darauf hingewiesen, dass der außerordentlich weitgehende Änderungsvorbehalt in den bisherigen Entwicklungsklauseln mit dem neuen AGB-Recht nicht mehr vereinbar sein dürfte, insbesondere weil die Voraussetzungen für die Veränderungen im Vertrag nicht genannt würden[85].

3. Neue Empfehlung der DKG

Seit der 7. Auflage ihres Mustervertrags empfiehlt die DKG eine Entwicklungsklausel, die zunächst dieselben strukturellen und organisatorischen Veränderungen im Krankenhaus aufzählt, wie dies bereits in der alten Entwicklungsklausel der Fall war. Um nun den neuen gesetzlichen Vorgaben zu entsprechen, wird in einem neuen Absatz 2 im Einzelnen aufgeführt, unter welchen Voraussetzungen die zuvor genannten strukturellen und organisatorischen Veränderungen sachgerecht und zulässig sein sollen. Neben der Aufrechterhaltung und Verbesserung der Leistungsfähigkeit bzw. Wirtschaftlichkeit des Krankenhauses, einer strategischen Neuausrichtung der Abteilung bzw. des Krankenhauses, auch krankenhausübergreifend, ist so ziemlich alles aufgeführt, was denktheoretisch als Grund für Veränderungen im Krankenhausbereich in Frage kommen kann. Ob eine solche Klausel der rechtlichen Überprüfung standhalten wird, bleibt abzuwarten. Immerhin räumt die DKG ein, dass eine entschädigungslose Änderung nur dann zulässig ist, wenn dem Chefarzt „maximal 25 bis 30%“ der Vergütung verbleibt.

4. Eigener Vorschlag

Der vom Verfasser vorgelegte Vorschlag für eine Entwicklungsklausel weicht in wesentlichen Punkten vom neuen Vorschlag der DKG ab. So beschränkt sich z.B. der Organisationsvorbehalt in Abs. 1 Nr. 2 auf die Ausgliederung „einzelner“ Leistungen aus der Abteilung. Und gem. Abs. 1 Nr. 3 können nur weitere Abteilungen, Funktionsbereiche etc., andere Fachgebiete, andere Schwerpunkte oder Kompetenzen im Krankenhaus neu eingerichtet werden. Vor allem aber beschränkt der vorliegende Vorschlag die Voraussetzungen für die Durchführung der genannten Änderungen auf die Erfüllung von Auflagen aus der Krankenhausplanung oder aus Versorgungsverträgen sowie auf Maßnahmen, die erforderlich sind, um das medizinische Angebot des Krankenhauses an den allgemeinen medizinischen Fortschritt anzupassen. In diesen Fällen ist es sinnvoll und gerechtfertigt, dass der Krankenhausträger die Struktur seines Krankenhauses oder einer einzelnen Abteilung verändert, ggf. auch zu Lasten der Zuständigkeit eines Chefarztes. In jedem Fall muss sich der Krankenhausträger auf solche Maßnahmen beschränken, die mit einem möglichst geringen Eingriff in bestehende Rechte verbunden sind. So wäre es in jedem Fall sachwidrig, wenn ein Krankenhausträger die Abteilung eines Chefarztes aufteilt, obwohl der Chefarzt in wenigen Jahren ohnehin aus Altersgründen in den Ruhestand tritt und es sich dann geradezu anbietet, mit der Aufteilung bis dahin abzuwarten.

5. Garantie der fachlichen Schwerpunkte

Vertritt der Chefarzt ein Fachgebiet, das typischerweise als teilungsgefährdet anzusehen ist, also insbesondere die Chirurgie und die Innere Medizin, so sollte der Bewerber um eine Zusicherung nachsuchen, dass ihm bestimmte Schwerpunkte im Fall einer Teilung des Fachgebiets unter allen Umständen verbleiben werden. In der Regel werden solche Wünsche eines Bewerbers berücksichtigt, zumal es wenig sinnvoll ist, einem Internisten mit dem fachlichen Schwerpunkt Kardiologie im Fall einer Teilung den Schwerpunkt Gastroenterologie zuzuweisen.

6. Altverträge

Spannend ist die Frage, wie sich die neue Rechtslage auf Entwicklungsklauseln in Altverträgen, also in Chefarztverträgen aus der Zeit vor dem 01.01.2002 auswirkt. Nach den Grundsätzen des Vertrauensschutzes kann zunächst einmal das neue AGB-Recht auf Arbeitsverträge nur dann unmittelbar Anwendung finden, wenn der Chefarztvertrag in der Zeit ab dem 01.01.2002 abgeschlossen wurde. Allerdings geht die bisher vorliegende Rechtsprechung davon aus, dass das neue Recht spätestens ab dem 01.01.2003 uneingeschränkt Anwendung auch auf Altarbeitsverträge findet. Der Gesetzgeber habe nämlich den Partnern von Altverträgen eine einjährige Übergangsfrist zur Anpassung bestehender Verträge an die neue Rechtslage eingeräumt. Wurde von dieser Übergangsfrist kein Gebrauch gemacht, so könne sich der Arbeitgeber nicht mehr auf einen Vertrauensschutz für Altverträge berufen[86]. Soweit also eine Entwicklungsklausel aus einem Altvertrag nicht bis zum 01.01.2003 geändert wurde, unterliegt sie in vollem Umfang der Inhaltskontrolle gem. §§ 307ff. BGB, ist somit i.d.R. unwirksam.

§ 17
Nebentätigkeiten

(1) Die Versorgung der stationären Patienten muss stets Schwerpunkt der Tätigkeiten des Arztes sein und darf durch die Ausübung von Nebentätigkeiten nicht beeinträchtigt werden.

(2) Zur Ausübung ambulanter ärztlicher Tätigkeiten erteilt der Krankenhausträger dem Arzt eine schriftliche Nebentätigkeitsgenehmigung, die als Anlage 1 diesem Vertrag beigefügt ist. Wissenschaftliche Betätigungen, insbesondere Vorlesungstätigkeit, publizistische Tätigkeit, Vortragstätigkeit im Rahmen ärztlicher Fortbildungsveranstaltungen sowie ..... sind generell genehmigt.

(3) Soweit der Arzt für die Ausübung ambulanter Tätigkeiten Personal, Räume, Einrichtungen und Material des Krankenhauses in Anspruch nimmt, werden die näheren Einzelheiten, insbesondere die Höhe des Nutzungsentgelts, in einem Nutzungsvertrag geregelt, der als Anlage 2 diesem Vertrag beigefügt ist.

Erläuterungen zu § 17

1. Keine Dienstaufgaben
2. Empfehlung der DKG
3. Recht auf Nebentätigkeitsgenehmigung

1. Keine Dienstaufgaben

Nach althergebrachten Grundsätzen ist es allgemein üblich, dem Chefarzt eine Nebentätigkeitsgenehmigung zur Ausübung ambulanter Tätigkeiten zu erteilen, und zwar zur Ausübung einer Privatambulanz, einer Ermächtigungsambulanz für die Behandlung von Kassenpatienten, einer ambulanten Gutachtertätigkeit sowie zur konsiliarischen Beratung anderer Ärzte. Für den Unfallchirurgen kommt außerdem noch die Zulassung zum D-Arzt-Verfahren durch die Berufsgenossenschaft hinzu.

Früher war es allgemein üblich, die Nebentätigkeitsgenehmigung im Dienstvertrag selbst zu erteilen, jedoch empfehlen die Krankenhausträgerverbände seit längerer Zeit eine Genehmigung außerhalb des eigentlichen Dienstvertrags. Begründet wird dies damit, dass die Nebentätigkeit kein typischer wesentlicher Bestandteil des Dienstverhältnisses zwischen Krankenhaus und Arzt sei, vielmehr Rechte und Pflichten betreffe, die über das Dienstverhältnis hinausgingen. Die Einbeziehung der Nebentätigkeiten in den Dienstvertrag werde dem täglichen Arbeitsanfall eines Arztes im Krankenhaus nicht gerecht. Überzeugend ist diese Begründung allerdings nicht.

2. Empfehlung der DKG

Umso überraschender ist es, dass seit der 6. Auflage des DKG-Chefarztvertrags vom Februar 2002 die ambulanten Tätigkeiten plötzlich wieder in den Dienstvertrag aufgenommen werden, allerdings nicht als Nebentätigkeit des Chefarztes, sondern als dessen Dienstaufgabe. Davon muss aus folgenden Gründen abgeraten werden:

Nach wie vor ist das Haupt- und Wesensmerkmal eines Krankenhauses die Durchführung der stationären Behandlung von Patienten. Soweit das Krankenhaus als Institut zur Erbringung ambulanter Leistungen berechtigt ist, handelt es sich um gesetzlich speziell geregelte Leistungsbereiche gem. §§ 115a und b, 116a und b, um die ambulante Notfallbehandlung sowie um die psychiatrische Institutsambulanz. Auf die rechtlichen Bedenken gegen diese Konstruktion wurde bereits mehrfach hingewiesen, vgl. z.B. Erläuterung Nr. 2 zu § 8 und Erläuterung Nr. 5 zu § 4.

3. Recht auf Nebentätigkeitsgenehmigung

Vor allem hat der Arbeitnehmer nach der gefestigten Rechtsprechung des Bundesarbeitsgerichts grundsätzlich einen Anspruch auf Erteilung einer Nebentätigkeitsgenehmigung, wenn eine Beeinträchtigung der berechtigten Interessen des Arbeitgebers nicht droht[87].

Schließlich sei auch an dieser Stelle noch einmal darauf hingewiesen, dass nach geltendem Vertragsarztrecht die Voraussetzungen für die Erteilung einer Ermächtigung durch die Zulassungsinstanzen fehlen, wenn der Chefarzt die beantragte Ermächtigungstätigkeit nicht im Rahmen einer freiberuflichen Tätigkeit ausüben kann, sondern diese als Dienstaufgabe für den Krankenhausträger erbringen muss. Ebenso fehlen die Voraussetzungen für eine Zulassung als D-Arzt, wenn diese Tätigkeit zu den Dienstaufgaben des Chefarztes gehören soll. Näheres hierzu unter § 4, Erläuterung Nr. 5.

Wenn das vorliegende Vertragsmuster die Nebentätigkeitsgenehmigung außerhalb und nicht innerhalb des eigentlichen Dienstvertrags regelt, dann weicht dies zwar von Vorschlägen aus dem ärztlichen Bereich ab, berücksichtigt jedoch die allseitige Vertragspraxis.

§ 18

Vertragsdauer und Kündigung

(1) Der Vertrag tritt am ..... in Kraft; er wird auf unbestimmte Zeit geschlossen.

(2) Die ersten sechs Monate gelten als Probezeit, während der das Vertragsverhältnis beiderseits mit einer einmonatigen Frist zum Monatsende gekündigt werden kann.

(3) Nach Ablauf der Probezeit kann der Vertrag von beiden Seiten mit einer Frist von sechs Monaten zum Ende eines Kalendervierteljahres/Kalenderhalbjahres/Kalenderjahres gekündigt werden; von Seiten des Krankenhausträgers jedoch nur, wenn Gründe in der Person oder im Verhalten des Arztes vorliegen oder wenn dringende betriebliche Erfordernisse einer Weiterbeschäftigung des Arztes im Krankenhaus entgegenstehen (vgl. Kündigungsschutzgesetz).

(4) Das Recht zur fristlosen Kündigung des Vertrags aus wichtigem Grund gem. § 626 BGB bleibt unberührt; nach Ablauf von drei Jahren kann der Vertrag sei-

tens des Krankenhausträgers nur noch aus wichtigem Grund gekündigt werden.

(5) Der Vertrag endet ohne Kündigung mit Erreichen der im ...... Tarifvertrag/in den AVR in der jeweils gültigen Fassung festgelegten Altersgrenze oder mit Ablauf des Monats, in dem der Arzt den Bescheid über eine vom Rentenversicherungsträger oder von einer anderen Versorgungseinrichtung festgestellten Berufs- oder Erwerbsunfähigkeit erhält.

Erläuterungen zu § 18

1. Probezeit
2. Befristeter Chefarztvertrag
3. Ordentliche und außerordentliche Kündigung
4. Kündigungsschutzgesetz
5. Beschränkung auf Kündigung aus wichtigem Grund
6. Kündigung im konfessionellen Krankenhaus
7. Schlichtungsvereinbarung

1. Probezeit

Regelmäßig wird in Chefarztverträgen eine Probezeit von sechs Monaten vereinbart. Zum Teil wendet die Krankenhausträgerseite ein, diese Zeit reiche nicht aus, um die Eignung des Chefarztes zu testen. Diese Meinung wird durch die tägliche Erfahrung widerlegt. Sollte ein Krankenhausträger im Einzelfall tatsächlich einmal Zweifel an der Eignung des Chefarztes haben und – nicht zuletzt aus sozialer Rücksichtnahme – nicht sofort zum Mittel der Kündigung greifen wollen, so besteht die Möglichkeit, das zunächst auf unbefristete Zeit abgeschlossene Dienstverhältnis in ein befristetes zur weiteren Erprobung umzuwandeln[88].

Problematisch ist es dagegen, von vornherein eine Probezeit von mehr als sechs Monaten zu vereinbaren, da das Kündigungsschutzgesetz seine Schutzwirkungen unabdingbar entfaltet, wenn ein Arbeitsverhältnis mehr als sechs Monate bestanden hat (vgl. § 1 Abs. 1 KSchG). Aus diesem Grund ist es auch nicht möglich, mit einem Oberarzt, der hausintern die Nachfolge des Chefarztes antreten soll, zu Beginn des Chefarzt-Vertragsverhältnisses eine neue Probezeit zu vereinbaren.

2. Befristeter Chefarztvertrag

Grundsätzlich ist auch der Chefarztvertrag als unbefristeter Arbeitsvertrag abzuschließen. Soweit von Krankenhausträgern immer wieder die Befristung von Chefarztverträgen gefordert wird, fehlen hierzu im Rahmen des geltenden Arbeitsrechts die rechtlichen Voraussetzungen. Bereits nach Maßgabe der langjährigen, gefestigten Rechtsprechung des Bundesarbeitsgerichts erfordert die Befristung eines Arbeitsvertrags einen sachlichen Rechtfertigungsgrund, da andernfalls im Wege der Befristung das Kündigungsschutzgesetz unterlaufen würde[89].

An dieser Rechtslage hat sich auch nach Inkrafttreten des *„Gesetzes über Teilzeitarbeit und befristete Arbeitsverträge und zur Änderung und Aufhebung arbeitsrechtlicher Bestimmungen"* vom 21.12.2000 nichts geändert. Nach § 14 Abs. 1 dieses seit dem 01.01.2001 geltenden Gesetzes ist ein sachlicher Grund zur Rechtfertigung der Befristung erforderlich, wobei die beispielhafte Aufzählung sachlicher Gründe in dieser Rechtsnorm den von der Rechtsprechung entwickelten Grundsätzen zur Zulässigkeit der Befristung entspricht. Im Normalfall gilt also auch für den Chefarztvertrag, dass eine Befristung unzulässig ist mit der Folge, dass ein solcher Vertrag als unbefristeter Vertrag über das vereinbarte Ende hinaus weiter gilt.

Ist zwischen den Vertragsparteien die Wirksamkeit der Befristung strittig, muss der Chefarzt spätestens innerhalb von drei Wochen nach dem vereinbarten Ende die Unwirksamkeit der Befristung im Klagewege geltend machen. Zweckmäßigerweise sollte eine solche Klage jedoch mindestens ein halbes Jahr vor dem vereinbarten Ende erhoben werden, damit zumindest vor diesem Ende eine erstinstanzliche Entscheidung herbeigeführt werden kann.

3. Ordentliche und außerordentliche Kündigung

Ein Arbeitsverhältnis kann sowohl ordentlich, also unter Einhaltung der vertraglich vereinbarten Kündigungsfrist, als auch außerordentlich, d.h. aus wichtigem Grund und in der Regel fristlos gekündigt werden. Eine außerordentliche Kündigung setzt voraus, dass Gründe vorliegen, aufgrund derer dem Kündigenden unter Berücksichtigung aller Umstände des Einzelfalles und unter Abwägung der Interessen beider Vertragsteile die Fortsetzung des Dienstverhältnisses bis zum Ablauf der Kündigungsfrist oder bis zum vereinbarten Ende des Dienstverhältnisses nicht zugemutet werden kann. Die außerordentliche Kündigung muss gemäß § 626 Abs. 2 BGB innerhalb von zwei Wochen nach Bekanntwerden der Gründe erklärt werden.

4. Kündigungsschutzgesetz

Auch ohne ausdrückliche Erwähnung im Arbeitsvertrag kann der Krankenhausträger eine Kündigung nur dann aussprechen, wenn er Kündigungsgründe geltend macht, die nach den Maßstäben des Kündigungsschutzgesetzes (KSchG) eine Kündigung sozial gerechtfertigt erscheinen lassen. § 18 Abs. 3 regelt also nur die Frist, die bei einer ordentlichen Kündigung eingehalten werden muss. Ob eine Kündigung dagegen rechtlich zulässig ist, entscheidet sich nach Maßgabe des Kündigungsschutzgesetzes. Als Kündigungsgründe kommen in Betracht verhaltensbedingte Gründe, insbesondere Dienstpflichtverletzungen, Gründe in der Person des Arbeitnehmers, z.B. eine langwierige Erkrankung, sowie betriebsbedingte Gründe aus sog. dringenden betrieblichen Erfordernissen, z.B. eine beabsichtigte Betriebsstilllegung.

5. Beschränkung auf Kündigung aus wichtigem Grund

Auch wenn das Kündigungsschutzgesetz im Rahmen des Chefarztvertrags Anwendung findet, ist jedoch unverkennbar, dass die Schutzinteressen des Chefarztes nicht immer in ausreichendem Maße Berücksichtigung finden, zumal auch ein hoch qualifizierter Arzt in der Regel nur einmal in seinem Leben eine Chefarztstelle angeboten bekommt. Dies unterscheidet den Chefarzt vom „normalen" Arbeitnehmer. Es ist also ein legitimes Interesse des Chefarztes, die Möglichkeiten zur Kündigung seines Arbeitsverhältnisses einzuschränken. Früher war es vielfach üblich, dass Chefarztverträge nach einigen Dienstjahren, z.B. nach vier Dienstjahren, nur noch aus wichtigem Grund gemäß § 626 BGB kündbar waren. In gleicher Weise sieht z.B. § 35 Abs. 2 TV-Ärzte/VKA bzw. § 14 Abs. 5 AVR vor, dass nach einer Beschäftigungszeit von 15 Jahren, frühestens jedoch nach Vollendung des 40. Lebensjahres, eine ordentliche Kündigung des Arbeitnehmers ausgeschlossen ist, sodass der Arbeitgeber nur noch aus wichtigem Grund kündigen kann. Es ist daher berechtigt, auch bei einem Chefarzt die Kündigung nach einigen Dienstjahren auf die Kündigung aus wichtigem Grund zu beschränken.

6. Kündigung im konfessionellen Krankenhaus

Nach der inzwischen gefestigten Rechtsprechung des Bundesarbeitsgerichts sind die christlichen Kirchen berechtigt, von ihren Bediensteten die Beachtung der tragenden Grundsätze der kirchlichen Glaubens- und Sittenlehre zu verlangen. Dies folge aus der verfassungsrechtlichen Sonderstellung der Kirchen, die Artikel 137 Weimarer Reichsverfassung gewähre und die über Artikel 140 GG Bestandteil des Grundgesetzes geworden ist. Danach sind die christlichen Kirchen berechtigt, von ihren Arbeitnehmern die Beachtung der kirchlichen Grundpflichten zu verlangen, und zwar nicht nur im innerdienstlichen, sondern auch im außerdienstlichen Verhalten. So hat das Bundesarbeitsgericht z.B. die ordentliche Kündigung gegenüber einem in einer gynäkologischen Abteilung eines katholischen Krankenhauses beschäftigten Assistenzarzt wegen des Austritts aus der katholischen Kirche für wirksam erklärt[90]. Ebenso wurde die Wirksamkeit der Kündigung einer katholischen Lehrerin bestätigt, die einen geschiedenen Mann geheiratet hatte[91]. Dem Verfasser sind auch Fälle bekannt, in denen der Chefarzt eines katholischen Krankenhauses nach einer Scheidung – ohne Auflösung der Ehe nach kirchlichem Recht – unter Androhung einer Kündigung zum freiwilligen Verlassen des Krankenhauses veranlasst wurde, nachdem er eine neue Ehe – nach weltlichem Recht – eingegangen war. Allerdings muss nach einer neueren Entscheidung des Bundesarbeitsgerichts vor Ausspruch einer solchen Kündigung mit dem Mitarbeiter ein Beratungsgespräch bzw. ein „klärendes Gespräch" im Sinne von Artikel 5 Abs. 1 der Grundordnung der katholischen Kirche für den kirchlichen Dienst geführt werden[92].

7. Schlichtungsvereinbarung

Manche Chefarztverträge enthalten Klauseln zur Beilegung von Meinungsverschiedenheiten, und zwar nicht nur anlässlich einer drohenden oder bereits ausgesprochenen Kündigung. Solche Klauseln können sicherlich dem Betriebsfrieden dienen.

Besonderheiten gelten für Schlichtungsklauseln in Verträgen konfessioneller Krankenhäuser, die den Chefarzt verpflichten, bei Meinungsverschiedenheiten aus dem Vertrag vor Anrufung des Arbeitsgerichts zunächst die kirchliche Schlichtungsstelle anzurufen. Eine solche vertragliche Verpflichtung entbindet den Chefarzt im Fall einer Kündigung nicht von der Einhaltung der 3-Wochen-Frist gemäß § 4 KSchG, innerhalb der nach Zugang der Kündigung Klage beim Arbeitsgericht erhoben werden muss. Das BAG hat entschieden, dass mit einer solchen Verpflichtungsklausel in einem Arbeitsvertrag mit einem kirchlichen Arbeitgeber keine prozessual beachtliche Einwendung begründet wird, mit der die staatliche Gerichtsbarkeit ausgeschlossen ist.

Vielmehr bestehe sowohl gemäß § 44 AVR-Diakonie als auch gemäß § 22 AVR-Caritas ein Wahlrecht zwischen der kirchlichen Schlichtung und dem staatlichen Gericht[93].

§ 19

Direktionsrecht

Der Krankenhausträger kann im Rahmen seines Direktionsrechts Satzungen, Dienstanweisungen, Hausordnungen und dergl. erlassen. Durch solche Regelungen dürfen weder die vertraglichen Rechte des Arztes geschmälert noch seine vertraglichen Verpflichtungen erweitert werden.

§ 20

Schlussbestimmungen

(1) Änderungen und Ergänzungen des Vertrags sind nur wirksam, wenn sie schriftlich festgelegt und von beiden Parteien unterzeichnet worden sind. Dies gilt auch für den Verzicht auf das Schriftformerfordernis.

(2) Die Nichtigkeit einzelner Vertragsbestimmungen hat die Nichtigkeit des gesamten Vertrags nur dann zur Folge, wenn die Fortsetzung des Vertragsverhältnisses für einen Vertragspartner unzumutbar wird. Nichtige Vertragsbestimmungen sind unter Wahrung des Grundsatzes der Vertragstreue neu zu vereinbaren.

Erläuterung zu §§ 19 und 20

Die §§ 19 und 20 enthalten aus sich heraus verständliche Regelungen, die allgemein üblich und nicht zu beanstanden sind, somit keiner besonderen Kommentierung bedürfen.

4.2 Erläuterungen zur Nebentätigkeitsgenehmigung

Anlage 1 zum Chefarztvertrag

Herrn/Frau Dr. med. .....
Chefarzt/Chefärztin der Abteilung für .....
wird gem. § 17 des Dienstvertrags vom ..... folgende

Nebentätigkeitsgenehmigung

erteilt. Die Genehmigung berechtigt zur Ausübung folgender Nebentätigkeiten im Krankenhaus mit dessen personellen und sachlichen Mitteln.

(1) Genehmigte Nebentätigkeiten:
1. ambulante Beratung und Behandlung von Privatpatienten/Selbstzahlerpatienten;
2. ambulante Beratung und Behandlung sozialversicherter Patienten im Rahmen einer Ermächtigung zur vertragsärztlichen Versorgung;
3. ambulante D-Arzt-Tätigkeit für gesetzliche Unfallversicherungsträger;
4. ambulante Gutachtertätigkeit;
5. konsiliarische Beratung anderer Ärzte.

Die Tätigkeiten nach Nr. 1 bis 5 sind – soweit möglich – im Krankenhaus und mit dessen Personal, Geräten und Einrichtungen auszuüben.

(2) Die Erlaubnis nach Ziff. 1 erstreckt sich nicht auf physikalisch-medizinische Leistungen nach Abschnitt E der GOÄ und auf Krankenhaussachleistungen im Sinne des DKG-NT.

(3) Durch die Ausübung der Nebentätigkeiten dürfen die Dienstaufgaben des Arztes und der allgemeine Dienstbetrieb im Krankenhaus nicht beeinträchtigt werden.

(4) Der Arzt ist verpflichtet, dem Krankenhausträger Art und Umfang der von ihm ausgeübten Nebentätigkeiten schriftlich anzuzeigen und Abschriften von Zulassungs- und Beteiligungsbescheiden der Sozialleistungsträger vorzulegen; das Gleiche gilt bei späterer Veränderung.

(5) Durch die Erteilung der Genehmigung übernimmt der Krankenhausträger keine Gewähr, ob und in welchem Umfang der Arzt von Patienten in Anspruch genommen, zur vertragsärztlichen Versorgung ermächtigt oder als Durchgangsarzt zugelassen wird.

(6) Die Einzelheiten über Art und Umfang der Inanspruchnahme von Personal, Räumen, Geräten, Einrichtungen und Material des Krankenhauses sowie über die Entrichtung eines Nutzungsentgelts hierfür werden in einem Nutzungsvertrag (vgl. Anlage 2) vereinbart.

(7) Die Nebentätigkeitsgenehmigung kann aus wichtigem Grund widerrufen oder beschränkt werden, insbesondere wenn
- durch die Ausübung der Nebentätigkeiten die Dienstaufgaben des Arztes oder der allgemeine Dienstbetrieb des Krankenhauses beeinträchtigt werden;
- eine Änderung der Rechtslage dies erfordert.

(8) Bei einem Widerruf der Erlaubnis oder deren Einschränkung steht dem Arzt kein Ausgleichsanspruch gegen den Krankenhausträger zu.

(9) Mit Beendigung des Dienstvertrags erlischt die Nebentätigkeitsgenehmigung.

Erläuterungen zur Nebentätigkeitsgenehmigung

1. Neue Position der DKG
2. Nebentätigkeiten
3. Zusammenarbeit mit der Industrie
4. Widerruf der Nebentätigkeitsgenehmigung

1. Neue Position der DKG

Die DKG verlässt mit der 6. Auflage ihrer Beratungs- und Formulierungshilfe Chefarzt-Vertrag, verabschiedet am 05.02.2002, eine jahrzehntelang vertretene Position. Erstmals empfiehlt sie vorrangig die Versagung einer Nebentätigkeitsgenehmigung und die Überführung der klassischen Nebentätigkeitsbereiche des Chefarztes in dessen Dienstaufgabenkatalog. Zwar lässt die DKG in ihrem Vertragsmuster auch weiterhin die Möglichkeit einer Nebentätigkeitsgenehmigung als Alternative zu, sie spricht sich jedoch deutlich dafür aus, der neuen Grundkonzeption des Vertragsmusters zu folgen und die ambulanten Tätigkeiten in die Dienstaufgaben des Chefarztes zu integrieren.

Die ambulante Tätigkeit, die im Vorwort zur 6. Auflage zutreffend als „klassischer Nebentätigkeitsbereich" bezeichnet wird, war bisher sicherlich aus guten Gründen eine freiberufliche Tätigkeit des Chefarztes. In bestehenden Chefarztverträgen wird der Chefarzt vielfach sogar dazu verpflichtet, im Rahmen der gesetzlichen Möglichkeiten seine Ermächtigung zur vertragsärztlichen/kassenärztlichen Versorgung zu beantragen und eine entsprechende Tätigkeit auszuüben. Zwar galt stets der Grundsatz, dass ambulante Tätigkeiten in der Regel im Krankenhaus ausgeübt werden sollen, doch kam es im Einzelfall sogar vor, dass aufgrund besonderer Umstände auch der Krankenhausträger an einer Ausübung dieser Tätigkeiten außerhalb des Krankenhauses interessiert war. Alles dies war bereits in den Chefarztvertragsgrundsätzen von 1957[94] niedergelegt, und hiervon wichen auch alle DKG-Chefarztverträge von der 1. Auflage bis einschließlich 5. Auflage niemals ab.

Die DKG verkennt, dass das geltende Vertragsarztrecht die Ermächtigung eines Krankenhausarztes zur Teilnahme an der vertragsärztlichen Versorgung gemäß § 116

SGB V nur dann zulässt, wenn der Arzt selbstständig und freiberuflich tätig werden kann. Die Zulassungsinstanzen müssen den Antrag auf Ermächtigung also ablehnen, wenn der Arzt die vertragsärztliche Tätigkeit als Dienstaufgabe im Rahmen seines Arbeitsvertrags mit dem Krankenhaus erbringen soll. Das System der vertragsärztlichen Versorgung würde unterlaufen werden, wenn das Krankenhaus rechtlich der Leistungserbringer ist, weil der Arzt die ärztlichen Leistungen im Rahmen seiner Dienstaufgaben erbringt und nicht als freiberuflich tätiger Arzt.

Ebenso kann das Krankenhaus auch nicht selbst, d.h. als Institut, zur Teilnahme an der vertragsärztlichen Versorgung gemäß § 96 SGB V ermächtigt werden, wie offensichtlich die DKG meint. Denn nach der gefestigten Rechtsprechung des Bundessozialgerichts ist die vertragsärztliche Versorgung der Versicherten vorrangig durch zugelassene und ermächtige Vertragsärzte sicherzustellen, während die Ermächtigung einer ärztlich geleiteten Einrichtung nachrangig ist gegenüber der persönlichen Ermächtigung von Ärzten[95]. Ein Krankenhausträger kann die Voraussetzungen zur Institutsermächtigung auch nicht dadurch schaffen, dass er seinen Ärzten eine Genehmigung zur Ausübung einer Ermächtigungsambulanz verweigert, weil ansonsten auf diese Weise der Vorrang der persönlichen Ermächtigung umgangen werden könnte[96].

2. Nebentätigkeiten

Typischerweise werden dem Chefarzt als Nebentätigkeiten genehmigt die ambulante Behandlung von Privatpatienten/Selbstzahlerpatienten, die ambulante Behandlung sozialversicherter Patienten, soweit ihm hierzu eine entsprechende Ermächtigung erteilt wurde, die ambulante Gutachtertätigkeit sowie die konsiliarische Beratung anderer Ärzte. Unfallchirurgisch tätige Chefärzte werden zusätzlich durch die Berufsgenossenschaften, die Träger der Gesetzlichen Unfallversicherung sind, zum sog. D-Arzt-Verfahren zugelassen. Diese klassischen Nebentätigkeiten des Chefarztes werden in Ziffer 1 der Nebentätigkeitsgenehmigung angesprochen.

3. Zusammenarbeit mit der Industrie

Soweit ein Arzt an Arzneimittelstudien teilnehmen oder mit Medizinprodukteherstellern zusammenarbeiten möchte, sollte die erforderliche Einwilligung des Krankenhausträgers in einzelfallbezogenen Genehmigungserklärungen erteilt werden; eine allgemeine Gestattung im Rahmen der vorliegenden Nebentätigkeitsgenehmigung ist im Zweifel nicht ausreichend.

Zum aktuellen Stand der Zulässigkeitsvoraussetzungen für die Durchführung von Arzneimittelstudien und Anwendungsbeobachtungen für Medizinproduktehersteller wird auf **Anhang 7.2** verwiesen. Vgl. zum Thema auch: Gemeinsamer Standpunkt zur strafrechtlichen Bewertung der Zusammenarbeit zwischen Industrie, medizinischen Einrichtungen und deren Mitarbeitern vom 04.10.2000, verabschiedet von führenden Verbänden der Ärzte, der Pharmazeutischen und der Medizintechnologischen Industrie sowie der Deutschen Krankenhausgesellschaft und dem Deutschen Hochschulverband[97].

4. Widerruf der Nebentätigkeitsgenehmigung

Ein freier Widerruf aus jedem beliebigen Grund ist unzumutbar, da der Chefarzt die Möglichkeit haben muss, sich auf diese Tätigkeit und die daraus erzielten Einkünfte einzustellen. Auch der von der DKG empfohlene „triftige" Widerrufsgrund ist abzulehnen, da es sich hierbei nicht um einen Terminus technicus handelt, dem eine gesicherte Interpretation durch die Rechtsprechung zugrunde liegt. Es kommt hinzu, dass der Arbeitnehmer nach der gefestigten Rechtsprechung des Bundesarbeitsgerichts grundsätzlich einen Anspruch auf Erteilung einer Nebentätigkeitsgenehmigung hat, wenn eine Beeinträchtigung der berechtigten Interessen des Arbeitgebers nicht droht[98].

Andererseits kann der Chefarzt nicht erwarten, eine unwiderrufliche Nebentätigkeitsgenehmigung zu erhalten. So muss der Widerruf insbesondere dann möglich sein, wenn durch die Nebentätigkeiten die Dienstaufgaben des Chefarztes vernachlässigt oder der allgemeine Dienstbetrieb des Krankenhauses beeinträchtigt wird. Eine Widerrufsmöglichkeit in solchen Fällen wird durch die Formulierung unter Ziffer 7 sichergestellt. Verschiedentlich behält sich der Krankenhausträger ein Widerrufsrecht auch für den Fall vor, dass die durch die Ausübung der Ambulanz dem Krankenhaus entstehenden Kosten durch die Abgaben nicht gedeckt werden. Das Problem der Kostenerstattung ist jedoch im Nutzungsvertrag zu regeln, sodass eine Kostenunterdeckung den Widerruf der Nebentätigkeitsgenehmigung nicht rechtfertigen kann.

4.3 Erläuterungen zum Nutzungsvertrag

Anlage 2 zum Chefarztvertrag

Zwischen .....
vertreten durch .....
– nachfolgend „Krankenhausträger“ genannt –
und

Herrn/Frau Dr. med. .....
– nachfolgend „Arzt/Ärztin“ genannt –

wird für die Ausübung der ambulanten Nebentätigkeiten gem. der Nebentätigkeitsgenehmigung vom ..... folgender

Nutzungsvertrag

vereinbart.

Erläuterungen zum Rubrum

1. Separate Regelung
2. Nutzungsentgelt

1. Separate Regelung

Seit der 1. Auflage des von der Deutschen Krankenhausgesellschaft herausgegebenen Musters eines Chefarztvertrags im Jahr 1983 hat es sich in der Vertragspraxis eingebürgert, die Bereitstellung von Personal, Räumen, Einrichtungen und Material für die genehmigte Nebentätigkeit des Chefarztes sowie die Regelung eines hierfür zu entrichtenden Nutzungsentgelts in einem vom Chefarztvertrag getrennten Nutzungsvertrag zu regeln. Dabei folgt die Vertragspraxis weitgehend dem von der DKG vorgeschlagenen Aufbau. In § 1 werden die Einzelheiten über Art und Umfang der Inanspruchnahme der personellen und sachlichen Mittel geregelt, in § 2 Art und Umfang des Nutzungsentgelts sowie in den nachfolgenden Bestimmungen die Modalitäten der Honorarabrechnung und die weiteren Regularien wie Laufzeit, Kündigung etc.

2. Nutzungsentgelt

Hinsichtlich des Nutzungsentgelts setzt sich in der Vertragspraxis immer mehr die Vereinbarung einer Gesamtpauschale in Höhe eines bestimmten Prozentsatzes vom Liquidationserlös durch, da die früher praktizierte Kostenerstattung nach Ambulanztarifen, Sachkostentarifen etc. sich wegen des hohen Verwaltungsaufwands als unzweckmäßig erwiesen hat.

§ 1

Bereitstellung von Personal, Räumen, Geräten, Einrichtungen und Material

(1) Der Krankenhausträger stellt dem Arzt Personal, Räume, Geräte, Einrichtungen und Material im Rahmen der jeweiligen Möglichkeiten zur Verfügung.

(2) Abs. 1 gilt nicht

1. für die Abrechnung und den Einzug der Honorare, sofern nachfolgend nichts anderes geregelt ist;
2. für die Führung der Buchhaltungs- und Steuergeschäfte des Arztes.

(3) Der ärztliche Dienst wird dem Arzt nur in dem Umfang zur Verfügung gestellt, wie dessen Einsatz ohne Beeinträchtigung der Versorgung der stationären Patienten möglich ist.

(4) Die Verpflichtung des Krankenhausträgers, dem Arzt Personal zur Verfügung zu stellen, endet im Fall der Arbeitsunfähigkeit des Arztes mit Beginn der 27. Woche. Das Gleiche gilt für die Bereitstellung von Räumen, Geräten, Einrichtungen und Materialien.

Erläuterungen zu § 1

1. Divergierende Interessen
2. Befristung

1. Divergierende Interessen

Einerseits sind die Krankenhausträger in der Regel in hohem Maße daran interessiert, dass der Chefarzt über die ambulante Tätigkeit Patienten an das Krankenhaus bindet, damit sie im Fall einer notwendigen stationären Behandlung auch die Leistungen des Krankenhauses in Anspruch nehmen. Es kommt hinzu, dass die Ambulanz vielfach auch eine bessere Auslastung der für den stationären Bereich installierten Geräte ermöglicht. Andererseits werden vielfach Befürchtungen geäußert, der Chefarzt könne die Ressourcen des Krankenhauses über Gebühr für die Ambulanz nutzen oder gar den stationären Bereich und damit seine Dienstaufgaben vernachlässigen.

Diesem Konflikt versucht der Formulierungsvorschlag in Abs. 1 bis 3 Rechnung zu tragen und die Interessenlagen beider Vertragspartner ausgewogen zu berücksichtigen. Bei allem ist zu berücksichtigen, dass nach der gefestigten Rechtsprechung der Arbeitsgerichtsbarkeit ein Arbeitnehmer und somit auch ein Chefarzt nur dann, aber auch dann einen Anspruch auf Ausübung einer Nebentätigkeit hat, wenn hierdurch die dienstlichen Interessen des Arbeitgebers nicht beeinträchtigt und die Dienstaufgaben nicht vernachlässigt werden[99].

2. Befristung

Das Vertragsmuster der DKG sah bisher vor, dass im Fall einer längeren Arbeitsunfähigkeit des Chefarztes die personellen und sachlichen Mittel bis zu 26 Wochen zur Verfügung gestellt werden. Im neuesten Mustervertrag der DKG soll dies nur noch für 6 Wochen der Fall sein, wobei die Sinnhaftigkeit einer solchen Regelung unklar bleibt. Sachlich gerechtfertigt wäre eigentlich eine unbefristete Gestattung. Um jedoch eventuellen Bedenken der Krankenhausträger Rechnung zu tragen, sieht das Vertragsmuster in Abs. 4 ebenfalls eine Befristungsregelung vor.

§ 2
Nutzungsentgelt

(1) Der Arzt hat dem Krankenhausträger die durch die Ausübung der Nebentätigkeiten entstehenden Kosten wie folgt zu erstatten:
   1. die Personalkosten,
   2. die Kosten für Räume, Geräte und Einrichtungen,
   3. die sonstigen Sachkosten im betriebswirtschaftlichen Sinn einschließlich der Kosten für Verbrauchsmaterialien.

(2) Zu den Personalkosten gehören neben den Bruttogehaltsbezügen (ohne Vergütung von Bereitschaftsdiensten, Überstunden etc.) auch der Wert etwaiger Sachbezüge sowie Arbeitgeberanteile zur Sozialversicherung und Zusatzversorgung, Beihilfen, Trennungsentschädigungen etc.

Erläuterungen zu § 2

1. Vertragspraxis
2. Kostenerstattung und Vorteilsausgleich

1. Vertragspraxis

Während über Jahrzehnte hinweg die Analyse der Ambulanzkostenerstattung und deren vertragsrechtliche Umsetzung die Diskussion und die Literatur über die Chefarztambulanz beherrschte, wird beim Abschluss neuer Chefarztverträge seit etlichen Jahren eine Pauschalabgabe bezogen auf die Brutto-Liquidationserlöse vereinbart. Man hat erkannt, dass die Diskussion darüber, ob und welche Kostentarife bei welchen ambulanten Leistungen anzusetzen sind, letztlich fruchtlose Diskussionen waren. Ebenso hat man erkannt, dass die Anwendung der einzelnen Kostentarife, sei es der KBV-NT oder der DKG-NT etc. mit einem derart hohen Verwaltungsaufwand verbunden ist, insbesondere was den Einsatz notwendiger Personalressourcen anbetrifft, dass sich dies letztlich als unökonomisch erweist.

Auch die jahrelange Diskussion über die Frage, ob im Bereich der Ambulanzabgabe neben einer Kostenerstattungsabgabe auch zusätzlich ein Vorteilsausgleich berechnet werden kann und ggf. in welcher Höhe, hat sich letztlich als unproduktiv erwiesen. So wird heute – jedenfalls im Rahmen neuerer Chefarztverträge – nur noch eine prozentuale Pauschalabgabe bezogen auf die Brutto-Liquidationserlöse erhoben. Bestenfalls wird noch darüber diskutiert, ob die Verwaltungsgebühren, die die KV vom Gesamthonorar einbehält, der Bemessungsgrundlage, also den beim Arzt/Krankenhaus eingehenden Honoraren, hinzuzurechnen sind oder nicht. Im Einzelnen wird auf die Erläuterungen zu § 3 Pauschalierung verwiesen.

2. Kostenerstattung und Vorteilsausgleich

Wer sich über Einzelheiten der früheren Systematik der Ambulanzkostenerstattung informieren möchte, weil er z.B. noch über einen älteren Chefarztvertrag mit einer solchen Nutzungsentgeltregelung verfügt, wird verwiesen auf die einschlägige Literatur von Zuck und insbesondere von Rippel/Stiefel[100]. Nur noch historische Bedeutung hat jedenfalls der KBV-NT, den die Deutsche Krankenhausgesellschaft mit der Kassenärztlichen Bundesvereinigung über Jahrzehnte hinweg bis Ende 1989 vereinbart hatte als Grundlage für sog. ärztliche Sachleistungen[101] (Röntgen, Labor, EKG, EEG) während der einseitig von der DKG festgesetzte Nebenkostentarif (DKG-NT) einen anderen Sachkostenbegriff verwendete. Auch die Diskussion um den sog. Vorteilsausgleich führte zu tief schürfenden Abhandlungen, ja zu einer Vielzahl von Urteilen, zum Teil sogar höchstrichterlichen Urteilen, die sich alle mit der Frage befassten, inwieweit der Vorteilsausgleich neben der Kostenerstattung überhaupt eine eigenständige Bedeutung haben kann[102].

§ 3

Pauschalierung

(1) Das Nutzungsentgelt gem. § 2 wird pauschaliert.

(2) Der Arzt erstattet jederzeit widerruflich von den Bruttohonorareinnahmen aus dem Nebentätigkeitsbereich folgende Abgaben:
1. aus der Privatambulanz ..... v.H.;
2. aus der vertragsärztlichen Überweisungsambulanz (Primärkassen und Ersatzkassen) ..... v.H.;
3. im D-Arzt-Verfahren ..... v.H.;
4. für Gutachtertätigkeit ..... v.H.;
5. Auslagen gem. § 10 GOÄ in voller Höhe.

Soweit Sozialversicherungsträger Verbrauchsmaterialien zusätzlich zu den ärztlichen Gebühren erstatten, ist der Erstattungsbetrag an das Krankenhaus abzuführen, sofern die Verbrauchsmaterialien aus den Beständen des Krankenhauses entnommen wurden. Im Übrigen ist der Arzt verpflichtet, von der Möglichkeit der Verordnung des Sprechstundenbedarfs bzw. der Verordnung auf Einzelrezept Gebrauch zu machen.

Erläuterungen zu § 3

1. Gesamtpauschalierung
2. Höhe der Abgaben

1. Gesamtpauschalierung

Das vorliegende Vertragsmuster empfiehlt eine Pauschalierung der Gesamtkosten in der Form eines widerruflich vereinbarten Prozentsatzes, bezogen auf die Brutto-Liquidationserlöse, und zwar aus folgenden Gründen:

Zum einen hat die Vertragspraxis der letzten 20 Jahre gezeigt, dass eine Ermittlung der durch die Ausübung der Ambulanz tatsächlich entstehenden Kosten praktisch nicht möglich ist, da es wegen der fließenden Übergänge zwischen der ambulanten und der stationären Leistungserbringung keine eindeutigen Abgrenzungskriterien hinsichtlich der Kostenverursachung und der Kostenzuordnung gibt. Daher wird auch bei einer vertraglichen Vereinbarung einer spitz berechneten Kostenerstattung stattdessen eine pauschalierte Kostenerstattungsabgabe praktiziert. Zum anderen setzt sich auch bei den Krankenhausverwaltungen immer mehr die Erkenntnis durch, dass eine spitze Kostenberechnung keine Vorteile gegenüber einer pauschalierenden Regelung bietet, sodass sich der mit einer Kostenrechnung verbundene hohe Verwaltungsaufwand letztlich nicht rechnet.

Auch die in der Vergangenheit häufig praktizierte Mischform einer pauschalierenden Abgabenregelung, bestehend aus einer Sachkostenerstattung auf der Grundlage eines Nebenkostentarifs und einer zusätzlichen prozentualen Abgabe vom Liquidationserlös nach Abzug der Sachkostenerstattung, wird anlässlich des Abschlusses neuer Chefarztverträge i.d.R. durch eine prozentuale Gesamtabgabe ersetzt. Der mit einer Sachkostenberechnung nach Einzelleistung auf der Grundlage eines Nebenkostentarifs verbundene Verwaltungsaufwand wird insbesondere von Krankenhaus-Geschäftsführern mit Berufserfahrungen in der Wirtschaft als nicht mehr adäquat angesehen, sodass sich die prozentuale Gesamtpauschale in der Praxis zunehmend durchsetzt[103].

2. Höhe der Abgaben

Die Höhe einer prozentualen Gesamtabgabe, bezogen auf die Brutto-Liquidationserlöse, bewegt sich in der Vertragspraxis um ± 50%. Dabei wird vielfach auch differenziert zwischen dem Abgabesatz in der Privatambulanz und demjenigen in der Kassenambulanz. Dies scheint dem Verfasser sachgerecht zu sein, da bei im Wesentlichen gleichen Kosten pro Leistung in der Privatambulanz ein deutlich höheres Honorar liquidiert werden kann. Es ist daher sachlich gerechtfertigt, für die Kassenambulanz eines internistischen Chefarztes zum Beispiel eine Abgabe in Höhe von 50% und in der Privatambulanz eine Abgabe in Höhe von 35 oder 40% der Liquidationserlöse zu vereinbaren. In der Chirurgie wird der Abgabesatz jeweils um vielleicht 5 Prozentpunkte höher liegen, sofern zum Aufgabenbereich des Chefarztes auch die Unfallchirurgie mit ihrem erhöhten Personaleinsatz gehört. In der Kinderheilkunde dagegen sollte der Abgabesatz niedriger liegen, da hier die Tätigkeit des Arztes im ambulanten Leistungsbereich im Wesentlichen aus einer zeitaufwendigen klinischen Untersuchung, differentialdiagnostischen Erwägungen und einer eingehenden Beratung der Eltern, also in erster Linie aus geistigen Leistungen, weniger aus medizinisch-technischen Leistungen besteht.

Zum Teil werden von Krankenhausträgern unter Hinweis auf die durchschnittlichen Praxiskosten niedergelassener Fachkollegen höhere Abgabesätze gefordert. Dabei wird jedoch verkannt, dass in den Praxiskosten niedergelassener Ärzte Kostenarten enthalten sind, die im Krankenhaus nicht vom Träger, sondern vom Chefarzt finanziert werden, wie z.B. Fortbildungskosten, Kosten für Ärztekammer, Mitgliedsbeiträge für wissenschaftliche Gesellschaften und Berufsverbände, Kfz-Kosten etc.

Mitunter wird bei der Vereinbarung der Höhe der Ambulanzabgabe zugunsten des Chefarztes berücksichtigt, dass die Erlösmöglichkeiten im stationären Liquidationsbereich vergleichsweise ungünstig sind, was regionale Ursachen haben kann, z.B. wenn im Einzugsbereich des Krankenhauses kaum Privatpatientenklientel vorhanden ist, was aber auch seine Ursache im einzelnen Fachgebiet haben kann, z.B. in der Pädiatrie.

§ 4

Abrechnung

(1) Das Krankenhaus rechnet die dem Arzt gegenüber der KV zustehende Vergütung mit der KV ab und leitet eingehende Zahlungen nach Abzug der vertraglich vereinbarten Abgabe an den Arzt unverzüglich weiter.

(2) Der Arzt zieht die Einnahmen aus der sonstigen Nebentätigkeit selbstständig und selbstverantwortlich ein. Soweit er zur Einziehung eine privatärztliche Abrechnungsstelle beauftragt, hat er die hieraus entstehenden Kosten selbst zu tragen. Diese können von der Berechnungsgrundlage gem. § 2 Abs. 2 vorab in Abzug gebracht werden.

(3) Abrechnungszeitraum für die Entrichtung des Nutzungsentgelts ist das Kalenderjahr. Bis zur Schlussrechnung sind Abschlagszahlungen auf die Abgaben aus genehmigter Nebentätigkeit vierteljährlich von den jeweils eingegangenen Honorarbeträgen zu leisten.

(4) Der Arzt ist verpflichtet, dem Krankenhaus alle Einnahmen gem. § 259 BGB nachzuweisen. Die Rechenschaftspflicht besteht auch gegenüber den aufgrund gesetzlicher Vorschriften oder gegenüber den vom Krankenhausträger bestellten Prüfungseinrichtungen. Umgekehrt gilt die Rechenschaftspflicht des Krankenhausträgers gegenüber dem Arzt, sofern die Honorare vom Krankenhaus eingezogen werden.

Erläuterungen zu § 4

1. Honorareinziehung
2. Rechenschaftspflicht

1. Honorareinziehung

Grundsätzlich sollte auch im ambulanten Bereich die Honorareinziehung durch den Arzt oder durch eine privatärztliche Abrechnungsstelle vereinbart werden. Eine Besonderheit besteht jedoch für den Bereich der vertragsärztlichen Versorgung, sofern der Chefarzt hierfür ermächtigt wurde. Denn gemäß § 120 Abs. 1 Satz 3 SGB V muss die den ermächtigten Krankenhausärzten zustehende Vergütung für diese vom Krankenhausträger mit der Kassenärztlichen Vereinigung abgerechnet und nach Abzug der dem Krankenhaus entstehenden Kosten an die berechtigten Krankenhausärzte weitergeleitet werden. Demgemäß wird heute in den Nutzungsverträgen regelmäßig differenziert zwischen der Abrechnung mit der KV und den Abrechnungen der sonstigen Nebentätigkeiten.

2. Rechenschaftspflicht

Es ist selbstverständlich, dass stets derjenige zur Rechenschaft gegenüber dem Vertragspartner verpflichtet ist, der die Honorare einzieht. Es mutet daher seltsam an, wenn Krankenhausträger zwar die gesamte Honorareinziehung für sich beanspruchen, also auch für den privatärztlichen Bereich, die Regelung zur Rechenschaftspflicht jedoch allein den Arzt betrifft.

§ 5
Beendigung, Kündigung

(1) Der Vertrag endet, ohne dass es einer Kündigung bedarf, mit Widerruf der Nebentätigkeitsgenehmigung bzw. mit Beendigung des Dienstvertrags.
(2) Im Übrigen kann der Vertrag mit einer Frist von einem Monat zum Ende eines Kalendervierteljahres gekündigt werden. Die Kündigung aus wichtigem Grund ohne Einhaltung einer Kündigungsfrist bleibt unberührt.

§ 6
Sonstiges

(1) Ansprüche aus dem Zusatzvertrag verjähren in drei Jahren.
(2) Soweit das Krankenhaus im Rahmen seiner Haftpflichtversicherung den Nebentätigkeitsbereich mitversichert hat, ist der Arzt verpflichtet, den auf die Nebentätigkeiten entfallenden Prämienanteil zu erstatten.

Erläuterungen zu § 6

1. Verjährung
2. Haftpflichtversicherung

1. Verjährung

Der Hinweis auf die dreijährige Verjährung hat nur deklaratorische Bedeutung, da seit dem 01.01.2002 grundsätzlich eine Verjährungsfrist von drei Jahren gilt, was in manchen Musterverträgen noch nicht berücksichtigt ist. Soweit ein Nutzungsvertrag eine längere Verjährungsfrist vorsieht, ist dies unwirksam.

2. Haftpflichtversicherung

Die Haftpflichtversicherung des Krankenhauses erfasst oftmals, aber keineswegs immer, den genehmigten Nebentätigkeitsbereich des Chefarztes. Wird der Nebentätigkeitsbereich von der Hausversicherung erfasst, stellt sich weiterhin die Frage, ob hierfür eine zusätzliche Prämie berechnet wird oder nicht. Ergänzend wird auf die Erläuterungen zu § 15 des vorgelegten Vertragsmusters verwiesen.

§ 7
Schlussbestimmungen

Ohne Kommentar.

5 Vertragsmuster für den Belegarzt

5.1 Der Belegarztvertrag

Zwischen ..... (Name des Krankenhausträgers)
vertreten durch .....

– nachfolgend „Krankenhausträger" genannt –

und

Herrn/Frau Dr. med. ....., Facharzt/Fachärztin für .....
wohnhaft in .....

– nachfolgend „Arzt/Ärztin" genannt –

wird folgender

Belegarztvertrag

geschlossen.

Präambel

Anmerkung: Hier kann auf einen besonderen Anlass für den Abschluss des Belegarztvertrags hingewiesen werden, z.B. auf ein vorangegangenes Dienstverhältnis als Chefarzt etc. Ebenso kann auf die Besonderheiten eines konfessionellen Krankenhauses als Einrichtung einer Religionsgemeinschaft sowie auf deren Glaubens- und Sittenlehre hingewiesen werden.

§ 1
Vertragsgegenstand

(1) Herr/Frau Dr. med. ....., geb. am ....., wird mit Wirkung vom ..... das Recht eingeräumt, im .....-Krankenhaus als Belegarzt Patienten des Fachgebiets ..... stationär zu behandeln.
(2) Gemäß § 18 Abs. 1 Satz 1 KHEntgG sind die Leistungen des Belegarztes
   1. seine persönlichen Leistungen,

2. der ärztliche Bereitschaftsdienst für Belegpatienten,
3. die von ihm veranlassten Leistungen nachgeordneter Ärzte des Krankenhauses, die bei der Behandlung der Belegpatienten in demselben Fachgebiet wie der Belegarzt tätig werden,
4. die von ihm veranlassten Leistungen von Ärzten und ärztlich geleiteten Einrichtungen außerhalb des Krankenhauses.

(3) Die Zulassung weiterer Belegärzte seines Fachgebiets erfolgt im Einvernehmen mit dem Belegarzt. An einem anderen Krankenhaus kann der Belegarzt nur im Einvernehmen mit dem Krankenhausträger tätig werden.

(Im nachfolgenden Text des Vertrags wird aus Gründen der besseren Lesbarkeit nur von „Belegarzt" gesprochen.)

§ 2
Stellung des Belegarztes

(1) Der Belegarzt steht zum Krankenhausträger weder in einem Arbeitsverhältnis noch in einem arbeitnehmerähnlichen Verhältnis. Als freiberuflich tätiger Arzt schließt der Belegarzt mit dem Patienten den Vertrag über die ärztliche Behandlung.

(2) Der Belegarzt ist für die ärztliche Behandlung seiner Patienten allein verantwortlich. In seiner ärztlichen Verantwortung bei Diagnostik und Therapie ist der Belegarzt unabhängig und nur dem Gesetz verpflichtet.

(3) Der Belegarzt hat die Behandlung seiner Patienten so einzurichten, dass ein reibungsloser und den Erkenntnissen der ärztlichen Wissenschaft entsprechender Betrieb seiner Abteilung gewährleistet ist. In Fragen der allgemeinen Hygiene im Krankenhaus ist der Belegarzt an die vom Krankenhausträger erlassenen oder vom Leitenden Arzt des Krankenhauses (Ärztlicher Direktor) im Einzelfall getroffenen Regelungen gebunden.

(4) Der Belegarzt verpflichtet sich, mit dem Krankenhausträger, dem Leitenden Arzt des Krankenhauses (Ärztlichen Direktor), den Chefärzten, den anderen Belegärzten, den sonstigen Mitarbeitern des Krankenhauses sowie mit dem Verwaltungsdirektor und der Leitenden Pflegekraft vertrauensvoll zusammenzuarbeiten.

(5) Können Meinungsverschiedenheiten unter den Krankenhausärzten vom Leitenden Arzt des Krankenhauses nicht beigelegt werden, so entscheidet der Vertreter des Krankenhausträgers. Dieser entscheidet auch über Meinungsverschiedenheiten zwischen dem Belegarzt und dem Verwaltungsdirektor oder der Leitenden Pflegekraft.

§ 3
Wirtschaftlichkeitsgebot

Der Belegarzt ist zu einer ausreichenden, zweckmäßigen und wirtschaftlichen Behandlung im Rahmen des ärztlich Notwendigen und unter Beachtung der Aufgabenstellung des Krankenhauses verpflichtet. Er ist auch für die sparsame Verwendung der zur Verfügung stehenden Mittel, insbesondere der Medikamente, Heilmittel etc., durch die anderen Mitarbeiter seiner Abteilung verantwortlich.

§ 4
Belegbetten

(1) Dem Belegarzt werden zur stationären Behandlung seiner Patienten ..... Betten zur Verfügung gestellt, davon ..... Betten in 1- und 2-Bett-Zimmern.
(2) Über die Aufnahme und Entlassung von Patienten im Rahmen der zur Verfügung gestellten Betten entscheidet der Belegarzt unter ärztlichen Gesichtspunkten nach Maßgabe der Allgemeinen Vertragsbedingungen (AVB) des Krankenhauses.
(3) Über unbelegte Betten im Rahmen von Absatz 1 kann der Krankenhausträger im Benehmen mit dem Belegarzt vorübergehend anderweitig verfügen. Die Zahl der Betten kann vermindert werden, ohne dass es einer Vertragskündigung bedarf, soweit der Belegarzt die ihm nach Absatz 1 zur Verfügung gestellten Betten nicht nur vorübergehend ungenutzt lässt.

§ 5
Personal

(1) Der Krankenhausträger ist verpflichtet, das zu einem ordnungsgemäßen Betrieb der Abteilung erforderliche pflegerische und medizinisch-technische Personal sowie die Schreibkräfte anzustellen. Die Anstellung, Versetzung, Beurlaubung oder Entlassung erfolgt im Benehmen mit dem Belegarzt.
(2) Die zu einem ordnungsgemäßen Betrieb der Abteilung erforderlichen nachgeordneten Ärzte werden vom Krankenhaus zur Verfügung gestellt. Personelle Maßnahmen erfolgen im Benehmen mit dem Belegarzt.
(3) Auf Wunsch ist der Belegarzt berechtigt, die nachgeordneten Ärzte selbst anzustellen. Die Anstellung erfolgt im Benehmen mit dem Krankenhausträger. Gleiches gilt für die Anstellung einer Schreibkraft.
(4) Der Belegarzt ist in seinem Arbeitsbereich gegenüber dem dort tätigen ärztlichen und nichtärztlichen Personal in fachlicher Hinsicht weisungsberechtigt, unbeschadet der Befugnisse des Leitenden Krankenhausarztes (Ärztlichen Direktors) bzw. der Leitenden Pflegekraft.
(5) Der Belegarzt entscheidet über die Art der für seine Abteilung einzurichtenden Bereitschaftsdienste. Der Anwesenheitsdienst der Assistenzärzte (Bereitschaftsdienst) kann im Zusammenwirken mit einer anderen Krankenhaus-Fachabteilung organisiert werden. Es bedarf hierzu einer Absprache mit dem zuständigen Leitenden Arzt und dem Krankenhausträger. Im Rahmen dieser Absprache ist auch festzulegen, unter welchen Voraussetzungen er selbst oder ein anderer in Rufbereitschaft stehender Facharzt zu benachrichtigen ist.

(6) Arbeitszeugnisse für das Personal werden unter Beifügung einer fachlichen Beurteilung des Belegarztes durch den Krankenhausträger ausgestellt. Zeugnisse zum Zwecke der Facharztweiterbildung oder Zeugnisse und Bescheinigungen, die sich ausschließlich mit der ärztlich-wissenschaftlichen Qualifikation befassen, stellt der Belegarzt aus.

(7) Der Belegarzt verpflichtet sich, in zumutbarem Umfang an der Fortbildung des ärztlichen, pflegerischen und medizinisch-technischen Krankenhauspersonals im Rahmen seines Fachgebiets mitzuwirken.

§ 6
Geräte, Einrichtungen und Material

(1) Das Krankenhaus stellt dem Belegarzt zur sachgemäßen Durchführung seiner ärztlichen Tätigkeit die notwendigen Einrichtungsgegenstände, insbesondere Apparate und Instrumente, zur Verfügung. Der Belegarzt hat für die Erhaltung des einwandfreien Zustands zu sorgen. Soweit Mängel auftreten, sind diese unverzüglich der Krankenhausverwaltung zu melden.

(2) Bei seiner ärztlichen Tätigkeit darf der Belegarzt eigene Einrichtungsgegenstände nur im Einvernehmen mit dem Krankenhausträger verwenden. Die eingebrachten Gegenstände werden in einem gesonderten Verzeichnis erfasst.

(3) Der Krankenhausträger ist verpflichtet, den zu Vertragsbeginn vorhandenen medizinischen Standard zu erhalten und diesen durch geeignete Ersatzbeschaffungen zu sichern.

§ 7
Sonstige Rechte und Pflichten

(1) Dem Belegarzt obliegt die Einhaltung der gesetzlichen Vorschriften und die Sicherstellung der ärztlichen Meldepflichten.

(2) Auf Verlangen der anderen Krankenhausärzte ist der Belegarzt auf seinem Fachgebiet zur konsiliarischen Beratung und Behandlung der stationären Patienten anderer Abteilungen verpflichtet. In diesem Rahmen hat er die Aufklärung der Patienten sicherzustellen und deren Einwilligung in den Krankenakten zu vermerken. Die Aufzeichnungen des Belegarztes über seine konsiliarische Tätigkeit ist der von der anderen Abteilung geführten Krankenakte beizufügen.

(3) Der Belegarzt verpflichtet sich, für jeden stationären Patienten hinsichtlich der stationären Behandlungstätigkeit eine Krankenakte zu führen, die unter Sicherung der ärztlichen Schweigepflicht im Krankenhaus aufbewahrt wird. Krankenakten sowie Abschriften, Auszüge und Ablichtungen hiervon dürfen nur mit Zustimmung des Belegarztes oder seines Nachfolgers herausgegeben werden. Der Belegarzt ist auch nach seinem Ausscheiden zur Auswertung der Krankenakten sowie dazu berechtigt, auf seine Kosten Abschriften, Auszüge oder Ablichtungen herzustellen.

(4) Zur Sicherung der Kostenansprüche des Krankenhauses hat der Belegarzt der Krankenhausverwaltung alle Angaben zu machen, die zur Geltendmachung der Entgelte des Krankenhausträgers erforderlich sind.
(5) Der Belegarzt hat über alle Angelegenheiten des Krankenhauses Verschwiegenheit zu bewahren, auch nach Beendigung des Vertragsverhältnisses.

§ 8
Finanzielle Regelungen

(1) Der Belegarzt liquidiert die in seinem Bereich erbrachten ärztlichen Leistungen unmittelbar gegenüber dem Patienten bzw. dem Kostenträger. Ebenso rechnet der Belegarzt die im vertragsärztlichen Bereich erbrachten Leistungen mit der KV ab.
(2) Der Belegarzt ist verpflichtet, bei der Ausübung seines Liquidationsrechts den gemeinnützigen Charakter des Krankenhauses und die wirtschaftliche Leistungsfähigkeit des Zahlungspflichtigen zu berücksichtigen.
(3) Der Belegarzt rechnet seine Konsiliartätigkeit auf anderen Belegabteilungen mit den Selbstzahlerpatienten bzw. den Kostenträgern unmittelbar ab. Eine Konsiliartätigkeit bei stationären Wahlleistungspatienten in Hauptabteilungen liquidiert er unmittelbar gegenüber dem Patienten.
(4) Der Belegarzt erhält für seine Konsiliartätigkeit bei stationären Regelleistungspatienten in Hauptabteilungen vom Krankenhausträger folgende Vergütung: .....
Sonstige Tätigkeiten des Belegarztes für den Krankenhausträger, insbesondere ....., werden wie folgt vergütet: .....
(5) Soweit der Belegarzt den ärztlichen Dienst des Krankenhauses in Anspruch nimmt, insbesondere nachgeordnete Ärzte im Tagesdienst sowie Assistenzärzte für den ärztlichen Bereitschaftsdienst, hat er dem Krankenhausträger die anteiligen Kosten hierfür zu erstatten. Gleiches gilt für den Fall, dass der Belegarzt Personal des Krankenhauses zur Abrechnung und Einziehung seiner Honorare in Anspruch nimmt. Zur Erstattung der Kosten wird folgende Pauschalierung vereinbart: .....
(6) Der Belegarzt hat den Bürobedarf in seinem Tätigkeitsbereich einschließlich Porto und Telefon selbst zu stellen.
(7) Abrechnungszeitraum ist das Kalenderjahr. Bis zur Schlussrechnung werden monatliche Abschlagszahlungen unter Berücksichtigung des voraussichtlichen Jahresbetrags geleistet. Die Abschlagszahlungen sind jeweils einen Monat nach Zustellung der Rechnung fällig, die Schlussrechnung ist innerhalb von zwei Monaten nach Rechnungsstellung fällig.

§ 9
Abwesenheit und Vertretung

(1) Der Belegarzt regelt seine Vertretung für die Zeit seiner Abwesenheit wegen Urlaub, Fortbildung oder Krankheit im Benehmen mit dem Krankenhausträger auf seine Kosten.

(2) Beginn und Dauer der Abwesenheit sind der Krankenhausleitung mindestens zwei Wochen vorher anzuzeigen. Eine unvorhergesehene Verhinderung ist unter Angabe der Vertretung unverzüglich anzuzeigen.

(3) Ist eine Vertretung nicht zu beschaffen, so kann im gegenseitigen Einvernehmen die Belegabteilung vorübergehend geschlossen werden, längstens jedoch für die Dauer von acht Wochen, ohne dass dies zur Kündigung des Belegarztvertrags berechtigt.

§ 10
Haftung und Versicherung

(1) Der Belegarzt haftet im Rahmen der belegärztlichen Tätigkeit gegenüber den Patienten unmittelbar selbst für alle Schäden, die bei der ärztlichen Versorgung durch ihn oder seine Erfüllungsgehilfen eintreten. Bedienstete des Krankenhauses, die bei der ärztlichen Versorgung mitwirken oder ärztliche Leistungen für den Belegarzt erbringen, sind insoweit Erfüllungsgehilfen des Belegarztes.

(2) Der Belegarzt hat im Rahmen von Absatz 1 eine ausreichende Haftpflichtversicherung abzuschließen und dem Krankenhausträger auf Verlangen nachzuweisen.

(3) Für Leistungen, die das Krankenhaus selbst erbringt und abrechnet, haftet das Krankenhaus. Besteht die Möglichkeit, die Tätigkeit des Belegarztes in die Haftpflichtversicherung des Krankenhauses einzubeziehen, und macht der Belegarzt hiervon Gebrauch, so hat er dem Krankenhausträger die anteilige Prämie zu erstatten.

§ 11
Ambulante Tätigkeit

(1) Eine ambulante Behandlung von Patienten in den Räumen des Krankenhauses bedarf einer gesonderten Vereinbarung, in der auch die Kostenerstattung zu regeln ist.

(2) Soweit der Belegarzt für die ambulante Behandlung von Notfällen Personal, Einrichtungen und Material des Krankenhauses in Anspruch nimmt, hat er die hierfür entstehenden Kosten zu erstatten.

§ 12
Vertragsdauer

(1) Das Vertragsverhältnis beginnt am ..... Der Vertrag wird auf unbestimmte Zeit geschlossen.

(2) Der Vertrag kann innerhalb der ersten sechs Monate mit einer Frist von einem Monat zum Monatsende gekündigt werden, danach mit einer Frist von sechs Monaten zum Ende eines Kalenderjahres.
(3) Der Vertrag kann nach Ablauf von fünf Jahren beiderseits nur noch aus wichtigem Grund gekündigt werden, wenn organisatorische oder persönliche Gründe dies erforderlich machen. Für die Kündigung aus wichtigem Grund findet § 626 BGB analog Anwendung. Die Kündigungsfrist beträgt grundsätzlich drei Monate zum Ende eines Kalendervierteljahres. Bei einer Kündigung aus wichtigen Gründen im Verhalten des Belegarztes, insbesondere bei einer schwerwiegenden Vertragsverletzung durch den Belegarzt, ist eine fristlose Kündigung möglich.
(4) Der Vertrag endet ohne Kündigung mit Ablauf des Quartals, mit dem die Zulassung des Belegarztes zur vertragsärztlichen Versorgung endet, spätestens jedoch mit Ablauf des Monats, in dem der Belegarzt das 68. Lebensjahr vollendet.
(5) Die Kündigung bedarf der Schriftform.

§ 13
Schlussbestimmungen

(1) Der Krankenhausträger kann im Rahmen seines Organisationsrechts Satzungen, Belegarztordnungen, Hausordnungen etc. erlassen. Durch solche Regelungen dürfen weder die vertraglichen Rechte des Belegarztes geschmälert noch seine vertraglichen Verpflichtungen erweitert werden.
(2) Änderungen und Ergänzungen des Vertrags bedürfen zur Gültigkeit der Schriftform. Die Nichtigkeit einzelner Vertragsbestimmungen hat die Nichtigkeit des gesamten Vertrags nur dann zur Folge, wenn die Fortsetzung des Vertragsverhältnisses für einen Vertragspartner unzumutbar ist. Nichtige Vertragsbestimmungen sind unter Wahrung des Grundsatzes der Vertragstreue neu zu vereinbaren.
(3) Sollte der Krankenhausträger das Eigentum, den Besitz oder die Verwaltung des Krankenhauses aufgeben, so ist er bei Fortführung des Krankenhausbetriebs verpflichtet, dafür Sorge zu tragen, dass die Rechte und Pflichten aus diesem Vertrag durch den neuen Eigentümer, Besitzer oder Verwalter übernommen werden.
(4) Wird die Belegabteilung in eine hauptamtliche Abteilung umgewandelt, so verpflichtet sich der Krankenhausträger, dem Belegarzt die Stelle des Leitenden Arztes dieser Abteilung anzubieten.

................, den	....................., den ....
(Ort)	(Ort)
....	....
(Krankenhausträger)	(Belegarzt)

5.2 Der kooperative Belegarztvertrag

Mit Ausnahme des § 2 werden die Paragraphen aus dem Belegarztvertrag-Muster gemäß Kapitel 5.1 übernommen. § 2 erhält folgende Fassung:

§ 2
Stellung des Belegarztes und Kooperation

(1) Der Belegarzt steht zum Krankenhausträger weder in einem Arbeitsverhältnis noch in einem arbeitnehmerähnlichen Verhältnis. Als freiberuflich tätiger Arzt schließt der Belegarzt mit den Patienten den Vertrag über die ärztliche Behandlung.

(2) Zur Betreuung der Patienten der Belegabteilung gemäß § 1 Abs. 1 werden mehrere Belegärzte desselben Fachgebiets zugelassen. Der Belegarzt verpflichtet sich zu einer konstruktiven Kooperation mit den Belegarztkollegen.

(3) Die Patienten der Belegabteilung werden durch die Belegärzte gemeinsam versorgt, unbeschadet der persönlichen Verantwortung jedes einzelnen Belegarztes für die von ihm eingewiesenen oder ihm zugewiesenen Patienten. In seiner ärztlichen Verantwortung bei Diagnostik und Therapie ist der Belegarzt unabhängig und nur dem Gesetz verpflichtet.

(4) Die Belegärzte vereinbaren im Rahmen eines Kollegialvertrags, der der Genehmigung durch den Krankenhausträger bedarf, Regelungen über die gemeinsame Leitung der Abteilung in ärztlicher und administrativer Hinsicht, über die Verteilung der Aufgaben in der medizinischen Versorgung der Patienten, über die gegenseitige Konsultation, Unterstützung und Vertretung, die gemeinsame Nutzung von Räumen, Einrichtungen und Betten, die Sicherstellung der fachärztlichen Rufbereitschaft sowie über die finanziellen Konditionen gemäß § 8.

(5) Kommt eine Kooperationsvereinbarung nach Abs. 4 innerhalb einer vom Krankenhausträger gesetzten Frist nicht zustande, so kann er nach Anhörung der Belegärzte die in Abs. 4 aufgeführten Regelungen im Wege einer Belegarztordnung festlegen.

(6) Die Belegärzte der Abteilung wählen aus ihrer Gruppe für die Dauer von jeweils zwei Jahren den administrativen Koordinator. Dieser ist auch für die Umsetzung der allgemeinen Hygienerichtlinien und der vom Ärztlichen Direktor des Krankenhauses im Einzelfall getroffenen Regelungen zuständig.

(7) Der Belegarzt verpflichtet sich, mit dem Krankenhausträger, dem Ärztlichen Direktor, den Chefärzten, den anderen Belegärzten, den sonstigen Mitarbeitern des Krankenhauses sowie mit dem Verwaltungsdirektor und der Leitenden Pflegekraft vertrauensvoll zusammenzuarbeiten. Können Meinungsverschiedenheiten unter den Krankenhausärzten vom Ärztlichen Direktor nicht beigelegt werden, so entscheidet der Vertreter des Krankenhausträgers. Dieser entscheidet auch über Meinungsverschiedenheiten zwischen dem Belegarzt und dem Verwaltungsdirektor oder der Leitenden Pflegekraft.

6 Erläuterungen zum Belegarztvertrag

6.1 Der Belegarztvertrag

Zwischen ..... (Name des Krankenhausträgers)
vertreten durch .....

– nachfolgend „Krankenhausträger" genannt –

und

Herrn/Frau Dr. med. ....., Facharzt/Fachärztin für .....,
wohnhaft in .....

– nachfolgend „Arzt/Ärztin" genannt –

wird folgender

Belegarztvertrag

geschlossen.

Präambel

Anmerkung: Hier kann auf einen besonderen Anlass für den Abschluss des Belegarztvertrags hingewiesen werden, z.B. auf ein vorangegangenes Dienstverhältnis als Chefarzt etc. Ebenso kann auf die Besonderheiten eines konfessionellen Krankenhauses als Einrichtung einer Religionsgemeinschaft sowie auf deren Glaubens- und Sittenlehre hingewiesen werden.

Erläuterungen zu Rubrum und Präambel

1. Belegarzt
2. Belegarztvertrag
3. Krankenhausträger
4. Präambel

1. Belegarzt

Der Belegarzt ist primär als selbstständiger Arzt in freier Praxis tätig, in der er seine Patienten ambulant behandelt. Daneben ist ihm von einem Krankenhausträger das Recht eingeräumt, Patienten stationär zu behandeln. Gemäß der gesetzlichen Definition in § 121 Abs. 2 SGB V, § 18 Abs. 1 KHEntgG sind Belegärzte Vertragsärzte, die am Krankenhaus nicht angestellt sind und die die Berechtigung haben, ihre Patienten (Belegpatienten) im Krankenhaus unter Inanspruchnahme der hierfür bereitgestellten Dienste, Einrichtungen und Mittel vollstationär oder teilstationär zu behandeln, ohne hierfür i.d.R. vom Krankenhaus eine Vergütung zu erhalten. Der Belegarzt behandelt im Rahmen seiner stationären Tätigkeit entweder die Patienten seiner eigenen Praxis, soweit sie einer stationären Behandlung bedürfen, oder aber die Patienten anderer niedergelassener Ärzte, soweit sie ihre Patienten zur stationären Behandlung in die Belegabteilung einweisen. Da der Belegarzt einen fachgebietsbezogenen Bettenbereich ärztlich endverantwortlich leitet, ist auch er ein Leitender Krankenhausarzt im Rechtssinn und insofern vergleichbar mit dem Chefarzt, der eine Hauptabteilung endverantwortlich leitet.

2. Belegarztvertrag

Der Belegarztvertrag ist nach herrschender Meinung kein Gesellschaftsvertrag gemäß §§ 705ff. BGB, sondern ein zivilrechtlicher Vertrag sui generis, der Elemente des Dienst-, Miet- und Gesellschaftsrechts beinhaltet[104]. Trotz der grundsätzlich bestehenden Vertragsfreiheit hat sich als Folge der sog. Belegarzt-Vertragsgrundsätze, die 1959 zwischen der Deutschen Krankenhausgesellschaft und der Kassenärztlichen Bundesvereinigung im Einvernehmen mit der Bundesärztekammer vereinbart worden waren[105], eine gewisse Typisierung des Belegarztvertrags herausgearbeitet. Diese Entwicklung wurde noch gefördert durch die 1985 zwischen der DKG, der Bundesärztekammer und der Kassenärztlichen Bundesvereinigung verabschiedeten Beratungs- und Formulierungshilfe für den Abschluss eines Belegarztvertrags, die zuletzt in der 3. überarbeiteten Auflage vom September 1996 vorgelegt worden war und die jüngst in einer überarbeiteten Fassung von der Deutschen Krankenhausgesellschaft, der Bundesärztekammer und der Kassenärztlichen Bundesvereinigung im September/Oktober 2008 verabschiedet wurde (nachfolgend: DKG-Muster *Belegarztvertrag*)[106].

3. Krankenhausträger

Vertragspartner des Belegarztes ist nicht das Krankenhaus oder die Krankenhausverwaltung bzw. der Verwaltungsdirektor, sondern der Eigentümer des Krankenhauses, z.B. die Kommune (Stadt, Kreis, Land etc.), die Kirchengemeinde oder das private Klinikunternehmen. Krankenhausträger ist also stets die juristische Person des öffentlichen oder des privaten Rechts, die als Eigentümerin ein Krankenhaus betreibt. Vom Krankenhausträger zu unterscheiden ist dessen Vertreter, der kraft Vertrags oder kraft Gesetzes im Namen des Krankenhausträgers handelt. So ist z.B. in einer Krankenhaus-GmbH die Geschäftsführung der gesetzliche Vertreter des Unternehmens. Ob die Geschäftsführung aus einer Person oder aus mehreren Personen besteht, wird im Gesellschaftsvertrag geregelt. Dieser bestimmt auch, inwieweit die Geschäftsführung beim Abschluss von Verträgen der Mitwirkung des Aufsichtsrats bedarf (sog. Innenverhältnis), was beim Abschluss eines Belegarztvertrags in aller Regel der Fall ist. Die Mitwirkung ändert jedoch nichts daran, dass der Vertrag mit dem Belegarzt allein von der Geschäftsführung abgeschlossen und unterzeichnet wird (sog. Außenverhältnis).

4. Präambel

Vielfach empfiehlt es sich, in einer Präambel auf Besonderheiten des Vertrags hinzuweisen, die Gegenstand des Vertragsabschlusses sind oder die zum Vertragsabschluss geführt haben. Eine solche Erwähnung der Vertragsgrundlage kann für die spätere Interpretation des Vertrags von wesentlicher Bedeutung sein. Ein Hinweis empfiehlt sich insbesondere dann, wenn dem Belegarztvertrag andere Vertragsbeziehungen zwischen den Vertragsparteien vorangegangen sind, z.B. wenn eine Hauptabteilung in eine Belegabteilung umgewandelt wird und mit dem bisherigen Chefarzt ein Belegarztvertrag abgeschlossen wird.

In konfessionellen Krankenhäusern ist es allgemein üblich, auf die religiöse Zielsetzung des Krankenhausbetriebs, auf die Grundordnung des kirchlichen Dienstes, auf den Leitgedanken der Caritas/Diakonie sowie darauf hinzuweisen, dass jeder Mitarbeiter die Grundsätze der Glaubens- und Sittenlehre der jeweiligen Kirche zu beachten hat. Diese Verpflichtung des Belegarztes kann für den zukünftigen Bestand des Vertrags von Bedeutung sein, und zwar sowohl hinsichtlich des Verhaltens des Arztes im beruflichen wie auch im privaten Bereich.

§ 1
Vertragsgegenstand

(1) Herr/Frau Dr. med. ....., geb. am ....., wird mit Wirkung vom ..... das Recht eingeräumt, im .....-Krankenhaus als Belegarzt Patienten des Fachgebiets ..... stationär zu behandeln.

(2) Gemäß § 18 Abs. 1 Satz 2 KHEntgG sind die Leistungen des Belegarztes
1. seine persönlichen Leistungen,
2. der ärztliche Bereitschaftsdienst für Belegpatienten,
3. die von ihm veranlassten Leistungen nachgeordneter Ärzte des Krankenhauses, die bei der Behandlung der Belegpatienten in demselben Fachgebiet wie der Belegarzt tätig werden,
4. die von ihm veranlassten Leistungen von Ärzten und ärztlich geleiteten Einrichtungen außerhalb des Krankenhauses.

(3) Die Zulassung weiterer Belegärzte seines Fachgebiets erfolgt im Einvernehmen mit dem Belegarzt. An einem anderen Krankenhaus kann der Belegarzt nur im Einvernehmen mit dem Krankenhausträger tätig werden.

(Im nachfolgenden Text des Vertrags wird aus Gründen der besseren Lesbarkeit nur von „Belegarzt“ gesprochen.)

Erläuterungen zu § 1

1. Voraussetzungen der Belegarzttätigkeit
2. Zulassung trotz gesperrten Planungsbereichs
3. Leistungen des Belegarztes
4. Konkurrenzklausel

1. Voraussetzungen der Belegarzttätigkeit

Der Belegarzt ist ein in freier Praxis niedergelassener Arzt, dem vom Krankenhausträger das Recht eingeräumt wird, Patienten im Krankenhaus stationär zu behandeln. Die stationäre Tätigkeit des Belegarztes besteht sowohl in der Fortsetzung der ärztlichen Behandlung seiner ambulanten Patienten der eigenen Praxis, als auch in der originären stationären Behandlung der an ihn von anderen niedergelassenen Ärzten eingewiesenen Patienten. Um diese stationäre belegärztliche Tätigkeit ausüben zu können, müssen folgende Voraussetzungen gegeben sein:

- Zwischen Belegarzt und Krankenhausträger muss ein Vertrag über die stationäre belegärztliche Behandlung von Patienten abgeschlossen sein (Belegarztvertrag).
- Das Krankenhaus muss zur stationären Krankenbehandlung zugelassen sein, entweder als Plankrankenhaus oder als Vertragskrankenhaus (vgl. § 118 SGB V).
- Das Krankenhaus muss über Betten verfügen, die entweder im Krankenhausplan des Landes oder im Versorgungsvertrag als Belegbetten für ein bestimmtes Fachgebiet oder einen bestimmten Schwerpunkt ausgewiesen sind.
- Die belegärztliche Tätigkeit darf nicht den Schwerpunkt der Gesamttätigkeit des Belegarztes bilden, er muss im erforderlichen Umfang zur ambulanten Versorgung zur Verfügung stehen.
- Die persönliche Eignung zur belegärztlichen Tätigkeit muss vorliegen und der Praxissitz des Vertragsarztes muss im Einzugsbereich der Belegabteilung liegen[107].

2. Zulassung trotz gesperrten Planungsbereichs

Verfügt ein an einer belegärztlichen Tätigkeit interessierter Arzt noch nicht über eine Zulassung zur vertragsärztlichen Versorgung und befindet sich die ihm angebotene Belegarzttätigkeit in einem gesperrten Planungsbereich, so eröffnet § 103 Abs. 7 SGB V die Möglichkeit, eine Vertragsarzt-Zulassung zu erhalten, wenn trotz einer öffentlichen Ausschreibung durch den Krankenhausträger kein Belegarztvertrag mit einem im Planungsbereich bereits niedergelassenen Vertragsarzt zustande kommt. Allerdings ist die Zulassung beschränkt auf die Dauer der belegärztlichen Tätigkeit mit der Maßgabe, dass diese Beschränkung entfällt bei Aufhebung der Zulassungsbeschränkungen, spätestens nach Ablauf von zehn Jahren.

3. Leistungen des Belegarztes

Gemäß § 18 Abs. 1 Satz 2 KHEntgG sind die Leistungen des Belegarztes

- seine persönlichen Leistungen,
- der ärztliche Bereitschaftsdienst für Belegpatienten,
- die von ihm veranlassten Leistungen nachgeordneter Ärzte des Krankenhauses,
- die bei der Behandlung der Belegpatienten in demselben Fachgebiet wie der Belegarzt tätig werden,
- die von ihm veranlassten Leistungen von Ärzten und ärztlich geleiteten Einrichtungen außerhalb des Krankenhauses.

Eigentlich ist es nicht üblich und erforderlich, Gesetzestexte in Verträge aufzunehmen. Da es sich in den letzten Jahren jedoch eingebürgert hat, die Liste der Leistungen des Belegarztes auch in den Belegarztvertrag selbst aufzunehmen, wurde gegenüber der letzten Auflage ein neuer Abs. 2 aufgenommen, der den Wortlaut von § 18 Abs. 1 Satz 2 KHEntgG wiedergibt.

4. Konkurrenzklausel

Vielfach sieht ein vom Krankenhausträger angebotener Belegarztvertrag eine Klausel vor, wonach der Belegarzt in einem anderen Krankenhaus nicht bzw. nur mit Zustimmung des Krankenhausträgers tätig werden kann. Eine solche Auflage muss sicherlich akzeptiert werden. Andererseits sollte aber auch dem Belegarzt zugestanden werden, dass weitere Belegärzte nur mit seiner Zustimmung am Krankenhaus zugelassen werden können.

§ 2

Stellung des Belegarztes

(1) Der Belegarzt steht zum Krankenhausträger weder in einem Arbeitsverhältnis noch in einem arbeitnehmerähnlichen Verhältnis. Als freiberuflich tätiger Arzt schließt der Belegarzt mit dem Patienten den Vertrag über die ärztliche Behandlung.

(2) Der Belegarzt ist für die ärztliche Behandlung seiner Patienten allein verantwortlich. In seiner ärztlichen Verantwortung bei Diagnostik und Therapie ist der Belegarzt unabhängig und nur dem Gesetz verpflichtet.

(3) Der Belegarzt hat die Behandlung seiner Patienten so einzurichten, dass ein reibungsloser und den Erkenntnissen der ärztlichen Wissenschaft entsprechender Betrieb seiner Abteilung gewährleistet ist. In Fragen der allgemeinen Hygiene im Krankenhaus ist der Belegarzt an die vom Krankenhausträger erlassenen oder vom Leitenden Arzt des Krankenhauses (Ärztlicher Direktor) im Einzelfall getroffenen Regelungen gebunden.

(4) Der Belegarzt verpflichtet sich, mit dem Krankenhausträger, dem Leitenden Arzt des Krankenhauses (Ärztlicher Direktor), den Chefärzten, den anderen Belegärzten, den sonstigen Mitarbeitern des Krankenhauses sowie mit dem Verwaltungsdirektor und der Leitenden Pflegekraft vertrauensvoll zusammenzuarbeiten.

(5) Können Meinungsverschiedenheiten unter den Krankenhausärzten vom Leitenden Arzt des Krankenhauses nicht beigelegt werden, so entscheidet der Vertreter des Krankenhausträgers. Dieser entscheidet auch über Meinungsverschiedenheiten zwischen dem Belegarzt und dem Verwaltungsdirektor oder der Leitenden Pflegekraft.

Erläuterungen zu § 2

1. Freiberufliche Tätigkeit
2. Vertragsbeziehungen
3. Zusammenarbeit

1. Freiberufliche Tätigkeit

Der Belegarztvertrag ist weder ein Arbeitsvertrag noch ein Gesellschaftsvertrag, sondern ein Vertrag sui generis, der Elemente des Dienst-, Miet- und Gesellschaftsvertrags in sich vereint[108]. Er erhält dem Belegarzt auch im Rahmen der stationären Tätigkeit seine Stellung als freiberuflich tätiger Arzt, der Vertragspartner des Patienten ist. Demgemäß ist der Belegarzt für die ordnungsgemäße ärztliche Versorgung der stationären Patienten verantwortlich, und zwar auch dann, wenn bei der Behandlung Personen mitwirken, die vom Krankenhausträger angestellt sind und dem Belegarzt zur Verfügung gestellt werden. Zugleich ist er in seiner ärztlichen Verantwortung bei Diagnostik und Therapie unabhängig und nur dem Gesetz verpflichtet. Dies schließt allerdings nicht aus, dass der Krankenhausträger aufgrund der Aufgabenstellung des Krankenhauses und der Fachabteilung darüber entscheidet, welche Behandlungen in der Belegabteilung durchgeführt werden, ob also z.B. auch große operative Eingriffe vorgenommen werden oder nicht. Gehört jedoch ein Eingriff zum Leistungsspektrum der Abteilung, so ist für die Indikation beim einzelnen Patienten allein der Belegarzt zuständig und verantwortlich.

2. Vertragsbeziehungen

Während der Belegarzt mit dem Patienten den Vertrag über die ärztliche Behandlung abschließt, ist das Krankenhaus zuständig für die Unterbringung, Pflege und Verpflegung des Patienten, für die sog. Hotellerie. Es liegt der klassische Fall des sog. gespaltenen Krankenhaus-Aufnahmevertrags vor, bei dem der stationäre Patient zwei Verträge abschließt, nämlich den Vertrag mit dem Belegarzt über die ärztliche Behandlung sowie den Vertrag mit dem Krankenhausträger über die Pflege und die Hotellerie. Aus dieser Doppelspurigkeit der Vertragsbeziehungen ergeben sich Konsequenzen für die Abrechnung der Leistungsvergütung (vgl. § 8) sowie für die Haftung (vgl. § 10). Eine Besonderheit kann für den Bereich der Anästhesieleistung bestehen. Hält ein Krankenhausträger in seinem Krankenhaus eine hauptamtliche Anästhesieabteilung vor, so gehört die anästhesiologische Versorgung der Patienten zu den Krankenhausleistungen, die über das Krankenhausentgelt (Fallpauschalen, Zusatzentgelte sowie Belegarztpflegesätze im psychiatrischen Bereich) abgegolten sind und mit den Krankenkassen abgerechnet werden. Wird die Tätigkeit des Belegarztes jedoch im Rahmen eines Honorarvertrags durch das Krankenhaus vergütet, so wird zwischen dem Patienten und dem Krankenhausträger ein totaler Krankenhaus-Aufnahmevertrag abgeschlossen, wie im Rahmen der Chefarztbehandlung.

3. Zusammenarbeit

Es ist selbstverständlich, dass der Belegarzt mit den anderen Führungspersönlichkeiten des Krankenhauses vertrauensvoll und konstruktiv zusammenzuarbeiten hat. Kommt es einmal zu Meinungsverschiedenheiten, so sollte grundsätzlich zunächst der Ärztliche Direktor des Krankenhauses schlichtend tätig werden. Gelingt dies nicht, so muss eine Konfliktlösung über den Vertreter des Krankenhausträgers herbeigeführt werden.

§ 3
Wirtschaftlichkeitsgebot

Der Belegarzt ist zu einer ausreichenden, zweckmäßigen und wirtschaftlichen Behandlung im Rahmen des ärztlich Notwendigen und unter Beachtung der Aufgabenstellung des Krankenhauses verpflichtet. Er ist auch für die sparsame Verwendung der zur Verfügung stehenden Mittel, insbesondere der Medikamente, Heilmittel etc., durch die anderen Mitarbeiter seiner Abteilung verantwortlich.

Erläuterung zu § 3

Wirtschaftlichkeit

Die Verpflichtung des Belegarztes zu einer ausreichenden, zweckmäßigen und wirtschaftlichen Behandlung im Rahmen des ärztlich Notwendigen entspricht dem für den Vertragsarzt gesetzlich geltenden Wirtschaftlichkeitsgebot bei der Versorgung sozialversicherter Patienten[109]. Darüber hinaus muss er jedoch auch die Aufgabenstellung des Krankenhauses beachten. So dürfte es in der Regel die Leistungsfähigkeit eines Krankenhauses der Grundversorgung übersteigen, endoprothetische Eingriffe durchzuführen oder Schrittmacher zu implantieren. Entspricht eine Behandlung nicht der Aufgabenstellung des Krankenhauses, so muss der Belegarzt dies beachten. Dem Wirtschaftlichkeitsgebot entspricht auch die Verantwortung für die sparsame Verwendung des medizinischen Sachbedarfs, insbesondere der Medikamente, auch soweit die Mittel von nachgeordnetem Personal angewendet werden.

§ 4

Belegbetten

(1) Dem Belegarzt werden zur stationären Behandlung seiner Patienten ..... Betten zur Verfügung gestellt, davon ..... Betten in 1- und 2-Bett-Zimmern.

(2) Über die Aufnahme und Entlassung von Patienten im Rahmen der zur Verfügung gestellten Betten entscheidet der Belegarzt unter ärztlichen Gesichtspunkten nach Maßgabe der Allgemeinen Vertragsbedingungen (AVB) des Krankenhauses.

(3) Über unbelegte Betten im Rahmen von Absatz 1 kann der Krankenhausträger im Benehmen mit dem Belegarzt vorübergehend anderweitig verfügen. Die Zahl der Betten kann vermindert werden, ohne dass es einer Vertragskündigung bedarf, soweit der Belegarzt die ihm nach Absatz 1 zur Verfügung gestellten Betten nicht nur vorübergehend ungenutzt lässt.

Erläuterung zu § 4

Bettenzahl

Der Belegarztvertrag sollte auch eine Regelung über die Zahl und Art der zur Verfügung gestellten Betten enthalten. Dies kann allerdings nicht ausschließen, dass unbelegte Betten bei Bedarf vorübergehend durch andere Abteilungen belegt werden können und dass bei einer dauerhaften Nichtnutzung von Betten die vertraglich vereinbarte Bettenzahl auch vermindert werden kann.

§ 5

Personal

(1) Der Krankenhausträger ist verpflichtet, das zu einem ordnungsgemäßen Betrieb der Abteilung erforderliche pflegerische und medizinisch-technische Personal sowie die Schreibkräfte anzustellen. Die Anstellung, Versetzung, Beurlaubung oder Entlassung erfolgt im Benehmen mit dem Belegarzt.

(2) Die zu einem ordnungsgemäßen Betrieb der Abteilung erforderlichen nachgeordneten Ärzte werden vom Krankenhaus zur Verfügung gestellt. Personelle Maßnahmen erfolgen im Benehmen mit dem Belegarzt.

(3) Auf Wunsch ist der Belegarzt berechtigt, die nachgeordneten Ärzte selbst anzustellen. Die Anstellung erfolgt im Benehmen mit dem Krankenhausträger. Gleiches gilt für die Anstellung einer Schreibkraft.

(4) Der Belegarzt ist in seinem Arbeitsbereich gegenüber dem dort tätigen ärztlichen und nichtärztlichen Personal in fachlicher Hinsicht weisungsberechtigt, unbeschadet der Befugnisse des Leitenden Krankenhausarztes (Ärztlicher Direktor) bzw. der Leitenden Pflegekraft.

(5) Der Belegarzt entscheidet über die Art der für seine Abteilung einzurichtenden Bereitschaftsdienste. Der Anwesenheitsdienst der Assistenzärzte (Bereitschaftsdienst) kann im Zusammenwirken mit einer anderen Krankenhaus-Fachabteilung organisiert werden. Es bedarf hierzu einer Absprache mit dem zuständigen Leitenden Arzt und dem Krankenhausträger. Im Rahmen dieser Absprache ist auch festzulegen, unter welchen Voraussetzungen er selbst oder ein anderer in Rufbereitschaft stehender Facharzt zu benachrichtigen ist.

(6) Arbeitszeugnisse für das Personal werden unter Beifügung einer fachlichen Beurteilung des Belegarztes durch den Krankenhausträger ausgestellt. Zeugnisse zum Zwecke der Facharztweiterbildung oder Zeugnisse und Bescheinigungen, die sich ausschließlich mit der ärztlich-wissenschaftlichen Qualifikation befassen, stellt der Belegarzt aus.

(7) Der Belegarzt verpflichtet sich, in zumutbarem Umfang an der Fortbildung des ärztlichen, pflegerischen und medizinisch-technischen Krankenhauspersonals im Rahmen seines Fachgebiets mitzuwirken.

Erläuterungen zu § 5

1. Nichtärztliches Personal
2. Schreibkräfte
3. Ärztliches Personal
4. Bereitschaftsdienste

1. Nichtärztliches Personal

Nach der Systematik des Pflegesatzrechts und den Empfehlungen der Belegarzt-Vertragsgrundsätze gehört die Vorhaltung des nichtärztlichen Personals, insbesondere der Pflegekräfte sowie des medizinisch-technischen Personals, zu den Aufgaben des Krankenhauses. Soweit dieses Personal in der Belegabteilung tätig ist, sollten Personalentscheidungen im Benehmen mit dem Belegarzt durchgeführt werden.

2. Schreibkräfte

Streitig ist die Frage, wer für die Schreibkräfte zuständig sein soll. Soweit es um die Entlassungsberichte für die einweisenden Hausärzte sowie um ähnliche Tätigkeiten geht, sollten diese Arbeiten von Schreibkräften des Krankenhauses erledigt werden. Für die Honorarabrechnung sollte der Belegarzt dagegen eigenes Personal einsetzen bzw. die Tätigkeiten in seiner Praxis erledigen lassen.

3. Ärztliches Personal

Soweit der Belegarzt die Hilfe nachgeordneter Ärzte benötigt, z.B. ärztliche Assistenz bei Operationen, assistenzärztliche Tätigkeiten auf den Stationen, Aufnahmeuntersuchungen etc., ist sowohl eine Anstellung durch das Krankenhaus als auch eine Anstellung durch den Belegarzt selbst möglich. In der Regel wird sich allerdings eine Anstellung durch das Krankenhaus empfehlen, um einen ökonomischen Personaleinsatz zu gewährleisten. Auch ist bei einer Gestellung der Assistenzärzte durch das Krankenhaus gewährleistet, dass die Personalhoheit beim Krankenhausträger verbleibt. Stellt der Krankenhausträger das ärztliche Personal zur Verfügung, erübrigen sich alle sonst erforderlichen Regelungen, wie z.B. die rechtzeitige Mitteilung über den Einsatz externen Personals in der Belegabteilung, Regelungen über Schadenersatzpflichten, sofern von einem externen Mitarbeiter ein Schaden im Krankenhaus entsteht etc. Die durch die Gestellung ärztlichen Personals entstehenden Kosten sind vom Belegarzt zu erstatten (vgl. § 8 Abs. 5).

4. Bereitschaftsdienst und Rufbereitschaft

In der Regel werden Belegpatienten außerhalb der Tagesdienstzeiten vom assistenzärztlichen Bereitschaftsdienst fachverwandter Hauptabteilungen mitbetreut. Der Belegarzt wird sich insoweit mit dem Krankenhausträger und der hierfür in Frage kommenden Hauptfachabteilung abstimmen. Die fachärztliche Rufbereitschaft ist dagegen vom Belegarzt selbst sicherzustellen, gegebenenfalls in Kooperation mit anderen Fachkollegen.

§ 6
Geräte, Einrichtungen und Material

(1) Das Krankenhaus stellt dem Belegarzt zur sachgemäßen Durchführung seiner ärztlichen Tätigkeit die notwendigen Einrichtungsgegenstände, insbesondere Apparate und Instrumente, zur Verfügung. Der Belegarzt hat für die Erhaltung des einwandfreien Zustands zu sorgen. Soweit Mängel auftreten, sind diese unverzüglich der Krankenhausverwaltung zu melden.

(2) Bei seiner ärztlichen Tätigkeit darf der Belegarzt eigene Einrichtungsgegenstände nur im Einvernehmen mit dem Krankenhausträger verwenden. Die eingebrachten Gegenstände werden in einem gesonderten Verzeichnis erfasst.

(3) Der Krankenhausträger ist verpflichtet, den zu Vertragsbeginn vorhandenen medizinischen Standard zu erhalten und diesen durch geeignete Ersatzbeschaffungen zu sichern.

Erläuterung zu § 6

Apparative Ausstattung

Über die apparative und instrumentelle Ausstattung der Belegabteilung muss anlässlich des Vertragsabschlusses Einigkeit zwischen den Vertragspartnern erzielt werden, ohne dass im Einzelnen im Belegarztvertrag alle Gegenstände aufgeführt werden. Ggf. kann dies auch in einer Anlage zum Belegarztvertrag geschehen, sofern etwas Derartiges überhaupt erforderlich ist. Allgemein üblich ist jedoch eine Klausel, die den Krankenhausträger dazu verpflichtet, die für die geplante belegärztliche Tätigkeit erforderlichen Gegenstände zur Verfügung zu stellen und auch zukünftig den medizinischen Standard zu erhalten. Der Mustervertrag der DKG spricht demgegenüber von einer „Standardausrüstung“, die der Krankenhausträger dem Belegarzt zur Verfügung stellt. Auf diese Formulierung wurde bewusst verzichtet, da der Begriff allzu leicht als „Minimalausstattung“ missverstanden werden kann. Stattdessen spricht der Vertrag von den „notwendigen“ Einrichtungsgegenständen. Über diesen Begriff lässt sich sicherlich im Einzelfall streiten, doch gilt dies erst recht für den Begriff Standardausrüstung. Andererseits knüpft der Begriff der „notwendigen“ Einrichtung an die ärztliche Leistung an, so dass bei einer erstklassigen medizinischen Versorgung Rückschlüsse auf die hierzu notwendigen Apparate und Instrumente gezogen werden können. Vereinzelt wird davon abgeraten, solche allgemein formulierten Pflichten in den Belegarztvertrag aufzunehmen, weil daraus Meinungsverschiedenheiten entstehen könnten[110]; diese Bedenken sind nicht nachvollziehbar. Wenn es im Zusammenhang mit der erforderlichen Ersatzbeschaffung einmal zu Meinungsverschiedenheiten kommen sollte, so spricht dies nicht gegen eine entsprechende Vertragsbestimmung, sondern höchstens gegen die Vertragspartner.

§ 7
Sonstige Rechte und Pflichten

(1) Dem Belegarzt obliegt die Einhaltung der gesetzlichen Vorschriften und die Sicherstellung der ärztlichen Meldepflichten.

(2) Auf Verlangen der anderen Krankenhausärzte ist der Belegarzt auf seinem Fachgebiet zur konsiliarischen Beratung und Behandlung der stationären Patienten anderer Abteilungen verpflichtet. In diesem Rahmen hat er die Aufklärung der Patienten sicherzustellen und deren Einwilligung in den Krankenakten zu vermerken. Die Aufzeichnungen des Belegarztes über seine konsiliarische Tätigkeit ist der von der anderen Abteilung geführten Krankenakte beizufügen.

(3) Der Belegarzt verpflichtet sich, für jeden stationären Patienten hinsichtlich der stationären Behandlungstätigkeit eine Krankenakte zu führen, die unter Sicherung der ärztlichen Schweigepflicht im Krankenhaus aufbewahrt wird. Krankenakten sowie Abschriften, Auszüge und Ablichtungen hiervon dürfen nur mit Zustimmung des Belegarztes oder seines Nachfolgers herausgegeben werden. Der Belegarzt ist auch nach seinem Ausscheiden zur Auswertung der Krankenakten sowie dazu berechtigt, auf seine Kosten Abschriften, Auszüge oder Ablichtungen herzustellen.

(4) Zur Sicherung der Kostenansprüche des Krankenhauses hat der Belegarzt der Krankenhausverwaltung alle Angaben zu machen, die zur Geltendmachung der Entgelte des Krankenhausträgers erforderlich sind.

(5) Der Belegarzt hat über alle Angelegenheiten des Krankenhauses Verschwiegenheit zu bewahren, auch nach Beendigung des Vertragsverhältnisses.

Erläuterungen zu § 7

1. Konsiliartärigkeit
2. Krankenakten

1. Konsiliartätigkeit

Es ist ein wesentliches Merkmal eines Krankenhauses, dass die in ihm vertretenen Fachbereiche bei der Versorgung aller stationären Patienten kollegial zusammenarbeiten und ihr fachärztliches Wissen in die Patientenversorgung einbringen. Eine solche konsiliarische Mitbetreuung durch den Belegarzt setzt jedoch eine Anforderung durch eine andere Fachabteilung voraus. Da der Belegarzt auch im Rahmen seiner Konsiliartätigkeit als freiberuflicher Arzt tätig wird, ist er auch selbst zuständig für die Aufklärung und Einwilligung der Patienten bezüglich der von ihm veranlassten Leistungen.

2. Krankenakten

Auch wenn die ärztliche Behandlung der Belegpatienten eine freiberufliche Tätigkeit des Belegarztes ist, so hat er dennoch die Aufzeichnungen über seine ärztliche Tätigkeit in Krankenakten niederzulegen, die im Krankenhaus aufbewahrt werden. Der Belegarzt ist jedoch jederzeit zur Nutzung der Krankenakten berechtigt, auch nach seinem Ausscheiden.

§ 8
Finanzielle Regelungen

(1) Der Belegarzt liquidiert die in seinem Bereich erbrachten ärztlichen Leistungen unmittelbar gegenüber dem Patienten bzw. dem Kostenträger. Ebenso rechnet der Belegarzt die im vertragsärztlichen Bereich erbrachten Leistungen mit der KV ab.

(2) Der Belegarzt ist verpflichtet, bei der Ausübung seines Liquidationsrechts den gemeinnützigen Charakter des Krankenhauses und die wirtschaftliche Leistungsfähigkeit des Zahlungspflichtigen zu berücksichtigen.

(3) Der Belegarzt rechnet seine Konsiliartätigkeit auf anderen Belegabteilungen mit den Selbstzahlerpatienten bzw. den Kostenträgern unmittelbar ab. Eine Konsiliartätigkeit bei stationären Wahlleistungspatienten in Hauptabteilungen liquidiert er unmittelbar gegenüber dem Patienten.

(4) Der Belegarzt erhält für seine Konsiliartätigkeit bei stationären Regelleistungspatienten in Hauptabteilungen vom Krankenhausträger folgende Vergütung:
.....
Sonstige Tätigkeiten des Belegarztes für den Krankenhausträger, insbesondere ....., werden wie folgt vergütet: .....

(5) Soweit der Belegarzt den ärztlichen Dienst des Krankenhauses in Anspruch nimmt, insbesondere nachgeordnete Ärzte im Tagesdienst sowie Assistenzärzte

für den ärztlichen Bereitschaftsdienst, hat er dem Krankenhausträger die anteiligen Kosten hierfür zu erstatten. Gleiches gilt für den Fall, dass der Belegarzt Personal des Krankenhauses zur Abrechnung und Einziehung seiner Honorare in Anspruch nimmt. Zur Erstattung der Kosten wird folgende Pauschalierung vereinbart: .....

(6) Der Belegarzt hat den Bürobedarf in seinem Tätigkeitsbereich einschließlich Porto und Telefon selbst zu stellen.

(7) Abrechnungszeitraum ist das Kalenderjahr. Bis zur Schlussrechnung werden monatliche Abschlagszahlungen unter Berücksichtigung des voraussichtlichen Jahresbetrags geleistet. Die Abschlagszahlungen sind jeweils einen Monat nach Zustellung der Rechnung fällig, die Schlussrechnung ist innerhalb von zwei Monaten nach Rechnungsstellung fällig.

Erläuterungen zu § 8

1. Liquidation der belegärztlichen Leistungen
2. Abrechnung der Konsiliartätigkeit
3. Vergütung sonstiger Tätigkeiten
4. Kostenerstattung des Belegarztes
5. Honorarvertrag gem. § 121 Abs. 5 SGB V

1. Liquidation der belegärztlichen Leistungen (Belegarzthonorar)

Der Belegarzt rechnet alle von ihm oder von seinen Mitarbeitern in seinem Auftrag und unter seiner Verantwortung erbrachten ärztlichen Leistungen mit den Patienten bzw. Kostenträgern selbst ab. Bei stationären Selbstzahlerpatienten liquidiert er seine Leistungen nach Maßgabe der Gebührenordnung für Ärzte (GOÄ), wobei er gemäß § 6a Abs. 1 Satz 2 sein Honorar gegenüber dem Patienten um 15% zu mindern hat.

Bei stationären Kassenpatienten rechnet der Belegarzt seine ärztlichen Leistungen mit der Kassenärztlichen Vereinigung ab, da gemäß § 121 Abs. 3 SGB V belegärztliche Leistungen aus der vertragsärztlichen Gesamtvergütung vergütet werden. Dabei hat die Vergütung die Besonderheiten der belegärztlichen Tätigkeit zu berücksichtigen, wobei hierzu auch leistungsgerechte Entgelte für den ärztlichen Bereitschaftsdienst für Belegpatienten und für die vom Belegarzt veranlassten Leistungen nachgeordneter Ärzte des Krankenhauses gehören, die bei der Behandlung seiner Belegpatienten in demselben Fachgebiet wie der Belegarzt tätig werden.

2. Abrechnung der Konsiliartätigkeit

Soweit der Belegarzt zur konsiliarischen Betreuung von Patienten anderer Krankenhausabteilungen hinzugezogen wird (vgl. § 7 Abs. 2), muss differenziert werden, ob es sich um eine hauptamtliche Abteilung oder um eine Belegabteilung handelt.

Für die Tätigkeit auf anderen Belegabteilungen rechnet der Belegarzt nach den Grundsätzen ab, die für die Abrechnung auf seiner eigenen Belegabteilung gelten: Gegenüber Selbstzahlern liquidiert er nach der GOÄ, seine Leistungen bei Kassenpatienten rechnet er mit der Kassenärztlichen Vereinigung ab.

Seine Konsiliartätigkeit auf Hauptabteilungen kann der Belegarzt dagegen nur bei Wahlleistungspatienten mit diesen abrechnen. Da die ärztliche Behandlung der Regelleistungspatienten auf Hauptabteilungen mit dem vom Krankenhaus abgerechneten Entgelt abgegolten ist, muss der Belegarzt mit dem Krankenhausträger eine Vergütung seiner Tätigkeit vereinbaren. Das vorliegende Vertragsmuster sieht hierfür in § 8 Abs. 4 eine entsprechende Klausel vor. Danach erhält der Belegarzt für seine Konsiliartätigkeit bei stationären Regelleistungspatienten in Hauptabteilungen eine Vergütung vom Krankenhausträger. Zur Höhe der Vergütung macht das Vertragsmuster keinen Vorschlag. In der Vertragspraxis wird jedoch überwiegend eine Einzelleistungsvergütung auf der Grundlage der GOÄ vereinbart, wobei aus belegärztlicher Sicht mindestens der einfache Gebührensatz vereinbart werden sollte. Es ist jedoch auch möglich, die Vergütung für diese konsiliarärztliche Tätigkeit in die Pauschalierung der Kostenerstattung für die Inanspruchnahme des nachgeordneten ärztlichen Dienstes (vgl. nachfolgend Ziffer 4) einzubeziehen.

Verschiedentlich wird die Vergütung der Konsiliartätigkeit durch den Krankenhausträger in Frage gestellt[111]. Dem muss allerdings entgegengehalten werden, dass auch das DKG-Muster *Belegarztvertrag* in § 13 Abs. 7 grundsätzlich von einer Vergütung der Konsiliartätigkeit des Belegarztes ausgeht[112]. Dies gilt auch für die überarbeitete Fassung des Vertragsmusters vom September/Oktober 2008.

3. Vergütung sonstiger Tätigkeiten

Soweit der Belegarzt für das Krankenhaus anderweitige Tätigkeiten erbringt, z.B. Unterricht an einer Krankenpflegeschule erteilt, wird hierfür in der Regel ebenfalls eine besondere Vergütung vereinbart. Dies wird im vorliegenden Vertragsmuster in § 8 Abs. 4 Satz 2 entsprechend berücksichtigt.

4. Kostenerstattung des Belegarztes

Bereits die Belegarzt-Vertragsgrundsätze von 1959[113] gehen in Abschnitt B IV Nr. 5 und Nr. 6 von dem Grundsatz aus, dass der Belegarzt die Kosten für den Einsatz ärztlicher Mitarbeiter in seinem Tätigkeits- und Liquidationsbereich zu tragen hat. Entweder stellt der Belegarzt selbst einen Assistenzarzt ein, was jedoch nur bei einer entsprechend großen Belegabteilung möglich sein wird, oder aber der Krankenhausträger stellt dem Belegarzt den ärztlichen Dienst zur Verfügung. In letzterem Fall erstattet der Belegarzt dem Krankenhausträger die anteiligen Kosten. Von dieser Systematik geht auch das geltende Pflegesatzrecht aus, wonach der Belegarzt verpflichtet ist, die durch die Inanspruchnahme der nachgeordneten Ärzte des Krankenhauses entstehenden Kosten zu erstatten, wobei die Kostenerstattung auch pauschaliert werden kann (vgl. § 19 Abs. 1 KHEntgG).

Neben der Erstattung der Kosten des ärztlichen Dienstes ist eine weitergehende Abgabe an den Krankenhausträger sachlich nicht gerechtfertigt. Zwar wird von Krankenhausträgern immer wieder versucht, mit dem Belegarzt eine zusätzliche Abgabe in der Form eines sog. Vorteilsausgleichs zu vereinbaren, eine Abgabe also, die zusätzlich zur Kostenerstattungsabgabe gezahlt werden soll, doch gibt es hierfür weder eine gesetzliche Grundlage noch eine sachliche Rechtfertigung. Die Vereinbarung eines Vorteilsausgleichs sollte also vermieden werden. Auch Münzel[114] weist darauf hin, dass die Vereinbarung eines Vorteilsausgleichs im Belegarztvertrag, anders als im Chefarztbereich, eher unüblich ist.

5. Honorarvereinbarung gem. § 121 Abs. 5 SGB V

Seit dem 25.03.2009 eröffnet § 121 Abs. 5 SGB V die völlig neuartige Möglichkeit, die Tätigkeit des Belegarztes über einen Honorarvertrag mit dem Krankenhaus zu vergüten. Voraussetzung ist allerdings, dass der Krankenhausträger über Belegbetten verfügt, die im Krankenhausplan des Landes als solche ausgewiesen sind. Durch das Krankenhausfinanzierungsreformgesetz (KHRG) vom 17.03.2009 wurde diese völlig neuartige Vergütungsregelung gesetzlich eröffnet. Zur Begründung führte der zuständige Bundestagsausschuss u.a. Folgendes aus:

> *Zur Ermöglichung von gleichen Wettbewerbschancen zwischen Krankenhäusern mit Haupt- und Belegabteilungen bedarf es einer Regelung, mit der den Belegabteilungen ein Wahlrecht eingeräumt wird, den Vertragsarzt entweder als Belegarzt nach dem bisherigen System oder nach dem Honorarvertragsmodell mit der stationären Leistungserbringung zu betrauen. Hierfür wird § 121 um einen neuen Absatz ergänzt. Der Vertragsarzt, der auf der Basis des Honorarvertragsmodells stationäre Leistungen in einer Belegabteilung erbringt, teilt der zuständigen Kassenärztlichen Vereinigung die Tätigkeit im Rahmen des Honorarvertragsmodells mit. ...*

Wird ein Belegarzt nach diesem Honorarvertragsmodell für seine Tätigkeit bezahlt, entfällt naturgemäß eine Vereinbarung über die Kostenerstattung für die Inanspruchnahme des Ärztlichen Dienstes des Krankenhauses (vgl. § 8 Abs. 5 des vorliegenden Vertragsmusters). Auch sonst müsste das Vertragsmuster wesentlich geändert werden, z.B. hinsichtlich der Regelung von Haftung und Versicherung (vgl. § 10). Ob allerdings dieses Honorarvertragsmodell bei Belegärzten auf Sympathie stößt, bleibt abzuwarten.

§ 9
Abwesenheit und Vertretung

(1) Der Belegarzt regelt seine Vertretung für die Zeit seiner Abwesenheit wegen Urlaub, Fortbildung oder Krankheit im Benehmen mit dem Krankenhausträger auf seine Kosten.
(2) Beginn und Dauer der Abwesenheit sind der Krankenhausleitung mindestens zwei Wochen vorher anzuzeigen. Eine unvorhergesehene Verhinderung ist unter Angabe der Vertretung unverzüglich anzuzeigen.
(3) Ist eine Vertretung nicht zu beschaffen, so kann im gegenseitigen Einvernehmen die Belegabteilung vorübergehend geschlossen werden, längstens jedoch für die Dauer von acht Wochen, ohne dass dies zur Kündigung des Belegarztvertrags berechtigt.

Erläuterung zu § 9

Vertretung

Wie der freiberuflich tätige, in freier Praxis niedergelassene Arzt für seine Vertretung in Abwesenheitsfällen wegen Urlaubs, Fortbildung oder Krankheit selbst und auf eigene Kosten zu sorgen hat, muss auch der Belegarzt für die Zeiten seiner Abwesenheit eine Vertretung stellen. Wird die Belegabteilung von mehreren Belegärzten im Rahmen des sog. kooperativen Belegarztwesens betreut, so ist die Abwesenheitsvertretung unproblematisch. Werden die Belegbetten jedoch von einem einzelnen Belegarzt betreut, so muss die Möglichkeit eröffnet werden, dass die Belegabteilung vorübergehend geschlossen wird, wenn es dem Belegarzt nicht möglich ist, eine Vertretung zu beschaffen. Üblicherweise wird das Recht zur Schließung der Belegabteilung zeitlich limitiert, meist für die Dauer von acht Wochen, da auch der angestellte Leitende Arzt in der Regel einen sechswöchigen Erholungsurlaub sowie einen zweiwöchigen Fortbildungsurlaub pro Jahr erhält.

§ 10
Haftung und Versicherung

(1) Der Belegarzt haftet im Rahmen der belegärztlichen Tätigkeit gegenüber den Patienten unmittelbar selbst für alle Schäden, die bei der ärztlichen Versorgung durch ihn oder seine Erfüllungsgehilfen eintreten. Bedienstete des Krankenhauses, die bei der ärztlichen Versorgung mitwirken oder ärztliche Leistungen für den Belegarzt erbringen, sind insoweit Erfüllungsgehilfen des Belegarztes.
(2) Der Belegarzt hat im Rahmen von Absatz 1 eine ausreichende Haftpflichtversicherung abzuschließen und dem Krankenhausträger auf Verlangen nachzuweisen.

(3) Für Leistungen, die das Krankenhaus selbst erbringt und abrechnet, haftet das Krankenhaus. Besteht die Möglichkeit, die Tätigkeit des Belegarztes in die Haftpflichtversicherung des Krankenhauses einzubeziehen, und macht der Belegarzt hiervon Gebrauch, so hat er dem Krankenhausträger die anteilige Prämie zu erstatten.

Erläuterungen zu § 10

1. Haftung
2. Haftpflichtversicherung

1. Haftung

Entsprechend der Systematik des Belegarztwesens, wonach der Belegarzt für die ärztliche Behandlung der stationären Belegpatienten verantwortlich ist, somit auch der Vertrag über die ärztliche Behandlung zwischen ihm und dem Patienten abgeschlossen wird, haftet der Belegarzt auch gegenüber dem Patienten für alle Behandlungsfehler bzw. Sorgfaltspflichtverletzungen, die durch ihn oder von den unter seiner Aufsicht und Verantwortung handelnden Mitarbeitern des Krankenhauses begangen werden. Der Belegarzt hat daher für seine belegärztliche Tätigkeit eine Haftpflichtversicherung abzuschließen.

2. Haftpflichtversicherung

Die Haftpflichtversicherung sollte möglichst Deckungssummen umfassen, wie sie auch im Bereich der angestellten Krankenhausärzte (Chefarztabteilungen) üblich sind, also für Personenschäden zurzeit fünf Millionen Euro, für Sachschäden eine Million Euro und für Vermögensschäden 150.000 Euro. Im Übrigen sollte sich der Belegarzt in angemessenen Zeitabständen von seiner Haftpflichtversicherung zur Höhe der Deckungssummen beraten lassen, da diese am besten über die jeweils aktuelle Rechtsprechung zur Schadenshöhe informiert ist. Die Empfehlung sollte sich der Belegarzt von seiner Versicherung schriftlich geben lassen. Im Übrigen wird nachdrücklich davor gewarnt, bei der Haftpflichtversicherung sparen zu wollen. Ebenso muss auf eine regelmäßige Aktualisierung der Deckungssummen geachtet werden.

Besteht die Möglichkeit, die Tätigkeit des Belegarztes in die Haftpflichtversicherung des Krankenhauses einzubeziehen, und macht der Belegarzt hiervon Gebrauch, so hat er dem Krankenhaus die anteilige Versicherungsprämie zu erstatten. Es ist letztlich für den Belegarzt ein Rechenexempel, ob er seine ohnehin bestehende Berufshaftpflichtversicherung um die Belegarzttätigkeit erweitert oder ob er sich der Haftpflichtversicherung des Krankenhauses anschließt.

§ 11
Ambulante Tätigkeit

(1) Eine ambulante Behandlung von Patienten in den Räumen des Krankenhauses bedarf einer gesonderten Vereinbarung, in der auch die Kostenerstattung zu regeln ist.
(2) Soweit der Belegarzt für die ambulante Behandlung von Notfällen Personal, Einrichtungen und Material des Krankenhauses in Anspruch nimmt, hat er die hierfür entstehenden Kosten zu erstatten.

Erläuterung zu § 11

Ambulante Leistungen

In der Regel wird der Belegarzt seine Praxistätigkeit in eigenen Räumen außerhalb des Krankenhauses ausüben. Denkbar ist jedoch auch eine Niederlassung im Krankenhaus im Rahmen der vom Krankenhausträger angemieteten Praxisräume. Für diesen Fall bedarf es allerdings umfassenderer Regelungen zwischen dem Arzt und dem Krankenhausträger. Die vorliegende Vertragsfassung geht vom Regelfall eines externen Praxisbetriebs aus. Soweit der Belegarzt jedoch einzelne ambulante Leistungen im Krankenhaus erbringen will, weil er z.B. spezielle Geräte und Einrichtungen des Krankenhauses in Anspruch nehmen möchte, muss hierüber eine gesonderte Vereinbarung abgeschlossen werden, die unter Berücksichtigung der Umstände des Einzelfalles formuliert werden muss und daher keiner Muster-Regelung zugänglich ist. In einer solchen Vereinbarung ist auch die Kostenerstattung zu regeln, die sowohl die Personalkosten als auch die Sachkosten zum Gegenstand hat.

§ 12
Vertragsdauer

(1) Das Vertragsverhältnis beginnt am ..... Der Vertrag wird auf unbestimmte Zeit geschlossen.
(2) Der Vertrag kann innerhalb der ersten sechs Monate mit einer Frist von einem Monat zum Monatsende gekündigt werden, danach mit einer Frist von sechs Monaten zum Ende eines Kalenderjahres.
(3) Der Vertrag kann nach Ablauf von fünf Jahren beiderseits nur noch aus wichtigem Grund gekündigt werden, wenn organisatorische oder persönliche Gründe dies erforderlich machen. Für die Kündigung aus wichtigem Grund findet § 626 BGB analog Anwendung. Die Kündigungsfrist beträgt grundsätzlich drei Monate zum Ende eines Kalendervierteljahres. Bei einer Kündigung aus wichtigen Gründen im Verhalten des Belegarztes, insbesondere bei einer schwerwiegenden Vertragsverletzung durch den Belegarzt, ist eine fristlose Kündigung möglich.

(4) Der Vertrag endet ohne Kündigung mit Ablauf des Quartals, mit dem die Zulassung des Belegarztes zur vertragsärztlichen Versorgung endet, spätestens jedoch mit Ablauf des Monats, in dem der Belegarzt das 68. Lebensjahr vollendet.
(5) Die Kündigung bedarf der Schriftform.

Erläuterungen zu § 12

1. Kein Kündigungsschutz
2. Kündigungsfristen
3. Kündigung aus wichtigem Grund
4. Fristlose Kündigung
5. Vertragsbeendigung aus Altersgründen

1. Kein Kündigungsschutz

Wie ausgeführt, ist der Belegarztvertrag weder ein Arbeitsvertrag noch ein arbeitnehmerähnliches Vertragsverhältnis. Dies hat zur Konsequenz, dass es gesetzliche Beschränkungen hinsichtlich der Kündigung des Belegarztvertrags durch den Krankenhausträger praktisch nicht gibt. Insbesondere findet das Kündigungsschutzgesetz keine Anwendung, im Gegensatz zum Vertragsverhältnis des angestellten Chefarztes, dessen Arbeitsvertrag nur unter den Voraussetzungen des Kündigungsschutzgesetzes durch den Arbeitgeber beendet werden kann. Zwar kann auch der Belegarztvertrag nicht aus offensichtlich sachwidrigen, willkürlichen Gründen beendet werden, doch kann das Vorliegen solcher Gründe meist nur schwer belegt werden, da zur Wirksamkeit der Kündigung eine Angabe von Gründen grundsätzlich nicht erforderlich ist. Mit anderen Worten: Sofern nicht im Belegarztvertrag ausdrücklich etwas anderes geregelt ist, kann der Vertrag jederzeit ohne Angabe von Gründen gekündigt werden, und zwar sowohl vom Krankenhausträger als auch vom Belegarzt.

2. Kündigungsfristen

Es ist daher allgemein üblich, in Abhängigkeit zur Vertragsdauer unterschiedliche Kündigungsfristen zu vereinbaren, die für beide Vertragspartner gelten.

In der Anfangsphase der Vertragsbeziehungen, etwa für eine kurze Zeit von sechs oder zwölf Monaten, wird meist eine kurze Kündigungsfrist von z.B. einem Monat jeweils zum Monatsende vereinbart, um damit den Vertragspartnern in Anlehnung zur Probezeit eines Arbeitsverhältnisses die Möglichkeit zu geben, sich in einer Erprobungsphase kurzfristig wieder voneinander trennen zu können.

Für die Zeit nach Ablauf der Erprobungsphase wird regelmäßig eine deutlich längere Kündigungsfrist vereinbart, wobei zusätzlich vereinbart wird, dass die Kündigung nur zu bestimmten Stichtagen ausgesprochen werden kann, z.B. zum Ende eines Kalenderjahres oder auch zum Ende eines Kalenderhalbjahres. Denkbar ist auch eine Vertragsregelung, wonach die Kündigungsfrist sich mit der Dauer des Vertragsverhältnisses verlängert.

Wurde zwischen dem Krankenhausträger und dem Belegarzt keine bestimmte Kündigungsfrist vereinbart, dann ist in der Regel davon auszugehen, dass der Krankenhausträger für eine Kündigung eine Frist von sechs Monaten einzuhalten hat. Sechs Monate seien in der Regel angemessen, um dem anderen Vertragsteil die im Hinblick auf die Kündigung notwendigen Dispositionen zu ermöglichen (vgl. BGH v. 20.07.2006 – III ZR 145/05). In dem zu Grunde liegenden Fall hatte ein niedergelassener Gynäkologe einen mündlich geschlossenen Belegarztvertrag mit einer Frist von drei Monaten beendet. Der Krankenhausträger hatte demgegenüber eine Frist von sechs Monaten geltend gemacht.

3. Kündigung aus wichtigem Grund

Letztlich gibt es für den Belegarzt einen Schutz vor einer Kündigung aus beliebigen Gründen nur durch eine vertragliche Vereinbarung, wonach eine Kündigung nach einer bestimmten Vertragsdauer nur noch aus wichtigem Grund möglich ist. Da § 626 BGB von Gesetzes wegen nur auf Dienstverträge Anwendung findet, sollte zur Verdeutlichung, was mit einer Kündigung aus wichtigem Grund gemeint ist, ausdrücklich die analoge Anwendung von § 626 BGB vereinbart werden.

In der Vertragspraxis hat sich die Klausel bewährt, wonach der Belegarztvertrag nach Ablauf von fünf Jahren nur noch aus wichtigem Grund gekündigt werden kann. Nach einer Vertragszeit von fünf Jahren haben sich beide Vertragspartner so weit und so gut kennen gelernt, dass sie sich ohne Risiko auf eine solche Kündigungsbeschränkung einlassen können.

4. Fristlose Kündigung

Es wird immer wieder verkannt, dass eine Kündigung aus wichtigem Grund nicht zwingend eine fristlose Kündigung sein muss. Andererseits ist eine fristlose Kündigung nur aus wichtigem Grund möglich. Soll also im Sinne einer Kündigungserschwernis die Kündigungsmöglichkeit auf wichtige Gründe beschränkt werden, so muss gleichzeitig geregelt werden, welche Frist dabei einzuhalten ist. Insbesondere bei einer Kündigung des Krankenhausträgers aus wichtigen organisatorischen Gründen, z.B. weil die Belegbetten aus der Krankenhausplanung des Landes herausgenommen werden, würde es einen Wertungswiderspruch darstellen, wenn in solchen Fällen eine fristlose Kündigung ausgesprochen werden könnte. Vielmehr ist es dann billig und gerecht, wenn der Krankenhausträger trotz des Vorliegens eines wichtigen Grundes eine angemessene Frist einhalten muss, um dem Belegarzt die Möglichkeit zu geben, sich auf die veränderte Situation einzustellen. Ein solches berechtigtes Interesse des Belegarztes entfällt jedoch, wenn der Krankenhausträger die Kündigung wegen eines grob vertragswidrigen Verhaltens des Belegarztes aussprechen muss. In solchen Fällen muss der Belegarzt eine fristlose Kündigung hinnehmen. Der in § 12 Abs. 3 des Vertragsmusters gemachte Vorschlag berücksichtigt die berechtigten Interessen der beiden Vertragspartner in angemessener Weise.

5. Vertragsbeendigung aus Altersgründen

Es ist allgemein üblich, in den Belegarztvertrag eine Bestimmung aufzunehmen, wonach das Vertragsverhältnis bei Erreichen einer bestimmten Altersgrenze automatisch endet, also ohne dass es einer Kündigung bedarf. Da die bisherige automatische Beendigung der Zulassung zur vertragsärztlichen Versorgung mit Vollendung des 68. Lebensjahres durch das Vertragsarztrechtsänderungsgesetz (VÄndG) jedenfalls außerhalb gesperrter Planungsbereiche aufgehoben wurde und zukünftig mit einer völligen Aufhebung der Altersgrenze gerechnet werden muss, wurde Abs. 4 gegenüber der vorangegangenen Auflage entsprechend abgeändert.

§ 13

Schlussbestimmungen

(1) Der Krankenhausträger kann im Rahmen seines Organisationsrechts Satzungen, Belegarztordnungen, Hausordnungen etc. erlassen. Durch solche Regelungen dürfen weder die vertraglichen Rechte des Belegarztes geschmälert noch seine vertraglichen Verpflichtungen erweitert werden.

(2) Änderungen und Ergänzungen des Vertrags bedürfen zur Gültigkeit der Schriftform. Die Nichtigkeit einzelner Vertragsbestimmungen hat die Nichtigkeit des gesamten Vertrags nur dann zur Folge, wenn die Fortsetzung des Vertragsverhältnisses für einen Vertragspartner unzumutbar ist. Nichtige Vertragsbestimmungen sind unter Wahrung des Grundsatzes der Vertragstreue neu zu vereinbaren.

(3) Sollte der Krankenhausträger das Eigentum, den Besitz oder die Verwaltung des Krankenhauses aufgeben, so ist er bei Fortführung des Krankenhausbetriebs verpflichtet, dafür Sorge zu tragen, dass die Rechte und Pflichten aus diesem Vertrag durch den neuen Eigentümer, Besitzer oder Verwalter übernommen werden.

(4) Wird die Belegabteilung in eine hauptamtliche Abteilung umgewandelt, so verpflichtet sich der Krankenhausträger, dem Belegarzt die Stelle des Leitenden Arztes dieser Abteilung anzubieten.

Erläuterungen zu § 13

1. Vertragsübergang
2. Auflösung der Belegabteilung

1. Vertragsübergang

Für den Arbeitsvertrag bestimmt § 613a BGB, dass im Fall der Veräußerung des Betriebs die zum Zeitpunkt des Betriebsübergangs bestehenden Arbeitsverträge mit allen Rechten und Pflichten auf den Erwerber übergehen. Für den Belegarztvertrag bedarf es also einer ausdrücklichen Vereinbarung, dass im Fall einer Veränderung der Eigentumsverhältnisse etc. der Bestand des Belegarztvertrags unberührt bleibt.

2. Auflösung der Belegabteilung

Die Stilllegung der Belegbetten hat regelmäßig die Beendigung des Belegarztvertrags im Wege einer rechtmäßigen Kündigung zur Folge. Gleiches gilt, wenn die Belegabteilung in eine hauptamtliche Abteilung umgewandelt wird, das Fachgebiet im Krankenhaus also weiterhin erhalten bleibt, allerdings nicht mehr unter der Leitung eines freiberuflich tätigen Arztes, sondern unter der Leitung eines Chefarztes. Im Fall einer solchen Umwandlung wird der Belegarztvertrag nicht etwa automatisch in einen Chefarztvertrag umgewandelt. Der Belegarzt kann sich jedoch vertraglich das Recht zusichern lassen, die umgewandelte Abteilung als Chefarzt übernehmen zu können. Ob der Belegarzt in einem solchen Fall tatsächlich zur Übernahme der Chefarztabteilung bereit ist, wird zu gegebener Zeit zu entscheiden sein. Immerhin wird der Wechsel in die Chefarzttätigkeit in der Regel nur bei einer gleichzeitigen Aufgabe der freiberuflichen Tätigkeit als niedergelassener Arzt möglich sein. Der Belegarzt sollte sich jedoch die Wahlmöglichkeit vertraglich einräumen lassen. Gewöhnlich wird die Umwandlung einer Belegabteilung in eine Chefarztabteilung ohnehin nur zur Diskussion stehen, wenn aufgrund der erfolgreichen Tätigkeit des Belegarztes der Bedarf für eine hauptamtliche Abteilung nachgewiesen wird. Der Krankenhausträger hat dann aber auch keinen Anlass, die Chefarztabteilung einem anderen Arzt zur Leitung zu übertragen.

6.2 Zum kooperativen Belegarztvertrag

Anfang der 1970er Jahre setzte eine Diskussion um die Sicherstellung der permanenten fachärztlichen Versorgung der stationären Belegpatienten ein, die zu der Idee der gemeinsamen Betreuung einer Belegabteilung durch mehrere Belegärzte desselben Fachgebiets führte. Das kooperative Belegarztwesen wurde entwickelt. Inzwischen findet das kooperative Belegarztwesen seine gesetzliche Grundlage in § 121 Abs. 1 Satz 2 SGB V, wonach Krankenhäuser Belegärzten gleicher Fachrichtung die Möglichkeit geben sollen, „ihre Patienten gemeinsam zu behandeln (kooperatives Belegarztwesen)".

Nachdem die DKG mit der Kassenärztlichen Bundesvereinigung und der Bundesärztekammer im Jahr 1959 die sog. Belegarzt-Vertragsgrundsätze verabschiedet hatte, einigten sich die Vertragspartner 1981 darauf, die Belegarzt-Vertragsgrundsätze grundsätzlich auch auf das kooperative Belegarztwesen anzuwenden. Nach eingehenden Gesprächen wurde schließlich im Mai 1985 von den Vertragspartnern das Muster eines Belegarztvertrags verabschiedet, das auch einen Vorschlag zum kooperativen Belegarztvertrag enthielt[115]. Auch in der im September/Oktober 2008 vorgelegten Neufassung des Mustervertrags für einen Belegarztvertrag wird das 1985 entwickelte System fortgeführt. Das Vertragsmuster für das kooperative Belegarztwesen entspricht im Wesentlichen dem Vertragsmuster für das Einzelbelegarztwesen (vgl. Kap. 5.2), es enthält lediglich zu § 2 eine zusätzliche Regelung zur Kooperation (vgl. § 2a).

Der Verfasser übernimmt im vorliegenden Vertragsmuster die Systematik, strukturiert die Regelungen jedoch etwas anders und versucht, den Vertragstext praxisgerecht zu gestalten.

Zur Betreuung der Patienten der Belegabteilung werden mehrere Belegärzte desselben Fachgebiets zugelassen, die zur Kooperation untereinander verpflichtet werden (Abs. 2).

Das Belegarztteam betreut gemeinsam die Patienten, unbeschadet der persönlichen Verantwortung jedes einzelnen Belegarztes (Abs. 3). Einer der Belegärzte wird für die Dauer von jeweils zwei Jahren zum administrativen Koordinator gewählt, der auch gegenüber dem Krankenhausträger für die Umsetzung der allgemeinen Hygienerichtlinien und der vom Ärztlichen Direktor des Krankenhauses im Einzelfall getroffenen Regelungen zuständig ist (Abs. 6).

Abs. 7 verpflichtet zur Zusammenarbeit mit allen anderen leitenden Personen des Krankenhauses und regelt den Konfliktfall.

Darüber hinaus verpflichtet § 2 Abs. 4 die Belegärzte zum Abschluss eines Kollegialvertrags im Einvernehmen mit dem Krankenhausträger. In diesem Vertrag sind insbesondere zu regeln die gemeinsame Leitung der Abteilung sowohl in ärztlicher als auch in administrativer Hinsicht, die Verteilung der Aufgaben innerhalb der Belegabteilung hinsichtlich der medizinischen Versorgung der Patienten, die gegenseitige Konsultation, die Unterstützung bei Eingriffen und anderen ärztlichen Verrichtungen, die gemeinsame Nutzung von Räumen und Einrichtungen (z.B. OP-Räume, Instrumentarium u.Ä.), die Sicherstellung der durchgehenden ärztlichen Versorgung und die Vertretung bei Abwesenheit, die Grundsätze und das Verfahren für die Bettenbelegung sowie die Aufbringung und Verteilung der gemeinsam zu tragenden Kosten.

Abs. 5 sieht schließlich vor, dass der Krankenhausträger nach Anhörung der Belegärzte eine Belegarztordnung erlassen kann, wenn sich die Belegärzte über den Inhalt des Kooperationsvertrags nicht innerhalb einer angemessenen Frist einigen können.

Auch im kooperativen Belegarztvertrag stellen die Zusammenarbeit unter den Belegärzten und deren vertragliche Ausgestaltung das Hauptproblem dar. Ein solcher Kollegialvertrag muss unter Berücksichtigung der Erfordernisse des Einzelfalls sowie nach den Wünschen der Belegärzte und des Krankenhausträgers individuell konzipiert werden, sodass es nicht möglich ist, ein Muster einer solchen Kooperationsvereinbarung vorzulegen.

7 Anhang

7.1 Mitarbeiterbeteiligung: Regelungen der Landeskrankenhausgesetze

Einige Landeskrankenhausgesetze enthalten Vorschriften zur Mitarbeiterbeteiligung in Form eines sog. Mitarbeiterpools. Zugleich verpflichten diese Gesetze den Krankenhausträger, beim Abschluss neuer Chefarztverträge eine Anwendung der landesgesetzlichen Poolbestimmungen zu vereinbaren. Von dieser Verpflichtung sind lediglich kirchliche Krankenhäuser ausgeschlossen, da nach einer Entscheidung des Bundesverfassungsgerichts von 1980 die Vorschriften der Landeskrankenhausgesetze zur inneren Struktur der Krankenhäuser auf konfessionelle Einrichtungen nicht anzuwenden sind (vgl. BVerfG, Beschluss vom 15.03.1980 – 2 BVR 280/76). Poolregelungen enthalten nur die Krankenhausgesetze der Länder Baden-Württemberg, Hessen, Mecklenburg-Vorpommern, Rheinland-Pfalz, Saarland, Sachsen und Thüringen. Seit der 1. Auflage haben die Länder Saarland und Thüringen neue Bestimmungen zur Mitarbeiterbeteiligung in ihre Landeskrankenhausgesetze aufgenommen. Das Land Berlin hat dagegen die bisher bestehende Regelung zur Mitarbeiterbeteiligung aufgehoben. Nordrhein-Westfalen hatte bereits 1986 im Rahmen einer Novellierung des Landeskrankenhausgesetzes die zunächst seit 1976 bestehende Poolregelung wieder aufgehoben.

A Baden-Württemberg

1. Landeskrankenhausgesetz Baden-Württemberg (LKHG) vom 15.12.1986 (GBl. S. 425), zuletzt geändert durch Artikel 9 des Gesetzes vom 14.12.2004 (GBl. S. 884)

§ 2 – Geltungsbereich

(3) Die §§ 33 bis 36 finden keine Anwendung auf Krankenhäuser von Kirchen und anderen Religionsgemeinschaften sowie von Trägern, die diesen zugeordnet sind (kirchliche Krankenhäuser). § 43 Abs. 2 bleibt unberührt.

5. Abschnitt
Finanzielle Beteiligung ärztlicher Mitarbeiter

§ 34 – Grundsatz

(1) Werden im stationären Bereich von Leitenden Krankenhausärzten wahlärztliche Leistungen gesondert berechnet, so sind die anderen Krankenhausärzte (ärztliche Mitarbeiter) an den hieraus erzielten Einkünften (Liquidationserlös) angemessen zu beteiligen.

(2) Beamtete ärztliche Mitarbeiter werden am Liquidationserlös beteiligt, wenn die Mitarbeit an den wahlärztlichen Leistungen als Nebentätigkeit genehmigt ist.

(3) Bei Krankenhäusern, die vom ärztlichen Inhaber selbst geleitet werden, können von den §§ 35 und 36 abweichende Vereinbarungen getroffen werden.

§ 35 – Abzuführende Beträge

(1) Der von dem liquidationsberechtigten Arzt abzuführende Betrag wird auf der Grundlage seines jährlichen Brutto-Liquidationserlöses errechnet. Davon ist das Nutzungsentgelt abzusetzen, das dem Krankenhausträger als Kostenerstattung für die Inanspruchnahme von Personal, Einrichtungen oder Mitteln des Krankenhauses zuzüglich eines Vorteilsausgleichs entrichtet wird. Aufwendungen, die unmittelbar zur Erzielung des Liquidationserlöses erforderlich waren, können abgesetzt werden.

(2) Von dem nach Abzug des Nutzungsentgelts und der Aufwendungen verbleibenden Betrag (Netto-Liquidationserlös) ist ein Anteil abzuführen, der nach der Höhe dieses Betrages zu stufen ist und 40 vom Hundert nicht übersteigen darf. Das Nähere über die Höhe der abzuführenden Beträge wird durch Rechtsverordnung der Landesregierung bestimmt. Dabei kann festgelegt werden, dass eine Abführungspflicht erst entsteht, wenn der Netto-Liquidationserlös eine Mindesthöhe überschreitet.

(3) Der Krankenhausträger zieht die abzuführenden Beträge ein. Sie sind getrennt nach Fachabteilungen anzusammeln und zu verteilen (Pool), sofern der Krankenhausträger nichts anderes bestimmt. Er bedarf hierzu der Zustimmung von jeweils mehr als der Hälfte der hiervon unmittelbar betroffenen liquidationsberechtigten Ärzte und der ärztlichen Mitarbeiter. Dies gilt auch für eine Aufhebung oder Änderung der getroffenen Entscheidung.

(4) Die liquidationsberechtigten Ärzte rechnen jährlich ihre abzuführenden Beiträge ab. Sie legen ihren Liquidationserlös dem Krankenhausträger unaufgefordert offen und geben auf Verlangen weitere Auskünfte. Sie leisten regelmäßig Abschlagszahlungen.

§ 36 – Verteilung der angesammelten Mittel

(1) Die angesammelten Mittel sind nach Leistung, Befähigung und Verantwortung der ärztlichen Mitarbeiter zu verteilen.

(2) Das Krankenhaus kann sämtliche Kosten, die ihm durch die Einziehung und Verteilung der Mittel entstehen, insbesondere Verwaltungskosten, Prozesskosten und erhöhte Lohnnebenkosten, aus den angesammelten Mitteln bestreiten.

(3) Über die Verteilung der restlichen Mittel entscheidet ein vom Krankenhausträger für jeden Pool zu bildender Verteilungsausschuss. Er setzt sich aus zwei Vertretern des Krankenhausträgers und je einem Vertreter der liquidationsberechtigten Ärzte, der Oberärzte und Ärzte in vergleichbarer Stellung sowie der übrigen ärztlichen Mitarbeiter zusammen. Die ärztlichen Mitglieder müssen in dem Bereich tätig sein, den der Pool umfasst. Die drei Ärztegruppen wählen jeweils aus ihrer Mitte das ärztliche Mitglied und einen Stellvertreter. Bei Stimmengleichheit entscheidet das Los. Der Krankenhausträger kann unter Beachtung des in Satz 2 festgelegten Beteiligungsverhältnisses die Mitgliederzahl des Verteilungsausschusses erhöhen.

(4) Würde durch eine Verteilung der angesammelten Mittel an die ärztlichen Mitarbeiter ein offensichtliches Missverhältnis zu der Leistung und dem Einkommen der liquidationsberechtigten Ärzte entstehen, so beschließt der Verteilungsausschuss, dass Teile der angesammelten Mittel an diese zurückfließen.

(5) Das Krankenhaus verteilt die angesammelten Mittel entsprechend der Entscheidung des Verteilungsausschusses an die ärztlichen Mitarbeiter.

(6) Ansprüche, die im Zusammenhang mit der Abführung des Liquidationserlöses und der Verteilung der angesammelten Mittel stehen, werden von und gegenüber dem Krankenhausträger geltend gemacht. Ansprüche können nicht darauf gestützt werden, dass der liquidationsberechtigte Arzt das Honorar zu gering bemessen hat.

(7) Die Ansprüche sind innerhalb einer Ausschlussfrist von einem Monat geltend zu machen. Sie beginnt an dem Tage, an dem dem Betroffenen die von ihm abzuführenden oder die an ihn zur Verteilung vorgesehenen Beträge mitgeteilt worden sind.

(8) Sind Ansprüche gegen den Krankenhausträger mit Erfolg geltend gemacht worden und sind die für den betreffenden Zeitraum angesammelten Mittel bereits verteilt, so kann der Krankenhausträger den zu leistenden Betrag der Verteilungsmasse des nächsten Zeitraums vorweg entnehmen. Entsprechendes gilt für Verfahrens- und Prozesskosten.

(9) Der Krankenhausträger kann mit Zustimmung des Regierungspräsidiums von den Absätzen 3 und 8 abweichende gleichwertige Regelungen treffen.

§ 37 – Universitätskliniken

Die Landesregierung regelt durch Rechtsverordnung für die Universitätskliniken, nach welchen Bereichen die abzuführenden Beträge anzusammeln und zu verteilen sind; sie bestimmt Zusammensetzung und Verfahren der Verteilungsausschüsse. Sie kann auch andere von den §§ 35 und 36 abweichende Bestimmungen treffen, soweit dies der besonderen Struktur der Universitätskliniken angemessen ist.

§ 37a – Andere Beteiligungsformen

(1) Werden wahlärztliche Leistungen nicht nur von Leitenden Krankenhausärzten, sondern auch vom Krankenhaus gesondert berechnet, so kann der Krankenhausträger auch für die Einkünfte der Leitenden Ärzte aus wahlärztlichen Leistungen eine von den §§ 34 bis 36 abweichende Regelung über die Beteiligung von ärztlichen Mitarbeitern treffen. Universitätsklinika können hierbei auch von Rechtsverordnungen nach § 37 abweichen.
(2) In die Regelung nach Abs. 1 können auch Mittel einbezogen werden, die nicht auf Einkünften für wahlärztliche Leistungen beruhen. In diesem Fall können auch nichtärztliche Mitarbeiter beteiligt werden.
(3) Die Einbeziehung von Mitarbeitern in die Beteiligung sowie die Höhe ihrer Beteiligung richten sich nach Verantwortung, Befähigung und Leistung.

§ 53 – Übergangsvorschrift für die Mitarbeiterbeteiligung

(1) Die Erfüllung von Verträgen, die vor dem 01.01.1976 abgeschlossen worden sind, wird durch die §§ 34 bis 37 nicht berührt. Auf Leitende Ärzte, die danach aus dem Liquidationserlös nichts abführen müssen, und auf ihre ärztlichen Mitarbeiter sind diese Vorschriften insoweit nicht anwendbar. Der Krankenhausträger ist jedoch verpflichtet, bestehende Verträge im Rahmen der vertraglichen Möglichkeiten den Bestimmungen dieses Gesetzes anzupassen.
(2) Auf Leitende Ärzte, die bis zum 31.12.1975 auf Grund einer Berufungsvereinbarung einen medizinischen Lehrstuhl an den Universitäten des Landes übernommen haben, sind die §§ 34 bis 37 nicht anwendbar. Im Übrigen gilt für die Ausübung einer Nebentätigkeit durch Beamte Absatz 1 entsprechend.
(3) Beteiligt ein Leitender Arzt, auf den nach den Absätzen 1 oder 2 die §§ 34 bis 37 nicht anwendbar sind, seine ärztlichen Mitarbeiter am Liquidationserlös, so gilt § 34 Abs. 2 entsprechend.

2. Verordnung der Landesregierung über die Mitarbeiterbeteiligung nach dem Landeskrankenhausgesetz Baden-Württemberg (LKHG-MAVO) vom 21.12.1987

Auf Grund von § 35 Abs. 2 Sätze 2 und 3 des Landeskrankenhausgesetzes Baden-Württemberg (LKHG) vom 15.12.1985 (GBl. S. 425) wird verordnet:

§ 1 – Finanzielle Beteiligung ärztlicher Mitarbeiter

(1) Eine Verpflichtung des liquidationsberechtigten Arztes, ärztliche Mitarbeiter nach den §§ 34 bis 36 LKHG am Liquidationserlös zu beteiligen, entsteht erst, wenn der jährliche Netto-Liquidationserlös 40.000 DM (Freibetrag) übersteigt. War der Arzt nicht das gesamte Jahr über liquidationsberechtigt, so mindert sich der Freibetrag für dieses Jahr anteilig. Für den nach Wegfall des Liquidationsrechts in den folgenden Jahren erzielten Liquidationserlös steht dem Arzt ein Freibetrag nicht zu.

(2) Aus dem jährlichen Netto-Liquidationserlös sind abzuführen

von dem den Freibetrag übersteigenden Betrag	20 vom Hundert
von dem 100.000 DM übersteigenden Betrag	30 vom Hundert
von dem 200.000 DM übersteigenden Betrag	40 vom Hundert
von dem 300.000 DM übersteigenden Betrag	50 vom Hundert,

höchstens jedoch 40 vom Hundert des jährlichen Netto-Liquidationserlöses.

§ 2 – Inkrafttreten und Übergangsvorschrift

(1) Diese Verordnung tritt mit Wirkung vom 01.01.1987 in Kraft.

(2) Die Höhe des für das Jahr 1987 von dem liquidationsberechtigten Arzt abzuführenden Betrags bemisst sich nach § 2 der Verordnung der Landesregierung zur Durchführung des Krankenhausgesetzes vom 12.10.1976 (GBl. S. 590).

Stuttgart, den 21.12.1987

Die Regierung des Landes Baden-Württemberg

B Berlin

Landeskrankenhausgesetz (LKG) in der Fassung vom 01.09.1986 (GVBl. S. 1533), zuletzt geändert durch das Neunte Gesetz zur Änderung des Landeskrankenhausgesetzes vom 05.12.2005 (GVBl. S. 734)

§ 2 – Geltungsbereich

Es gelten die Vorschriften

1. des Abschnitts I (......)
2. des Abschnitts II [u.a. auch § 32, die Redaktion] für die Krankenhäuser des Landes Berlin, (...)

§§ 32 – 54 (aufgehoben)

§ 32 Abs. 3 betreffend die Abführung bei privater Liquidation wurde mit Wirkung ab 01.01.2006 aufgehoben.

C Hessen

1. Gesetz zur Weiterentwicklung des Krankenhauswesens in Hessen (Hessisches Krankenhausgesetz 2002 – HKHG) vom 06.11.2002 (GVBl. I S. 662), zuletzt geändert durch das Finanzausgleichsgesetz 2005 vom 20.12.2004 (GVBl. I S. 462)

Durch das Gesetz vom 20.12.2004 wurde die Nummerierung geändert. Einschlägig ist nunmehr § 15 (bisher § 14).

Inhaltlich wurde die Regelung nicht geändert, es wurden lediglich auch die weiblichen Formen eingeführt, z.B. „Ärztinnen und Ärzte" sowie „Ministerin und Minister" (vgl. Abs. 5).

Abs. 2 wurde hinsichtlich der Ärzte im Praktikum neu gefasst (vgl. Satz 3).

In Abs. 4 wurden die DM-Beträge durch Euro-Beträge ersetzt. Alles andere blieb unverändert, insbesondere auch die Verordnung über die Beteiligung.

§ 2 – Geltungsbereich

(2) § 5 Abs. 4, § 6 Abs. 1 und die §§ 7, 13 und 14 gelten nicht für Krankenhäuser, die von Religionsgemeinschaften oder diesen gleichgestellten oder ihnen zugeordneten Einrichtungen ohne Rücksicht auf deren Rechtsform betrieben werden.

§ 14 – Abgaben aus Liquidationserlösen

(1) Der Krankenhausträger ist berechtigt, aus den Einkünften, die Ärzte des Krankenhauses aus wahlärztlicher Tätigkeit erzielen, eine Abgabe zu verlangen, die pauschaliert werden kann. Neben der Erstattung der Kosten, welche durch ärztliche Tätigkeit nach Satz 1 im Krankenhaus verursacht werden, kann der Krankenhausträger einen Vorteilsausgleich verlangen.

(2) Werden im stationären Bereich von hierzu berechtigten Krankenhausärzten wahlärztliche Leistungen gesondert berechnet, so sind die anderen Krankenhausärzte an den hieraus erzielten Einnahmen zu beteiligen. Dies gilt nicht für Ärzte im Praktikum. Darüber hinaus können nichtärztliche Mitarbeiter in die Beteiligung an den Einnahmen aus wahlärztlichen Leistungen einbezogen werden. Höhe und Umfang der Beteiligung der Ärztinnen und Ärzte im Praktikum werden vom Krankenhausträger nach pflichtgemäßem Ermessen festgelegt.

(3) Der Krankenhausträger hat die Beteiligung nach Abs. 2 sicherzustellen. Er zieht die abzuführenden Beträge zugunsten eines von ihm einzurichtenden Mitarbeiterfonds ein. An der Verteilung der abzuführenden Einkünfte wirken die begünstigten Mitarbeiter mit.

(4) Die liquidationsberechtigten Ärzte haben von ihren nach Abzug der Abgabe an den Krankenhausträger (Abs. 1) verbleibenden Liquidationseinnahmen im stationären Bereich bis zu 25.600 Euro Abgaben in Höhe von 10 v.H., von mehr als 25.600 Euro bis 127.800 Euro 25 v.H. und von den 127.800 Euro übersteigenden Liquidations-

einnahmen 40 v.H. an den Mitarbeiterfonds abzuführen. Bei der Verteilung der Fondsmittel sind Verantwortung, Leistung, Erfahrung und Dauer der Zugehörigkeit zum Krankenhaus zu berücksichtigen.

(5) Die Durchführung des Abs. 1 bis 4 regelt der für das Gesundheitswesen zuständige Minister durch Rechtsverordnung.

2. Verordnung über die Beteiligung an den Einnahmen aus wahlärztlicher Tätigkeit (Krankenhausfondsverordnung – KHFondsV) vom 01.07.1994

Auf Grund des § 14 Abs. 5 des Hessischen Krankenhausgesetzes 1989 vom 18.12.1989 (GVBl. I, S. 452) wird verordnet:

§ 1 – Fonds für Mitarbeiterinnen und Mitarbeiter

Krankenhäuser sind verpflichtet, zur Beteiligung von Mitarbeiterinnen und Mitarbeitern an den Einnahmen, die Ärztinnen und Ärzte des Krankenhauses aus wahlärztlicher Tätigkeit erzielen, Fonds einzurichten.

§ 2 – Umfang der Fonds

(1) Fonds werden innerhalb eines Krankenhauses für die einzelnen Fachabteilungen gebildet. Fachabteilungen sind fachärztlich geleitete Abteilungen mit Krankenbetten oder solche, die Dienstleistungen im Krankenhaus erbringen, ohne Krankenbetten zu führen.

(2) Abweichend von Abs. 1 können Krankenhausträger im Benehmen mit liquidationsberechtigten Ärztinnen und Ärzten einen gemeinsamen Fonds für mehrere oder alle Fachabteilungen eines Krankenhauses einrichten, wenn dies insbesondere im Interesse einer möglichst gleichmäßigen Mitarbeiterbeteiligung geboten erscheint.

§ 3 – Beteiligung am Fonds

(1) Gebietsärztinnen und -ärzte ohne Liquidationsrecht und sonstige Ärztinnen und Ärzte sind am Fonds zu beteiligen.

(2) Auf Antrag des Krankenhausträgers entscheidet der nach § 7 gebildete Schiedsausschuss über die Beteiligung der nichtärztlichen Mitarbeiterinnen und Mitarbeiter am Fonds.

§ 4 – Verwaltung der Fonds

(1) Die Fonds werden vom Krankenhausträger treuhänderisch verwaltet. Die ihm hieraus entstehenden Kosten werden aus den Fonds vorab erstattet.

(2) Der Krankenhausträger führt die Beträge nach § 14 Abs. 4 Satz 1 des Hessischen Krankenhausgesetzes 1989 dem Fonds zu. Die liquidationsberechtigten Ärztinnen und Ärzte haben ihre aus wahlärztlicher Tätigkeit stammenden Einnahmen dem Krankenhausträger jederzeit offenzulegen.

(3) Zum Ende des Geschäftsjahres wird ein Jahresabschluss zur Ermittlung der endgültigen Fondsbeiträge durchgeführt.

§ 5 – Fondsausschuss

(1) Für jeden Krankenhausfonds ist ein Fondsausschuss zu bilden.
(2) Dem Fondsausschuss gehören an: eine Ärztin oder ein Arzt mit Liquidationsberechtigung für wahlärztliche Tätigkeit, je eine Vertreterin oder ein Vertreter der Gebietsärztinnen oder -ärzte und der sonstigen Ärztinnen und Ärzte.
(3) Die die Gebietsärztinnen und Gebietsärzte und die sonstigen Ärztinnen und Ärzte im Fondsausschuss vertretenden Personen werden jeweils von den beteiligten Ärztinnen und Ärzten jeder Gruppe gewählt.
(4) Sind Mitarbeiterinnen oder Mitarbeiter im Sinne des § 3 Abs. 2 beteiligt, so stellen auch diese jeweils eine gewählte Vertreterin oder einen gewählten Vertreter.
(5) Der Fondsausschuss wird für die Dauer von zwei Jahren gewählt. Eine Wiederwahl der Mitglieder ist zulässig. Bei Ausscheiden eines Mitgliedes des Fondsausschusses vor Ablauf der Frist nach Satz 1 ist eine neue Vertreterin oder ein neuer Vertreter für die Restlaufzeit nachzuwählen.
(6) Die Mitglieder des Fondsausschusses haben gegenüber dem Krankenhausträger ein Recht auf Auskunft in allen den Fonds betreffenden Fragen. Sie können Einsicht in die Verwaltungsunterlagen verlangen.
(7) Der Fondsausschuss tritt mindestens einmal im Jahr, im Übrigen auf Verlangen eines Mitgliedes zusammen.

§ 6 – Verteilung der Fondsmittel

(1) Bei der Verteilung der angesammelten Fondsmittel hat der Fondsausschuss die Bemessungsmerkmale nach § 14 Abs. 4 des Hessischen Krankenhausgesetzes 1989 anzulegen.
(2) Der Fondsausschuss fasst seine Beschlüsse einstimmig.

§ 7 – Schiedsausschuss

(1) Kommt eine Einigung im Fondsausschuss nicht zustande, entscheidet ein vom Krankenhausträger zu errichtender Schiedsausschuss.
(2) Der Schiedsausschuss besteht aus
   a) je einem Mitglied, das von den leitenden Ärztinnen und Ärzten mit Liquidationsrecht, den Gebietsärztinnen und Gebietsärzten, den sonstigen Ärztinnen und Ärzten gewählt wird;
   b) einem Mitglied, das vom Krankenhausträger benannt wird, und
   c) einem von der Mitarbeitervertretung bestimmten Mitglied.

   Das vom Krankenhausträger benannte Mitglied führt den Vorsitz.

(3) Der Schiedsausschuss hat eine einvernehmliche Regelung anzustreben. Wird diese nicht erzielt, entscheidet der Schiedsausschuss mehrheitlich. Beschlussfähig ist er nur bei Anwesenheit aller Mitglieder; wird wegen Beschlussunfähigkeit zu demselben Gegenstand erneut geladen, genügt die Anwesenheit von mindestens drei Mitgliedern.

§ 8 – Aufhebung von Vorschriften

Die Verordnung zur Durchführung des § 17 des Hessischen Krankenhausgesetzes vom 17.12.1973 (GVBl. I S. 471) wird aufgehoben.

§ 9 – Inkrafttreten

Diese Verordnung tritt am Tage nach der Verkündung in Kraft.

D Mecklenburg-Vorpommern

Landeskrankenhausgesetz für das Land Mecklenburg-Vorpommern (Landeskrankenhausgesetz – LKHG M-V) in der Fassung der Bekanntmachung vom 13.05.2002. (GVOBl. M-V S. 262), zuletzt geändert durch Gesetz vom 19.12.2005, GVOBl. M-V 2005, S. 640

§ 2 – Geltungsbereich

(3) Für Krankenhäuser, die von Religionsgemeinschaften oder diesen gleichgestellten oder ihnen zugeordneten Einrichtungen ohne Rücksicht auf deren Rechtsform betrieben werden, finden die Vorschriften des Sechsten Abschnitts keine Anwendung [z.B. § 45, die Redaktion].

§ 45 – Abgaben aus Liquidationserlösen

(1) Der Krankenhausträger ist verpflichtet, aus den Einkünften, die Ärzte des Krankenhauses aus wahlärztlicher Tätigkeit oder persönlicher Ermächtigung erzielen, eine Abgabe zu verlangen. Neben der Erstattung der Kosten, die durch die ärztliche Tätigkeit nach Satz 1 verursacht werden, verlangt der Krankenhausträger einen angemessenen Vorteilsausgleich.

(2) Werden im stationären Bereich von hierzu berechtigten Ärzten wahlärztliche Leistungen gesondert berechnet, so sind die ärztlichen Mitarbeiter an den hieraus erzielten Einnahmen zu beteiligen. Die Beteiligung soll sich auch auf nichtärztliche wissenschaftliche Mitarbeiter erstrecken. Beamtete ärztliche Mitarbeiter werden an den Einnahmen beteiligt, wenn die Mitarbeit an den wahlärztlichen Leistungen als Nebentätigkeit genehmigt worden ist.

(3) Der Krankenhausträger hat die Beteiligung nach Absatz 2 sicherzustellen. An der Verteilung wirken die begünstigten Mitarbeiter mit. Dabei sind Verantwortung, Leistung, Erfahrung und die Dauer der Zugehörigkeit zum Krankenhaus zu berücksichtigen.

(4) Grundlage für die Feststellung der Mitarbeiterbeteiligung durch den Krankenhausträger sind die Einkünfte aus der wahlärztlichen Tätigkeit, die dem Arzt nach Abzug der Abgabe nach Absatz 1 verbleiben. Hiervon steht den Mitarbeitern ein Prozentsatz zu, der mit der Höhe der Einkünfte steigt, jedoch 40 Prozent nicht überschreiten darf. Der Krankenhausträger kann bestimmen, dass eine Pflicht zur Beteiligung der Mitarbeiter nur besteht, soweit die maßgebenden Einkünfte eine Mindesthöhe überschreiten.

E Rheinland-Pfalz

Landeskrankenhausgesetz (LKG) Rheinland-Pfalz vom 28.11.1986 (GVBl. 1986 S. 342), BS 2126-3; zuletzt geändert durch das Landesgesetz zur Änderung des Brand- und Katastrophenschutzgesetzes, des Rettungsdienstgesetzes und anderer Vorschriften vom 05.04.2005 (GVBl. 2005, S. 104)

§ 3 – Geltungsbereich

(2) Die Bestimmungen des vierten Abschnittes (z.B. § 27, die Redaktion) gelten nicht für Krankenhäuser, die von Religionsgemeinschaften oder diesen gleichgestellten oder ihnen zuzuordnenden Einrichtungen, ohne Rücksicht auf deren Rechtsform, betrieben werden. Diese regeln die innere Struktur und Organisation ihrer Krankenhäuser selbst. Sie unterrichten die zuständige Behörde über von ihnen getroffene Regelungen.

§ 27 – Finanzielle Beteiligung ärztlicher Mitarbeiter

(1) Der Krankenhausträger stellt bei der Einstellung sicher, dass die liquidationsberechtigten Ärzte von ihren Einnahmen aus Nebentätigkeit Beträge an das Krankenhaus zur Weiterleitung an die ärztlichen Mitarbeiter abführen. Die Erfüllung von Verträgen, die der Krankenhausträger vor dem 13.06.1973 abgeschlossen hat, bleibt unberührt; der Krankenhausträger hat die rechtlichen Möglichkeiten einer entsprechenden Anpassung dieser Verträge auszuschöpfen. Beamtete Ärzte in Krankenhäusern sind verpflichtet, von ihren Einnahmen aus Nebentätigkeit Beträge zur Weiterleitung an die ärztlichen Mitarbeiter abzuführen.

(2) Nebentätigkeiten sind für die liquidationsberechtigten Ärzte des Krankenhauses die auf der Grundlage eines gesonderten Behandlungsvertrages zu erbringenden wahlärztlichen Leistungen und die ambulante Tätigkeit, ausgenommen Tätigkeiten im

Rahmen des § 368n Abs. 3 Satz 3 und 4 der Reichsversicherungsordnung oder vergleichbarer Verträge. Von den Einnahmen aus Nebentätigkeit, die ausschließlich in der Erstellung von Gutachten besteht, sind Beträge nicht abzuführen; soweit ärztliche Mitarbeiter an der Erstellung dieser Gutachten mitgewirkt haben, werden sie nach freier Vereinbarung an den entsprechenden Einnahmen unmittelbar beteiligt.

(3) Der von den liquidationsberechtigten Ärzten abzuführende Betrag wird auf der Grundlage ihrer jährlichen Bruttoeinnahmen aus den gesonderten Behandlungsverträgen im stationären Bereich und aus der ambulanten Tätigkeit errechnet. Davon ist ein Freibetrag in Höhe ihres jeweiligen Bruttojahresgehalts abzusetzen. Ferner sind die Kosten abzusetzen, die dem Krankenhaus für die Inanspruchnahme von Einrichtungen, Personal und Material erstattet werden müssen; soweit Einrichtungen, Personal und Material des Krankenhauses nicht in Anspruch genommen worden sind, können nach Art und Umfang vergleichbare Aufwendungen, die zur Erzielung der Einnahmen aus der Nebentätigkeit erforderlich waren, abgesetzt werden. Außerdem ist abzusetzen der nach beamtenrechtlichen Bestimmungen an den Dienstherrn oder auf Grund vertraglicher Vereinbarungen an den Krankenhausträger zu entrichtende Ausgleich für den Vorteil, der dem liquidationsberechtigten Arzt dadurch entsteht, dass er entsprechendes eigenes Personal, Material oder entsprechende eigene Einrichtungen nicht bereitzustellen braucht.

(4) Von dem nach Absatz 3 errechneten Betrag ist ein Vomhundertsatz abzuführen. Der Vomhundertsatz beträgt bei

bis zu 10.000 Euro	5 v.H.
bis zu 20.000 Euro	10 v.H.
bis zu 30.000 Euro	15 v.H.
bis zu 40.000 Euro	20 v.H.
bis zu 50.000 Euro	25 v.H.
bis zu 60.000 Euro	30 v.H.
bis zu 70.000 Euro	35 v.H.
bis zu 80.000 Euro	40 v.H.
bis zu 90.000 Euro	45 v.H.
über 90.000 Euro	50 v.H.

Die Abführung nach einem höheren Vomhundertsatz gemäß Satz 2 darf nicht dazu führen, dass dem Arzt ein geringerer Betrag verbleibt als bei Anwendung eines niedrigeren Vomhundertsatzes. Dem liquidationsberechtigten Arzt verbleiben jedoch in jedem Falle 50 v.H. der Bruttoeinnahmen aus Nebentätigkeit nach Abzug der Hälfte des gemäß Absatz 3 Satz 3 Halbsatz 1 abzuführenden Betrages. Das Krankenhaus zieht die abzuführenden Beträge ein.

(5) Die liquidationsberechtigten Ärzte rechnen jährlich ihre abzuführenden Beträge ab. Sie legen ihre Einnahmen aus Nebentätigkeit dem zuständigen Krankenhausgremium unaufgefordert offen und geben auf Verlangen weitere Auskünfte. Sie leisten

vierteljährlich Abschlagszahlungen in Höhe eines Viertels des voraussichtlichen Endbetrages; als Maßstab kann der Gesamtbetrag des vorangegangenen Jahres herangezogen werden.

§ 28 – Verteilung der abzuführenden Beträge

(1) Über die Verteilung der angesammelten Mittel an die ärztlichen Mitarbeiter entscheidet das zuständige, vom Krankenhausträger bestimmte Krankenhausgremium, das aus den liquidationsberechtigten Ärzten und ärztlichen Mitarbeitern des Krankenhauses in jeweils gleicher Anzahl besteht. An den Beratungen hierüber nimmt ein Vertreter des Krankenhausträgers ohne Stimmrecht teil. Bei der Verteilung sind Leistung, Verantwortung, Gebietsarzteigenschaft, Erfahrung und Aufgaben der ärztlichen Mitarbeiter angemessen zu berücksichtigen. Würde durch eine Verteilung der angesammelten Mittel an die ärztlichen Mitarbeiter ein offensichtliches Missverhältnis zu der Leistung und dem Einkommen der liquidationsberechtigten Ärzte entstehen, kann das zuständige Krankenhausgremium beschließen, dass Teile der Abgaben an die liquidationsberechtigten Ärzte zurückfließen. Ärztliche Mitarbeiter liquidationsberechtigter Ärzte, die aufgrund bestehender Regelungen keine Beträge abführen müssen (§ 27 Abs. 1 Satz 2), sind von der Verteilung ausgeschlossen. Die Mittel können getrennt nach Fachabteilungen oder nach Fachbereichen angesammelt und verteilt werden.

(2) Kommt über die Verteilung der angesammelten Mittel eine Entscheidung nicht zustande, entscheidet auf Antrag eines Mitgliedes des zuständigen Krankenhausgremiums eine von der Landesärztekammer Rheinland-Pfalz eingesetzte Schiedsstelle. Die Schiedsstelle kann auch zu der Höhe der abzuführenden Beträge und zu der Verteilung von jedem Arzt des Krankenhauses angerufen werden, soweit er betroffen ist.

(3) Das Krankenhaus verteilt die angesammelten Mittel entsprechend der Entscheidung des zuständigen Krankenhausgremiums oder der Schiedsstelle. Verwaltungskosten sind aus den abgeführten Beträgen zu bestreiten. Soweit Sozialversicherungsbeiträge zu entrichten sind, führt das Krankenhaus diese an die Beitragseinzugsstellen ab.

§ 29 – Abweichende Bestimmungen

(1) Der Krankenhausträger kann von § 27 Abs. 2 Satz 2, Abs. 3 und 4 Satz 5 und Abs. 5 Satz 3 und von § 28 Abs. 1 abweichende Regelungen treffen. Abweichende Regelungen sind der zuständigen Behörde mitzuteilen. Der Krankenhausträger kann auch bestimmen, dass nichtärztliche Mitarbeiter, deren Tätigkeit mit der ärztlicher Mitarbeiter vergleichbar ist, nach den §§ 27 und 28 finanziell beteiligt werden.

(2) Die Landesregierung wird ermächtigt, durch Rechtsverordnung abweichende Bestimmungen nach Absatz 1 für beamtete Ärzte zu treffen.

(3) Belegärzte im Krankenhaus beteiligen ihre ärztlichen Mitarbeiter nach freier Vereinbarung unmittelbar. Sie können sich mit Zustimmung des zuständigen Krankenhausgremiums der Regelung der §§ 27 und 28 anschließen.

(4) Die Gültigkeit von Verträgen, die zwischen Krankenhausträgern und liquidationsberechtigten Ärzten vor Inkrafttreten dieses Gesetzes abgeschlossen worden sind und in denen auf die §§ 20 bis 22 des aufgehobenen Krankenhausreformgesetzes (§ 43 Abs. 2 Nr. 1) Bezug genommen worden ist, wird nicht berührt.

F Saarland

Saarländisches Krankenhausgesetz – SKHG – vom 13.07.2005, Amtsbl. S. 1290

§ 16 – Krankenhausleitung und Beteiligung der Mitarbeiterinnen und Mitarbeiter

(6) Werden im stationären Bereich von hierzu berechtigten Ärztinnen oder Ärzten des Krankenhauses wahlärztliche Leistungen gesondert berechnet, so sind deren nachgeordnete Ärztinnen und Ärzte sowie nichtärztliche Mitarbeiterinnen und Mitarbeiter an den hieraus erzielten Einnahmen zu beteiligen. Die Regelung des § 22 des Gesetzes über das Universitätsklinikum des Saarlandes vom 26.11.2003 (Amtsbl. S. 2940), zuletzt geändert durch Artikel 7 des Gesetzes vom 17.03.2005 (Amtsbl, S. 486), in der jeweils geltenden Fassung bleibt unberührt.

(7) Der Krankenhausträger stellt durch hausinterne Regelungen die angemessene Beteiligung nach Absatz 6 sicher. Sofern der Krankenhausträger keine andere Regelung trifft, haben die liquidationsberechtigten Ärztinnen und Ärzte von ihren nach Abzug der Abgaben an den Krankenhausträger nach Absatz 5 verbleibenden Liquidationseinnahmen im stationären Bereich bis zu 25.600 Euro Abgaben in Höhe von 10 v.H., von mehr als 25.600 Euro bis 127.800 Euro in Höhe von 25 v.H. und von den 127.800 Euro übersteigenden Liquidationseinnahmen in Höhe von 40 v.H. einer Mitarbeiterbeteiligung zuzuführen. Bei der Verteilung sind Verantwortung, Leistung und Erfahrung und Dauer der Zugehörigkeit zum Krankenhaus zu berücksichtigen.

(8) Die Erfüllung von bestehenden Verträgen des Krankenhausträgers mit liquidationsberechtigten Ärztinnen und Ärzten bleibt unberührt. Der Krankenhausträger hat die rechtlichen Möglichkeiten einer Anpassung dieser Verträge auszuschöpfen.

G Sachsen

Gesetz zur Neuordnung des Krankenhauswesens (Sächsisches Krankenhausgesetz – SächsKHG) vom 19.08.1993 (GVBl. S. 675), zuletzt geändert durch das Gesetz über Maßnahmen zur Sicherung der öffentlichen Haushalte 2005 und 2006 im Freistaat Sachsen (Haushaltsbegleitgesetz 2005 und 2006 vom 22.04.2005 (GVBl. 121, 125)

§ 2 – Anwendungsbereich

(2) Die Bestimmungen des Vierten Abschnitts gelten mit Ausnahme der §§ 21 Abs. 1 und 4, 22 und 23 nicht für Krankenhäuser, die von Religionsgemeinschaften oder diesen gleichgestellten oder ihnen zuzuordnenden Einrichtungen, ohne Rücksicht auf deren Rechtsform, betrieben werden. Sie treffen für ihre Krankenhäuser in eigener Zuständigkeit Regelungen, die den Zielen dieser Vorschriften entsprechen.

§ 24 – Abrechnung besonderer ärztlicher Leistungen

(1) Entgelte für wahlärztliche Leistungen, die ein Arzt auf der Grundlage eines gesonderten Behandlungsvertrages erbringt, rechnet der Krankenhausträger gesondert ab. Gleiches gilt für Entgelte aus ambulanter ärztlicher Tätigkeit, soweit es sich nicht um Tätigkeiten im Rahmen der §§ 117 bis 119 des Fünften Buches Sozialgesetzbuch oder vergleichbarer Verträge handelt.

(2) Von dem Entgelt behält der Krankenhausträger die in Absatz 3 bestimmten Anteile ein. Das restliche Entgelt leitet der Krankenhausträger nach Maßgabe des Absatzes 4 an den Arzt und nach Maßgabe des § 25 an die ärztlichen Mitarbeiter und an das nichtärztliche Fachpersonal weiter.

(3) Von den Entgelten sind einzubehalten:

1. die Kosten, die der Arzt durch die Inanspruchnahme von Einrichtungen, Personal und Material des Krankenhauses verursacht hat,
2. Ausgleichsbeträge für den Vorteil, der dem Arzt dadurch entsteht, dass er entsprechendes eigenes Personal, Material oder Einrichtungen nicht vorzuhalten braucht.

Soweit der Arzt zur Erbringung der Leistung eigene Mittel aufgewendet hat, sind sie mit den einzubehaltenden Beträgen zu verrechnen. Bis zur Feststellung der endgültig einzubehaltenden Entgeltanteile behält der Träger eine Pauschale in Höhe von zehn vom Hundert der in Absatz 1 genannten Entgelte ein. Nach Feststellung der endgültigen Höhe der einzubehaltenden Beträge sind diese mit den Pauschalen zu verrechnen.

(4) Aus dem restlichen Entgelt im Sinne von Absatz 2 erhält der Arzt Anteile nach folgender Tabelle:

bis 20.000 DM	90 v.H.,
von 20.001 DM bis 60.000 DM	für je 4.000 DM Entgeltsteigerung je 1 v.H. weniger, d.h. 89 bis 80 v.H.,

von 60.001 DM bis 120.000 DM	für je 6.000 DM Entgeltsteigerung je 1 v.H. weniger, d.h. 79 bis 70 v.H.,
von 120.001 DM bis 200.000 DM	für je 8.000 DM Entgeltsteigerung je 1 v.H. weniger, d.h. 69 bis 60 v.H.,
von 200.001 DM bis 350.000 DM	für je 10.000 DM Entgeltsteigerung je 1 v.H. weniger, d.h. 59 bis 45 v.H.

Bei Entgelten über 350.000 DM erhält der Arzt für den diese Summe übersteigenden Betrag einen Vomhundertsatz in Höhe von 45 v.H.

Die Einbehaltung nach einem höheren Vomhundertsatz gemäß Satz 1 darf nicht dazu führen, dass der Arzt einen geringeren Betrag erhält als bei Anwendung eines niedrigeren Vomhundertsatzes.

Der nach Abzug der Beträge nach den Absätzen 3 und 4 verbleibenden Endbetrag wird angesammelt und nach Maßgabe des § 25 an die ärztlichen Mitarbeiter und an das nichtärztliche Fachpersonal verteilt.

§ 25 – Verteilung der einbehaltenen Beträge

(1) Über die Verteilung der beim Träger angesammelten Mittel an die Mitarbeiter entscheidet der Träger nach Anhörung eines Gremiums, in dem die an der Leistungserbringung beteiligten Berufsgruppen, die Krankenhausleitung und der Personalrat vertreten sind. Bei der Verteilung sind Aufgaben, Leistung – auch in der Forschung –, Verantwortung, Facharzteigenschaft und Erfahrung der Mitarbeiter angemessen zu berücksichtigen. Die an die Mitarbeiter verteilten Mittel dürfen nicht im offensichtlichen Missverhältnis zu deren Leistung und Einkommen stehen.

(2) Kommt über die Verteilung der angesammelten Mittel keine Einigung zustande, entscheidet auf Antrag eines Mitglieds des zuständigen Krankenhausgremiums eine vom zuständigen Staatsministerium einzurichtende, von der Sächsischen Landesärztekammer und der Krankenhausgesellschaft Sachsen paritätisch besetzte Beschwerdestelle unter Vorsitz des Ministeriums. Die Beschwerdestelle kann zur Höhe der einbehaltenen Beträge und zu deren Verteilung auch jeder betroffene Arzt des Krankenhauses anrufen.

(3) Verwaltungskosten, die dem Krankenhausträger im Zusammenhang mit der Abrechnung, dem Einzug und der Teilung der angesammelten Mittel sowie aus der Tätigkeit der Beschwerdestelle entstehen, sind aus den einbehaltenen Beträgen vorweg zu bestreiten.

§ 26 – Abweichende Bestimmungen

(1) Der Krankenhausträger kann eine von § 24 Abs. 3 abweichende Regelung treffen.

(2) Belegärzte im Krankenhaus beteiligen ihre ärztlichen Mitarbeiter nach freier Vereinbarung unmittelbar. Sie können sich mit Zustimmung des zuständigen Krankenhausgremiums der Regelung der §§ 24 und 25 anschließen.

(3) Der Krankenhausträger hat darauf hinzuwirken, dass vor Inkrafttreten dieses Gesetzes abgeschlossene Verträge mit Ärzten, die Leistungen gemäß § 24 Abs. 2 erbringen, den Bestimmungen der §§ 24 und 25 angepasst werden.

(4) Im Bereich der Kliniken und klinischen Einrichtungen von Hochschulen kann das Staatsministerium für Wissenschaft und Kunst im Benehmen mit dem zuständigen Staatsministerium in besonderen Ausnahmefällen eine von § 24 Abs. 4 abweichende Regelung vereinbaren.

H Thüringen

Thüringer Krankenhausgesetz (ThürKHG) vom 10.03.1994 (GVBl. S. 276, zuletzt geändert durch das Gesetz zur Änderung des Thüringer Krankenhausgesetzes und zur Einführung der Meldepflicht an das Gemeinsame Krebsregister vom 11.02.2003 (GVBl. S. 99)

§ 3 – Geltungsbereich

(1) Dieses Gesetz gilt für Krankenhäuser im Sinne von § 2 des Krankenhausfinanzierungsgesetzes (KHG). § 28 Abs. 2 und 3 sowie § 28a gelten nicht für Krankenhäuser, die von Religionsgemeinschaften oder diesen gleichgestellten oder ihnen zuzuordnenden Einrichtungen – ohne Rücksicht auf ihre Rechtsform – betrieben werden. Die Religionsgemeinschaften treffen für diese Krankenhäuser in eigener Zuständigkeit Regelungen, die den Zielen dieser Vorschriften entsprechen.

§ 28 a – Abgaben aus Liquidationserlösen

(1) Der Krankenhausträger ist berechtigt, aus den Einkünften, die Ärzte des Krankenhauses aus wahlärztlicher Tätigkeit erzielen, eine Abgabe zu verlangen, die pauschaliert werden kann. Er kann neben der Erstattung der Kosten, welche dem Krankenhaus durch die ärztliche Tätigkeit nach Satz 1 entstanden sind, einen Vorteilsausgleich verlangen.

(2) Werden im stationären Bereich von hierzu berechtigten Krankenhausärzten wahlärztliche Leistungen gesondert berechnet, so hat der Krankenhausträger sicherzustellen, dass die anderen Krankenhausärzte an den hieraus erzielten Einnahmen beteiligt werden.

(3) Das Nähere zur Durchführung des Absatzes 2 regelt das für das Krankenhauswesen zuständige Ministerium durch Rechtsverordnung.

7.2 Empfehlungen zur Zusammenarbeit mit der Industrie

Seit dem sog. Herzklappen-Skandal im Sommer 1994 wird immer wieder über Ermittlungen im Gesundheitswesen wegen des Verdachts der Vorteilsannahme/Bestechlichkeit berichtet. Kaum berichtet wird jedoch über deren tatsächlichen Ausgang. So waren in dem Herzklappen-Skandal Ende Juli 2000 rund 70% aller Verfahren gegen Krankenhausärzte ohne Auflagen eingestellt worden, weil die Voraussetzungen für eine Anklage fehlten. Der Anteil der Verfahren, in denen letztlich eine Strafe verhängt wurde, dürfte unter 20% liegen. Darunter finden sich auch viele Fälle, in denen Ärzte Drittmittel und Spenden für ihr Krankenhaus angenommen hatten, ohne sich also persönlich zu bereichern.

Trotz der Entscheidung des BGH vom 23.05.2002 – 1 StR 372/01 – im Strafverfahren gegen den Heidelberger Herzchirurgen gibt es noch viele ungeklärte Rechtsfragen, sodass sich der Arzt in der Zusammenarbeit mit der Industrie auch weiterhin auf schwankendem Boden bewegt. Allerdings kann er das Risiko deutlich minimieren, wenn er sich genau an die vom Krankenhausträger erlassenen Dienstanweisungen und vor allem an das sog. Transparenzprinzip hält.

Der BGH hat in seiner Entscheidung vom 23.05.2002 die vom LG Heidelberg ausgesprochene Verurteilung wegen Untreue aufgehoben, jedoch den Tatbestand der Vorteilsannahme bestätigt. Allerdings hat er zugleich darauf hingewiesen, dass eine Vorteilsannahme in solchen Fällen nicht vorliegt, in denen es die hochschulrechtlich verankerte Dienstaufgabe des Amtsträgers ist, sog. Drittmittel für Lehre und Forschung einzuwerben. Dem Schutzgut des Vertrauens der Sachgerechtigkeit und der „Nicht-Käuflichkeit" der Verwaltung werde dadurch angemessen Rechnung getragen, dass das vorgeschriebene Verfahren für die Mitteleinwerbung (Anzeige und Genehmigung) eingehalten wird.

Es gibt viele Versuche, Regeln über die Zusammenarbeit zwischen Industrie und Ärzten aufzustellen. Im Hochschulbereich sind insbesondere die Länder dabei, Richtlinien für Einwerbung, Verwaltung und Verwendung von Drittmitteln für Forschungszwecke zu erlassen. 1997 wurde zwischen den Spitzenverbänden der gesetzlichen Krankenkassen und dem Bundesfachverband Medizinprodukte-Industrie e.V. ein **„Codex Medizinprodukte"** vereinbart, allerdings ohne Mitwirkung der Ärzteschaft. Die Pharmazeutische Industrie und die Medizinprodukte-Industrie haben zusammen mit der Arbeitsgemeinschaft der wissenschaftlichen medizinischen Fachgesellschaften (AWMF) und der Deutschen Krankenhausgesellschaft im Oktober 2000 einen **Gemeinsamen Standpunkt** zur strafrechtlichen Bewertung der Zusammenarbeit zwischen Industrie, medizinischen Einrichtungen und deren Mitarbeitern veröffentlicht. Dieser Gemeinsame Standpunkt enthält auch Hinweise zur zukünftigen Ausgestaltung der Zusammenarbeit.

Die nachfolgenden **Verhaltensempfehlungen** wurden unter Berücksichtigung der verschiedenen Empfehlungen und Richtlinien, die meist sehr umfangreich sind, sowie auf der Grundlage eigener Erkenntnisse und Erfahrungen erstellt. Sie sollen in knapper und systematisierter Form dem Arzt eine praxisgerechte Anleitung und Information geben.

1. Allgemeine Hinweise

In den genannten Richtlinien wird die Einhaltung verschiedener Prinzipien empfohlen, wobei insbesondere das Trennungs-, Transparenz-, Dokumentations- und Äquivalenzprinzip erwähnt werden. Wichtig scheint dem Verfasser aber auch zu sein, jede Zusammenarbeit mit der Industrie durch den Dienstherrn genehmigen zu lassen, also das Genehmigungsprinzip zu beachten. Zusammenfassend kann festgestellt werden, dass das Risiko strafrechtlicher Ermittlungsverfahren zumindest deutlich verringert, wahrscheinlich sogar ganz vermieden wird, wenn die nachfolgenden Prinzipien konsequent eingehalten werden. In diesem Sinn haben sich auch verschiedene Staatsanwälte geäußert, die in den letzten Jahren mit Ermittlungsverfahren im Gesundheitswesen betraut waren.

- **Trennungsprinzip:** Zuwendungen jeglicher Art dürfen nicht in Abhängigkeit mit Umsatzgeschäften stehen.
- **Transparenzprinzip:** Die Krankenhausverwaltungen sind in den Abschluss von Zuwendungsvereinbarungen bzw. Kooperationsvereinbarungen zu involvieren. Gleiches gilt für die tatsächliche Gewährung von Zuwendungen jeglicher Art.
  Dies führt u.a. zu der Konsequenz, dass pharmazeutische Firmen von Ärzten, die auf Fortbildungsveranstaltungen ein wissenschaftliches Referat halten und hierfür ein übliches Honorar erhalten sollen, eine Genehmigung der Verwaltung verlangen.
- **Genehmigungsprinzip:** Zur Annahme einer Zuwendung sollte generell die Zustimmung des Dienstherrn bzw. der Krankenhausverwaltung eingeholt werden.
- **Dokumentationsprinzip:** Jede Form der Zusammenarbeit soll schriftlich dokumentiert und eine schriftliche Genehmigung zu der Vereinbarung bei der Krankenhausverwaltung bzw. dem Dienstherrn eingeholt werden.
- **Äquivalenzprinzip:** Bei allen Vertragsbeziehungen zwischen Unternehmen und medizinischen Einrichtungen bzw. deren Mitarbeitern müssen Leistung und Gegenleistung in einem angemessenen Verhältnis zueinander stehen.

2. Spezielle Hinweise

Geschenke und Bewirtungen

Persönliche Geschenke durch die Industrie sollten grundsätzlich nur zu besonderen Anlässen (Dienstjubiläen, Weihnachten, Erlangung der Habilitation etc.) und nur in einem sozialadäquaten Rahmen angenommen werden. Geschenke in einem Wert von mehr als 30,00 Euro ohne besonderen Anlass sind auch bei herausgehobenen Persönlichkeiten kaum als sozialadäquat anzusehen (nach anderer Ansicht Geschenke im Wert von mehr als 50,00 Euro, vgl. Lesch, AnwBl. 2003, 261, 262). Bei einem Wert von 30,00 Euro ist man auf jeden Fall auf der sicheren Seite. Ob bei einem Chefarzt auch Geschenke mit einem höheren Wert noch als sozialadäquat gelten, ist zumindest umstritten.

So genannte Sozialspenden für Betriebsausflüge, Weihnachtsfeiern etc. gelten heute als unzulässige Spenden.

Die Bewirtung anlässlich des Besuchs eines Fachkongresses ist grundsätzlich zulässig, ohne Genehmigung des Dienstherrn jedoch nur dann, wenn die Kosten hierfür pro Person den Betrag von 40,00 Euro, max. 50,00 Euro nicht überschreiten.

Spenden

Spenden sollten nur auf ein Drittmittelkonto des Krankenhauses eingezahlt werden, über das der Verwaltungsleiter die Verfügungsbefugnis hat, ggf. unter Mitbeteiligung eines Chefarztes. Geldzahlungen auf Privatkonten oder auf Drittmittelkonten, über die der einwerbende Arzt allein verfügen kann, sollten also unbedingt vermieden werden. Im Übrigen gelten hier die allgemeinen Hinweise, insbesondere die vorherige Information der Verwaltung und deren Genehmigung.

Gleiches gilt, wenn Spendengelder an Fördervereine von Krankenhäusern geleistet werden. Der einwerbende Arzt muss jedoch streng darauf achten, dass er bei der Entscheidung des Fördervereins über die Verwendung der Geldmittel keine Entscheidungsbefugnis hat.

Klinische Prüfungen und Forschungsverträge

Da nach der Rechtsprechung ein in einem Forschungsvertrag vereinbartes Honorar selbst dann einen Vorteil im Sinn der Korruptionsdelikte darstellt, wenn das Honorar als angemessene Vergütung für die aufgrund des Forschungsvertrags geschuldete Leistung anzusehen ist, wird dringend empfohlen, solche Forschungsverträge zwischen der Industrie und dem Krankenhaus nur mit ausdrücklicher Genehmigung des Krankenhausträgers abzuschließen. Hat der Krankenhausträger ein bestimmtes Verfahren vorgeschrieben, muss dieses strikt eingehalten werden.

Der Arzt kann im Rahmen des Vertrags selbstverständlich als Projektleiter bzw. Prüfarzt genannt und vereinbart werden. Ein persönliches Honorar für diese Tätigkeit kann durchaus vereinbart werden, es sei denn, das Honorar steht in einem offensichtlichen Missverhältnis zur erbrachten Leistung oder geht weit über das übliche Maß hinaus. Bedenklich wäre auch die Vereinbarung eines Honorars für eine klinische Prüfung ohne wissenschaftlichen Wert.

Referentenverträge

Hält ein Arzt im Rahmen von Fortbildungsveranstaltungen, die eine pharmazeutische Firma sponsert, im Einzelfall oder regelmäßig Fachvorträge, so sollten darüber Verträge abgeschlossen werden, die vom Dienstherrn zu genehmigen sind. Bei einer regelmäßigen Referententätigkeit kann diese auch allgemein genehmigt werden, sodass es nicht erforderlich ist, jedes Mal eine neue Genehmigung einzuholen.

Teilnahme an Fortbildungsveranstaltungen

Nimmt ein Arzt an Fortbildungsveranstaltungen teil, die von einem Produkthersteller oder -vertreiber organisiert oder gefördert werden, so können dem aktiven Teilnehmer die Fahrtkosten sowie ein angemessenes Honorar gezahlt werden. Eine Bewirtung ist möglich, solange sie einen angemessenen Rahmen nicht überschreitet. Dem passiven Teilnehmer an solchen Fortbildungsveranstaltungen darf im Rahmen oder im Anschluss an die Veranstaltung ein Imbiss gewährt werden.

Kongressreise

Einigkeit besteht darüber, dass der aktive Teilnehmer an einem Kongress folgende Zuwendungen annehmen darf: angemessene Kosten für Hin- und Rückreise (1.-Klasse-Tickets nur bei der Bahn), Übernachtungskosten für die Dauer der Veranstaltung zuzüglich der An- und Abreisetage, Bewirtung, soweit sie einen angemessenen Rahmen nicht überschreitet und von untergeordneter Bedeutung ist, sowie ein angemessenes Honorar, ggf. auch die Kongressgebühren. In jedem Fall muss die Annahme dieser Zuwendung vom Dienstherrn ausdrücklich genehmigt werden.

Die Zulässigkeit der Unterstützung einer passiven Kongressteilnahme ist dagegen sehr umstritten. Nach dem „Codex Medizinprodukte" soll es auch zulässig sein, dem passiven Teilnehmer die genannten Kosten – mit Ausnahme des Referentenhonorars – zu erstatten, wenn die Teilnahme den Zweck verfolgt, Erkenntnisse und Erfahrungen zu vermitteln, die die Produkte des unterstützenden Medizinprodukteherstellers betreffen. Dies wird z.T. kritisch gesehen. In jedem Fall muss auch eine solche finanzielle Unterstützung unbedingt vor Antritt der Reise durch den Dienstherrn genehmigt werden, und zwar schriftlich. Diese schriftliche Genehmigung muss der fördernden Firma zur Verfügung gestellt werden. Denn erfahrungsgemäß ist das Verfolgungsinteresse der Staatsanwaltschaft immer dann gering, wenn aus den beschlagnahmten Unterlagen klar hervorgeht, dass der Dienstherr der Zuwendung zugestimmt hat.

Auf keinen Fall dürfen jedoch die Kosten für einen mitreisenden Ehegatten von der Industrie bezahlt werden, ebenso wenig die Kosten einer privaten Anschlussreise sowie die Kosten von Luxusleistungen (Flug in der 1. Klasse oder Unterbringung in einem Luxushotel) oder die Kosten für teure Kulturveranstaltungen. Nach überwiegender Meinung kann die Übernahme solcher Kosten auch nicht durch den Dienstherrn genehmigt werden.

Alle diese Hinweise gelten unter dem Vorbehalt der aktuellen Gültigkeit. Zu vielen Fragen steht eine höchstrichterliche Rechtsprechung noch aus. Ob sie zu einer Veränderung in der Bewertung der Zusammenarbeit zwischen Industrie und Ärzteschaft führen wird, ist fraglich. So bleibt am Ende nur die Feststellung: Der Arzt lebt gefährlich, nicht nur im Bereich der Arzthaftpflicht.

7.3 Muster einer Stellvertretervereinbarung

unter Berücksichtigung des BGH-Urteils vom 20.10.2007 – III ZR 144/07

Einführung

Der Bundesgerichtshof (BGH) hat sich in seinem grundlegenden Urteil vom 20.12.2007 mit zwei Fragen zur Liquidation der wahlärztlichen Behandlung befasst, die seit vielen Jahren in der Rechtsprechung der Instanzgerichte umstritten waren. Das Urteil ist sowohl für den liquidierenden Chefarzt als auch für das liquidierende Krankenhaus von Bedeutung.

Der BGH befasste sich zum einen mit der Frage, ob eine formularmäßig im Wahlleistungsvertrag abgeschlossene Stellvertretervereinbarung dann rechtswidrig ist, wenn von vornherein bekannt ist, dass der Chefarzt als Wahlarzt die Kernleistung, also z.B. die Operation, nicht selbst erbringt, da er wegen Urlaub, Krankheit etc. verhindert ist. Der BGH hat diese Frage bejaht und eine formularmäßige Vereinbarung nur für den Fall einer unvorhergesehenen Verhinderung für zulässig erklärt. Zum anderen befasste sich der BGH mit der Frage, ob im Fall einer von vornherein feststehenden Verhinderung eine individuelle Stellvertretervereinbarung rechtswirksam sein kann, jedenfalls wenn bestimmte Voraussetzungen zum Inhalt der Vereinbarung erfüllt sind. Auch diese Frage hat der BGH bejaht.

Für die Zukunft gilt also:

1. *Die in den einschlägigen Formularen der Krankenhausträger zur Wahlleistungsvereinbarung enthaltene Vertreterklausel berechtigt den Wahlarzt bzw. das Krankenhaus nur dann zur Liquidation der von seinem Vertreter erbrachten Leistungen, wenn er überraschend an der Leistungserbringung gehindert ist. Dies ist z.B. der Fall, wenn der Chefarzt in der Nacht zwischen der Aufnahme des Patienten und der vorgesehenen Operation überraschend so schwer erkrankt, dass er selbst nicht tätig werden kann.*
2. *Im Fall einer vorhersehbaren Verhinderung kann jedoch mit dem Wahlleistungspatienten eine individuelle Stellvertretervereinbarung wirksam abgeschlossen werden, sofern der Inhalt dieser Vereinbarung die vom BGH aufgestellten Anforderungen erfüllt, insbesondere der Patient entsprechende Informationen erhält und ihm eine Entscheidungsfreiheit einge-*

räumt wird. Vergleichen Sie hierzu das weiter unten abgedruckte Muster einer Stellvertretervereinbarung.

Jeder Chefarzt bzw. jedes Krankenhaus ist gut beraten, wenn nicht nur für den Fall einer vorhersehbaren, sondern auch für den Fall einer unvorhersehbaren Verhinderung zusätzlich zum Wahlarztvertrag eine individuelle Stellvertretervereinbarung abgeschlossen wird.

Eine wirksame Stellvertretervereinbarung bei einer vorhersehbaren Verhinderung setzt voraus, dass der Patient so früh wie möglich über die Verhinderung des Wahlarztes unterrichtet wird verbunden mit dem Angebot, entweder die wahlärztlichen Leistungen von dem Stellvertreter des Wahlarztes zu den vereinbarten Bedingungen erbringen zu lassen, oder aber statt der wahlärztlichen Behandlung die Regelleistung durch den jeweils Dienst habenden Arzt in Anspruch zu nehmen. Auch ist dem Patienten die Verschiebung der Operation bzw. der Behandlung bis zur Rückkehr des Wahlarztes anzubieten.

Zu den Wirksamkeitsvoraussetzungen für eine individuelle Stellvertretervereinbarung führt der BGH in seinem Urteil vom 20.12.2007 u.a. Folgendes aus.

Aus den Gründen:

(...)

b) Die Parteien haben jedoch mit der „Schriftlichen Fixierung" einer Stellvertretervereinbarung eine wirksame Vereinbarung getroffen, aufgrund der der Kläger von seiner Pflicht zur persönlichen Ausführung der Operation befreit wurde und statt seiner – unter Aufrechterhaltung seiner Liquidationsbefugnis – Oberarzt Dr. ... tätig werden durfte.

   aa) Der Wahlarzt kann sich durch eine Individualvereinbarung mit dem Patienten von seiner Pflicht zur persönlichen Leistung befreien und deren Ausführung einem Stellvertreter übertragen (z.B.: OLG Düsseldorf NJW-RR 1998, 1348, 1350).

      (1) Da sich der Patient oftmals – wie auch hier – in der bedrängenden Situation einer schweren Sorge um seine Gesundheit oder gar sein Überleben befindet und er daher zu einer ruhigen und sorgfältigen Abwägung vielfach nicht in der Lage sein wird, bestehen ihm gegenüber nach Treu und Glauben (§ 242 BGB, siehe ferner § 241 Abs. 2 BGB n.F.) vor Abschluss einer solchen Vereinbarung aber besondere Aufklärungspflichten (LG Bonn a.a.O. Nr. 21), bei deren Verletzung dem Honoraranspruch des Wahlarztes der Einwand der unzulässigen Rechtsausübung entgegen steht.

      Danach ist der Patient so früh wie möglich über die Verhinderung des Wahlarztes zu unterrichten und ihm das Angebot zu unterbreiten, dass an dessen Stelle ein bestimmter Vertreter zu den vereinbarten Bedingungen die wahlärztlichen Leistungen erbringt (...). Soll die Vertretervereinbarung im unmit-

telbaren Zusammenhang mit dem Abschluss des Wahlleistungsvertrags getroffen werden, ist der Patient auf diese gesondert ausdrücklich hinzuweisen. Er ist in der ohnehin psychisch belastenden Situation der Aufnahme in das Krankenhaus bereits mit der umfangreichen Lektüre der schriftlichen Wahlleistungsvereinbarung und der in diesem Zusammenhang notwendigen Belehrungen befasst (vgl. z.B. Senatsurteil BGHZ 157, 87, 95; vom 08.01.2004 – ZR 375/02 – NJW 2004, 686, 687 [...]). Dies begründet die nicht unerhebliche Gefahr, dass er der Vertretervereinbarung, die der durch die Wahlleistungsvereinbarung erweckten Erwartung, durch den Wahlarzt behandelt zu werden, widerspricht, nicht die notwendige Aufmerksamkeit zukommen lässt.
Weiter ist der Patient über die alternative Option zu unterrichten, auf die Inanspruchnahme wahlärztlicher Leistungen zu verzichten und sich ohne Zuzahlung von dem jeweils Dienst habenden Arzt behandeln zu lassen. Ein nochmaliger Hinweis, dass er auch in diesem Fall die medizinisch notwendige Versorgung durch hinreichend qualifizierte Ärzte erhält, ist nicht erforderlich, da eine solche Belehrung bereits vor Abschluss der Wahlleistungsvereinbarung erteilt werden muss (vgl. z.B. Senatsurteile BGHZ, vom 08.01.2004 und vom 22.07.2004 jew. a.a.O.). Ist die jeweilige Maßnahme bis zum Ende der Verhinderung des Wahlarztes verschiebbar, so ist dem Patienten auch dies zur Wahl zu stellen.
Entgegen der wohl von Kalis (a.a.O.) vertretenen Auffassung ist es aber nicht notwendig, den Patienten eigens ausdrücklich darüber aufzuklären, dass der Wahlarzt auch für die Behandlung durch den Stellvertreter liquidationsberechtigt ist. Ist der Patient über die Option informiert, sich ohne gesondertes Honorar im Rahmen der allgemeinen Krankenhausleistungen behandeln zulassen, und entscheidet er sich gleichwohl für die Inanspruchnahme der wahlärztlichen Leistungen durch den Vertreter zu den vereinbarten Bedingungen, muss ihm – jedenfalls wenn die notwendige Unterrichtung vor Abschluss der Wahlleistungsvereinbarung erfolgt ist – von sich aus klar sein, dass er hierfür auch das für den Wahlarzt anfallende Honorar zahlen muss. (...)
Nicht erforderlich ist weiter, dass der Wahlarzt selbst den Patienten aufklärt (...).

(2) Weiterhin muss die Vertretervereinbarung schriftlich geschlossen werden (OLG Düsseldorf NJW-RR 1998, 1347, 1350 (...), da sie einen Vertrag beinhaltet, durch den die Wahlleistungsvereinbarung geändert wird, für die gemäß § 17 Abs. 2 Satz 1 KHEntgG (für den Streitfall noch § 22 Abs. 2 Satz 1 BPflV) das Schriftformerfordernis gilt.

Muster
Stellvertretervereinbarung

Zwischen ....(Krankenhaus)

und Herrn/Frau ....(Patient/Patientin)

wurde eine Wahlleistungsvereinbarung zur stationären Behandlung in der .... Abteilung abgeschlossen.

Ergänzend hierzu wird eine

Individualvereinbarung

zwischen Herrn/Frau Chefarzt Dr. med...................... und Herrn/Frau .... (Patient/Patientin) abgeschlossen und im Rahmen dieser Individualvereinbarung Folgendes vereinbart:

1. Heute wurde mir durch Herrn/Frau Dr. med. .... mitgeteilt, dass der für den .... geplante Eingriff .... von Herrn/Frau Chefarzt Dr. med. .... nicht persönlich durchgeführt werden kann. Der Grund der Verhinderung wurde mir mitgeteilt.
2. Ich wurde über folgende Alternativen informiert:
   a) Die Operation kann bis zur Rückkehr des Chefarztes verschoben werden. ☐
   b) Eine Verschiebung der Operation ist medizinisch nicht vertretbar. ☐
3. Im Hinblick auf die Möglichkeit der Verschiebung der Operation gemäß Ziff. 2a treffe ich folgende Entscheidung:
   a) Die OP soll bis zur Rückkehr des Chefarztes verschoben werden. ☐
   b) Die OP soll planmäßig durchgeführt werden. ☐
4. Ich wurde darüber aufgeklärt, dass ich die Wahlmöglichkeit habe, den Eingriff
   a) entweder als allgemeine Krankenhausleistung (also ohne Wahlarztvereinbarung und ohne Zuzahlung) durch den dienstplanmäßig zuständigen Arzt durchführen zu lassen oder ☐
   b) den Eingriff durch Herrn/Frau Oberarzt Dr. med. .... als Stellvertreter des Chefarztes zu den Bedingungen der Wahlarztvereinbarung mit Liquidationsrecht des Chefarztes durchführen zu lassen. ☐
5. Nach Aufklärung über die bestehenden Alternativen habe ich mich in der durch Ankreuzung kenntlich gemachten Weise entschieden. ☐
6. Eine Kopie dieser Vereinbarung habe ich erhalten. ☐

Name des Patienten/der Patientin

Anschrift des Patienten/der Patientin

Datum	Unterschrift des Patienten/ der Patientin bzw. des Vertreters	Unterschrift des Arztes/der Ärztin

7.4 DKG-Leitlinien zum Chefarztvertragsrecht

Die vorliegenden Leitlinien der DKG zum Chefarztvertragsrecht vom 11.03.2008 knüpfen an die DKG-Eckpunkte zur Weiterentwicklung des Chefarztvertragsrechts vom 22.01.1996 (das krankenhaus 2002, Seite 303f.) an.

1. Die Reputation eines Krankenhauses hängt maßgeblich von der Qualität der ärztlichen Leistung ab, die im Wesentlichen vom Chefarzt bestimmt wird. Es gilt, die besten Ärzte für solche Positionen zu gewinnen. Die Vertragskonditionen müssen daher ausgewogen sein.
2. Durch die voranschreitende Spezialisierung in der Medizin wird es zunehmend schwieriger, Chefärzte zu finden, die alle Facetten ihres Fachgebietes abdecken. Insofern sind neben dem allein leitenden Chefarzt auch andere Führungs- und Organisationsmodelle gerade bei großen Krankenhäusern/Abteilungen in der Praxis etabliert, die entweder die Oberärzte weitgehend einbeziehen (so genannter Fachbereichsoberarzt) oder die Leitung der Abteilung auf mehreren Schultern verteilen (so genannte Kollegialsysteme). Wichtig hierbei ist die klare Zuordnung der Verantwortlichkeiten im Sinne des Arbeitsrechts. Es bietet sich an, auch mit diesen Ärzten Individualverträge in Anlehnung an die im Chefarztbereich üblichen Regelungen zu schließen.
3. Der sich verstärkende Trend zur Zentrenbildung – orientiert an Organen (zum Beispiel Herzzentrum o.Ä.) oder Krankheitsbildern (zum Beispiel Brustkrebszentren o.Ä.) – verlangt von Chefärzten eine über das übliche Maß hinausgehende fachübergreifende Kooperationsbereitschaft. Krankenhausträger müssen mit klaren Organisationsstrukturen und Organisationsanweisungen darauf hinwirken, die jeweiligen Verantwortungsbereiche der betroffenen Chefärzte trennscharf abzugrenzen.
   Dieser Trend, verbunden mit einer in den letzten Jahren gestiegenen Fusionsbereitschaft der Krankenhausträger, begründet im Einzelfall auf Seiten derer oftmals auch die Notwendigkeit nach einem krankenhausübergreifenden Einsatz von Chefärzten, und sei es auch nur für einen begrenzten Zeitraum. In diesem Sinne werden von den Chefärzten in der Zukunft auch eine gewisse räumliche Flexibilität und die Bereitschaft erwartet, auch in anderen Krankenhäusern des Krankenhausträgers tätig zu

werden. Die notwendigen Voraussetzungen dazu könnten in Form eines Versetzungsvorbehalts bereits im Dienstvertrag des Chefarztes geschaffen werden.

4. Als Chefarzt reicht es schon lange nicht mehr aus, die Materie ausschließlich in medizinischer Hinsicht zu beherrschen. Die heutigen Unternehmens- und Managementanforderungen an Chefärzte bedingen eine zunehmend fachliche und personelle Organisationsverantwortung für die Abteilung, von der Kosten-/Leistungs- und Erlösverantwortung über die Steuerung der internen und externen Qualitätssicherung bis hin zu Integrationsaufgaben im Sinne eines Schnittstellenmanagements. Diese Einbeziehung des Chefarztes in die wirtschaftliche Verantwortung der Abteilung und des Krankenhauses erfordert eine enge Einbeziehung in die Budgetplanung und Überwachung. Es ist daher zur Schaffung von Transparenz und Verständnis unverzichtbar, eine verantwortliche Beteiligung des Chefarztes vorzusehen.
   Andererseits müssen Chefärzte anerkennen, dass Krankenhäuser in der Regel in ein enges finanzielles Korsett eingebunden sind und ihr ärztliches Handeln sich permanent am Maßstab der Wirtschaftlichkeit messen lassen muss. Daher kommt dem vertraglich verankerten Wirtschaftlichkeitsgebot nicht nur programmsatzartiger Charakter zu, vielmehr ist es als echte Dienstverpflichtung zu verstehen.
5. Für den Krankenhausträger ist es wichtig, alle maßgeblichen Tätigkeiten des Chefarztes als Dienstverpflichtung abrufen zu können. Dies bedingt, dass Nebentätigkeiten des Chefarztes nur ausnahmsweise ermöglicht werden sollen. Innerhalb des Unternehmens „Krankenhaus“ dürfen weitere „Unternehmer“ (Chefärzte) mit partiell nicht gleich gerichteter Zielrichtung nicht existieren. Zielkonflikte werden vermieden. Steuerrechtlich werden maßgebliche Problembereiche der Infrastrukturgestellung an den Chefarzt hierdurch minimiert. Der Gesamterfolg des Unternehmens „Krankenhaus“ ist der Individualerfolg aller daran Beteiligten. Insbesondere Patienten unterscheiden nicht, ob die Leistung nur **im** oder **auch** durch das Krankenhaus erbracht wurde.
6. Die Vergütung des Chefarztes ist Spiegelbild seiner Aufgaben und Gesamtverantwortung. Sie setzt sich aus einem festen Gehaltsbestandteil und variablen Beteiligungen aus verschiedenen Bereichen (zum Beispiel wahlärztliche Leistungen) und gegebenenfalls Bonuszahlungen für die Erreichung individueller, abteilungsbezogener oder gemeinschaftlicher, krankenhausbezogener Ziele zusammen. Ein Chefarzt muss die Möglichkeit haben, ein seiner Stellung und Verantwortung adäquates Einkommen zu erzielen.
7. Bei der Höhe der Beteiligungen ist zu berücksichtigen, dass der Krankenhausträger das gesamte unternehmerische Risiko trägt und demgemäß einen angemessenen Eigenanteil beansprucht. Diese Erlöse werden nicht nur für eine mögliche Verlustabdeckung im Budgetbereich und den Ausgleich mangelnder Investitionsförderung benötigt, sondern auch für Investitionen in die allgemeine Weiterentwicklung des

Unternehmens (zum Beispiel Gründung eines MVZ). Hinzu kommen benötigte Mittel für die Beteiligung der nachgeordneten Ärzte und gegebenenfalls weiterer Mitarbeiter.

8. Aufgrund der nur eingeschränkten Möglichkeiten zur Erbringung wahlärztlicher Leistungen in den neuen Bundesländern, aber auch in bestimmten gleich gelagerten Ausnahmesituationen in den alten Bundesländern, werden abweichende Vergütungsmodelle Anwendung finden müssen. Im Vordergrund steht dabei oftmals eine höhere fixe Vergütung bzw. die Garantie eines bestimmten Gesamteinkommens durch den Krankenhausträger. Die Möglichkeiten der Refinanzierung dieser Gehaltsbestandteile – gegebenenfalls aus anderen Bereichen des Krankenhauses – müssen sichergestellt sein.
9. Dem Krankenhausträger muss es auch während eines laufenden Vertrages möglich sein, strukturelle und organisatorische Änderungen im Krankenhausbetrieb vorzunehmen. Sie dienen der Aufrechterhaltung und Verbesserung der Leistungsfähigkeit und Wirtschaftlichkeit der Krankenhäuser oder bedeuten eine strategische Neuausrichtung. Sofern seine Abteilung betroffen ist, muss der Chefarzt in den Umstrukturierungsprozess eingebunden sein. Die Letztentscheidungskompetenz muss aber beim Krankenhausträger bleiben. Den Interessen des Chefarztes wird dadurch hinreichend Rechnung getragen, dass der Krankenhausträger rechtlich gehalten ist, einen angemessenen Interessenausgleich vorzunehmen, sofern das vertragliche Äquivalenzverhältnis wesentlich tangiert wird.
10. Chefärzte sind nach ihrem eigenen Verständnis leitende Angestellte. Sie bestimmen die Ausrichtung des Unternehmens „Krankenhaus“ im Allgemeinen und ihrer Abteilung im Besonderen wesentlich mit. Sie genießen den besonderen Freiraum der ärztlichen Diagnose- und Therapiefreiheit, was von enormer Budgetrelevanz sein kann.
    Der arbeitsrechtliche Status sowohl im mitbestimmungsrechtlichen Sinne, insbesondere im Kündigungsschutz, spiegelt diese Stellung des Chefarztes im Unternehmen nicht hinreichend wider. Auch gesetzliche Befristungsmöglichkeiten bestehen nur im unzureichenden Maße und finden auf Chefarztpositionen in der Praxis so gut wie keine Anwendung.
    Rein faktisch liegt die Personalverantwortung für seine Abteilung beim Chefarzt. Für Krankenhausträger besteht daher die Möglichkeit, Chefarztpositionen auch formalrechtlich mit personellen Entscheidungskompetenzen zu versehen, die sich auf die Einstellung und/oder Entlassung von Mitarbeitern der jeweiligen Abteilung beziehen. Hierdurch wird die gesetzliche Möglichkeit genutzt, diese Position arbeitsrechtlich als leitende Position im Sinne des § 14 Kündigungsschutzgesetz auszugestalten.

Quelle: das Krankenhaus 9.2008, S. 898f.

Anmerkungen

1 vgl. die Ausführungen in Kapitel 4.1, Erläuterung Nr. 2 zum Rubrum
2 vgl. auch § 18 Abs. 1 Satz 1 KHEntgG vom 23.04.2002
3 Das Krankenhaus 1957, S. 137ff.
4 DKG: Beratungs- und Formulierungshilfe Chefarztvertrag, 1. Auflage 1983, 2. Auflage 1987, 3. Auflage 1990, 4. Auflage 1993, 5. Auflage 1996, 6. Auflage 2002, 7. Auflage 2006, 8. Auflage 2007; nachfolgend zitiert: DKG-Mustervertrag.
5 Das Krankenhaus 1959, S. 345ff.
6 DKG: Beratungs- und Formulierungshilfe Belegarztvertrag/Kooperativer Belegarztvertrag, 1. Auflage 1985, 2. Auflage 1991, 3. Auflage 1996, überarbeitete Fassung vom September/Oktober 2008; nachfolgend zitiert: DKG-Muster Belegarztvertrag.
7 1. Auflage 2008, Deutsche Krankenhaus Verlagsgesellschaft mbH, Düsseldorf
8 Vgl. etwa Karlsruher Tabellen, Angemessenheit der Gesamtbezüge eines Gesellschafter-Geschäftsführers, Oberfinanzdirektion Karlsruhe, Verfügung vom 17.04.2001; danach gelten z.B. für Gesellschafter-Geschäftsführer in der Branchengruppe „Sonstige Dienstleistungen" in Betrieben mit 101–500 Mitarbeitern und einem Umsatz zwischen 25 und 50 Mio. Euro Gesamtbezüge zwischen 242.000 und 459.000 Euro als angemessen.
9 Vgl. z.B. Heidelberger Musterverträge, Heft 36, Der GmbH-Geschäftsführer-Vertrag, 13. Auflage 2000.
10 BVerfG, Beschluss vom 07.11.1979 – 2 BvR 513/74.
11 Vgl. Baur: Mustervertrag mit Arbeitgeberschlagseite, Deutsches Ärzteblatt 2002, S. 1495ff.
12 BSG, Urteil vom 27.01.2000 – B 6 KA 51/98 R; Urteil vom 02.10.1996 – 6 RKa 73/95.
13 Vgl. Tänzer: GmbH-Recht 1997, S. 1085 und 1087.
14 vgl. Das Krankenhaus 2008, S. 898f.
15 Pföhler: Das Krankenhaus 1996, S. 329ff.
16 Vgl. z.B. BAG, Urteil vom 12.12.1984, BAGE 47, S. 314.
17 Vgl. z.B. BAG, Urteil vom 21.04.1993 – 7 ARZ 297/92, NZA 1994, S. 476.
18 BGBl. I 2000, S. 1966.
19 Pföhler, a.a.O. Anm. 12.
20 BAG, Urteil vom 27.07.1961, BAGE 11, S. 225.
21 Vgl. Schaub: Arbeitsrechts-Handbuch, 9. Auflage 2000, § 16 VI 3.
22 LAG Köln, Urteil vom 20.11.1990 – 9 Sa 452/90; vgl. hierzu Peris: Die Rechtsbeziehungen zwischen angestelltem Chefarzt und Krankenhausträger, S. 119.
23 BAG, Urteil vom 18.11.1999 – 2 ARZ 903/98, NZA 2000, S. 427.
24 Vgl. z.B. mb: Der Arzt, 1973, S. 409; Baur: Chefarzt-System oder Kollegial-System? AuK 1978, S. 373ff.; Vogt: Arzt im Krankenhaus, Deutsches Ärzteblatt 1996,

S. 2934ff.; Plädoyer für das Teamarzt-Modell, Bericht vom 101. Deutschen Ärztetag, Deutsches Ärzteblatt 1998, S. 1430ff.

25 Vgl. Anm. 8.

26 Vgl. z.B. mb: Der Arzt, 1973, S. 409.

27 § 6 Abs. 3 Krankenhausreformgesetz Rheinland-Pfalz vom 29.06.1973, GVBl. 1973, S. 199.

28 So auch Genzel, in: Laufs/Uhlenbruck, Handbuch des Arztrechts, 3. Auflage, 2002, § 90.

29 Verordnung über die Fälle und Voraussetzungen der Ernennung von Beamten auf Zeit in den Gemeinden und Gemeindeverbänden vom 21.10.1984, GVBl. NRW 1984, S. 698

30 BAG, Urteil vom 27.07.1961, NJW 1961, S. 2085.

31 Schaub, a.a.O. (Anm. 18).

32 Vgl. auch die Ausführungen in Kapitel 1.3.

33 Vgl. z.B. BAG, Urteil vom 23.06.1991 – 5 ARZ 337/92, NZA 1993, S. 1126.

34 BAG, Urteil vom 31.01.2002 – 6 AZR 214/00, chefarzt aktuell – Informationsdienst für leitende Krankenhausärzte 2002, S. 106; vgl. auch LAG Köln, Urteil vom 13.08.2008 – 3 Sa 1453/07, wonach bei einer arbeitgeberseitigen Zeitvorgabe von zehn oder zwanzig Minuten zwischen Abruf und Arbeitsaufnahme die Rufbereitschaft wie Bereitschaftsdienst zu vergüten ist.

35 Vgl. Anm. 28.

36 Vgl. hierzu auch Ulsenheimer: Strafrecht in der Praxis, 3. Auflage 2003, S. 155ff.: Die Organisationsfehler im Rahmen der Arbeitsteilung.

37 Deutsch: Medizinrecht, 4. Auflage 1999, Rdnr. 248; Laufs/Uhlenbruck: Handbuch des Arztsrechts, 3. Auflage 2002, § 12 Rdnr. 8.

38 Genzel in: Laufs/Uhlenbruck, Handbuch des Arztrechts, 3. Auflage 2002, § 90 Rdnr. 31.

39 Vgl. Anm. 5.

40 Genzel, a.a.O. § 90 Rdnr. 31.

41 Baur: Der erfolgsabhängige Chefarzt-Vertrag, Deutsches Ärzteblatt 2001, S. 1731.

42 Baur, a.a.O. S. 1733.

43 Genzel, a.a.O. § 90 Rdnr. 29ff.

44 Vgl. zur Festlegung der Dienstaufgaben der Leitenden Krankenhausärzte: Genzel, a.a.O. § 90 Rdnr. 30ff.

45 Münzel: Chefarzt- und Belegarztvertrag, 3. Auflage, München 2008, S. 47.

46 vgl. z.B. Finanzgericht Düsseldorf, Urteil vom 22.10.2007 – 9 K 2035/07; Finanzgericht Neustadt, Urteil vom 22.10. 2008 – 2 K 2585/07

47 Das Krankenhaus 2000, S. 876ff.

48 BSGE 15, S. 169.

49 § 2 Abs. 2 Nr. 4 und § 13 Abs. 3 Bundesmantelvertrag (BMV).

50 Peris: Rechtsbeziehungen, a.a.O. S. 63; DKG-Leitlinien zum Chefarztvertragsrecht, Nr. 10, in: Das Krankenhaus 2008, S. 898f.

51 So aber wohl Münzel, a.a.O. S. 43.

52 Vgl. z.B. DKG-Muster Chefarztvertrag, 6. Auflage 2002, § 6 Abs. 1.

53 BGH, NJW 1994, S. 1594.

54 z.B. Landgericht Dortmund, Urteil vom 04.05.2000 – 17 O 126/99; Landgericht Hamburg, Urteil vom 16.08.2000 – 303 O 10/99; Landgericht Hamburg, Urteil vom 02.02.2002 – 313 S 62/00
55 Genzel, a.a.O. § 90 Rdnr. 16; OLG Celle, NJW 1982, S. 706.
56 Uhlenbruck: NJW 1964, S. 431; LG Flensburg, NJW 1978, S. 2342.
57 vgl. OLG Düsseldorf, NJW 1995, 2421, 2422
58 Miebach/Patt: NJW 2000, S. 3378; beide Autoren sind im Verband der Privaten Krankenversicherung e.V. tätig.
59 BGH, Urteil vom 20.12.2007 – III ZR 144/07, NJW 2008, 987 ff.; chefarzt aktuell 2008, S. 8 ff.
60 vgl. NJW 2008, 987
61 Deutsch: Medizinrecht, Rdnr. 354.
62 BAG, Urteil vom 18.11.1999 – 2 ARZ 903/98, NZA 2000, S. 427.
63 Vgl. Anm. 5.
64 LG Flensburg, MedR 1993, S. 200; LG Hamburg, MedR 1995, S. 333.
65 BGH, Urteil vom 19.02.1998 – III ZR 169/97, NJW 1998, S. 1778.
66 Z.B. Biermann: Die Abrechnung wahlärztlicher Leistungen, chefarzt aktuell – Informationsdienst für leitende Krankenhausärzte 2000, S. 12–15; Meister: Patienteninformation bei wahlärztlichen Leistungen, Das Krankenhaus 2002, S. 221.
67 Uleer/Miebach/Patt: Abrechnung von Arzt und Krankenhausleistungen, 2. Auflage 2000, S. 311f.
68 Vgl. Deutsches Ärzteblatt vom 10.10.2008, A-2173; vgl. auch www.aerzteblatt.de/+4108.
69 vgl. z.B. Deutsches Ärzteblatt vom 21.04.2006, B-923
70 DKG-Muster *Chefarztvertrag*, 5. Auflage 1996, Anm. 36 zu § 8 Abs. 5.
71 Vgl. etwa Bundesverwaltungsgericht, Urteil vom 31.01.1974 – II C 36/70; Urteil vom 13.04.1978 – II C 17/75.
72 § 13 Abs. 3 Nr. 6a BPflV in der ab 01.01.1993 geltenden Fassung, der bei Altverträgen sowohl die Kostenerstattung als auch den Vorteilsausgleich als Bemessungsgrundlage heranzieht.
73 § 29 Abs. 3 Muster-Berufsordnung für die deutschen Ärztinnen und Ärzte i.d.F. des 100. Deutschen Ärztetages 1997 in Eisenach, zuletzt geändert durch Beschlüsse des 107. Deutschen Ärztetages 2004 in Bremen und durch Beschluss des Vorstands der Bundesärztekammer vom 24.11.2006.
74 vgl. Anhang 7.4
75 BAG, Urteil vom 21.07.1993 – 5 AZR 550/92, NZA 1994, S. 1002.
76 BAG, a.a.O.
77 Z.B. OLG Celle, Urteil vom 21.06.1995 – 20 U 84/94.
78 BGH, Beschluss vom 26.02.1998 – III ZB 25/97.
79 Vgl. Anhang 7.1.
80 BVerfG, Beschluss vom 25.03.1980 – 2 BvR 280/76.
81 §§ 168, Abs. 1 Nr. 1, 172 Abs. 2 SGB VI.
82 Tänzer: GmbH-Recht, 1997, S. 1087.
83 Z.B. BAG, Urteil vom 28.05.1997 – 5 AZR 125/96.
84 BAG, Urteil vom 25.05.2005 – 5 AZR 572/04, NJW 2005, S. 3305.
85 vgl. etwa Reinecke, NJW 2005, 3383ff.; Hümmerich, NZA 2006, 709

86 vgl. etwa Arbeitsgericht Heilbronn, Urteil vom 09.04.2008 – 7 Ca 214/08, Med-Recht 2009, S. 99ff.
87 BAG, Urteil vom 11.12.1974, ArbuR 1975, S. 186.
88 BAG, Urteil vom 26.08.1998, DB 1999, S. 535.
89 Z.B. BAG, Urteil vom 21.04.1993 – 7 AZR 297/92, NZA 1994, S. 476.
90 BAG, Urteil vom 12.12.1984 – 7 AZR 418/83.
91 BAG, Urteil vom 18.11.1986, AP Nr. 35 zu Art. 140 GG.
92 BAG, Urteil vom 16.09.1999 – 2 AZR 712/98, NZA 2000, S. 208.
93 Vgl. BAG, Urteil vom 18.05.1999 – 9 AZR 682/98.
94 Das Krankenhaus 2000, S. 876ff.
95 Z.B. BSG, Urteil vom 02.10.1996 – 6 R Ka 73/95.
96 BSG, Urteil vom 27.01.2000 – B 6 Ka 51/98 R.
97 Das Krankenhaus, 2000, S. 876.
98 BAG, Urteil vom 11.12.1974, ArbuR 1975, S. 186.
99 BAG, Urteil vom 11.12.1974, ArbuR 1975, S. 186.
100 vgl. z.B. Rippel/Stiefel: Die Ambulanz im Krankenhaus, 3. Auflage, 23. Ergänzung 2000; Zuck: Rechtsfragen der Ambulanz, 1991
101 KBV-NT, Kostentarif gemäß § 368 Abs. 3 RVO, 1987.
102 Vgl. z.B. BVerwG, Urteil vom 07.11.1974 – II C 22/72; Urteil vom 13.04.1978 – II C 17/75; ebenso OVG Münster, Urteil vom 31.01.1985 – 12 A 1092/82.
103 So auch Münzel, a.a.O. S. 72.
104 Eichholz: Die Rechtsstellung des Belegarztes, 1973; Genzel, in: Laufs/Uhlenbruck, Handbuch des Arztrechts, 3. Auflage 2002, § 90 Rdnr. 71; BGH NJW 1982, S. 2603.
105 Grundsätze für die Gestaltung von Verträgen zwischen Krankenhausträgern und Belegärzten, in: Das Krankenhaus 1959, S. 345ff.
106 Vgl. Anm. 8.
107 § 40 BMV-Ärzte, § 32 Arzt-Ersatzkassenvertrag.
108 Vgl. Anm. 104.
109 § 70 Abs. 1 Satz 2 bzw. § 12 Abs. 1 SGB V.
110 Münzel: Chefarzt- und Belegarztvertrag, 3. Auflage, München 2008.
111 Peris: Rechtsbeziehungen, S. 43.
112 Vgl. Anm. 8.
113 Vgl. Anm. 6.
114 Vgl. Anm. 103.
115 Vgl. Anm. 8.

Literatur

1. Bachof O: (1972) Krankenhausfinanzierung und Grundgesetz. Schriften der Deutschen Krankenhausgesellschaft, Heft 6, Düsseldorf
2. Barta T: (1995) Medizinhaftung
3. Bauer J-H: Arbeitsrechtliche Aufhebungsverträge. 8. Auflage 2007, C. H. Beck Verlag, München
4. Baur U: Der Chefarztvertrag – praktische Hinweise zu den wesentlichen Inhalten. Deutsches Ärzteblatt (1997), 149ff.
5. Ders.: Der erfolgsabhängige Chefarzt-Vertrag. Deutsches Ärzteblatt (2001), 1731ff.
6. Ders.: Mustervertrag mit Arbeitgeberschlagseite. Deutsches Ärzteblatt (2002), 1495ff.
7. Ders.: Privatliquidation der Chefärzte – Einkommensversteuerung weiterhin möglich, Deutsches Ärzteblatt (2006, B 923f.)
8. Ders.: Überleitung des Chefarztgehalts auf den neuen Tarifvertrag, Deutsches Ärzteblatt (2007, A 1871f.)
9. Ders.: Neuer Mustervertrag der DKG – Die Disziplinierung der Chefärzte schreitet voran, Deutsches Ärzteblatt (2007, A 2831f.)
10. Ders.: Überleitung des Chefarztgehalts auf den neuen Tarifvertrag, Deutsches Ärzteblatt (2009, A 527)
11. Ders.: Die neue Rechtsprechung des Bundesgerichtshofs zur Stellvertretervereinbarung bei wahlärztlicher Behandlung, in: Festschrift 10 Jahre Arbeitsgemeinschaft Medizinrecht im DAV, 487ff., Deutscher Anwaltverlag 2008
12. Ders.: Die Krankenhausbetriebsführung, in: Arzt und Krankenhaus, 1978, 184ff.
13. Bergmann KO, Kienzle HF (Hrsg.): (1996) Krankenhaushaftung. Deutsche Krankenhaus-Verlagsgesellschaft mbH, Düsseldorf
14. Deutsch E: Medizinrecht. 6. Auflage 2008, Springer Verlag, Berlin – Heidelberg – New York
15. DKG Deutsche Krankenhausgesellschaft: Beratungs- und Formulierungshilfe Chefarztvertrag. 5. Auflage 1996, 6. Auflage 2002, 7. Auflage 2006 und 8. Auflage 2007 (zit.: DKG-Muster Chefarztvertrag)
16. Ders.: Beratungs- und Formulierungshilfe Belegarztvertrag/Kooperativer Belegarztvertrag. 3. Auflage 1996, überarbeitete Fassung vom September/Oktober 2008 (zit.: DKG-Muster Belegarzt-Vertrag)
17. Eichholz W: Die Rechtsstellung des Belegarztes. Schriften der Deutschen Krankenhausgesellschaft, Heft 7 (1973), Düsseldorf
18. Eser A, v. Lutterotti M, Sporken P (Hrsg.): (1989) Lexikon Medizin-Ethik-Recht. Herder Verlag, Freiburg
19. Franzki H: (1984) Der Arzthaftungsprozess

20. Genzel H, in: Laufs A, Uhlenbruck W: Handbuch des Arztrechts. 3. Auflage (2002), 581ff.
21. Gitter W: (1975) Zum Privatliquidationsrecht der leitenden Krankenhausärzte. PKV-Dokumentation 4, Köln
22. Hess/Schirmer: Ärztliches Berufsrecht. 2. Auflage 2008. Deutscher Ärzte-Verlag, Köln
23. Kamps H, Laufs A (Hrsg.): Arzt- und Kassenarztrecht im Wandel. Festschrift für Helmut Narr zum 60. Geburtstag (1988), Tübingen
24. Kern B R, Laufs A: (1989) Die ärztliche Aufklärungspflicht
25. Laufs A: Arztrecht. 5. Auflage 1993, Verlag C. H. Beck, München
26. Laufs A, Uhlenbruck W (Hrsg.): Handbuch des Arztrechts. 3. Auflage 2002
27. Liebold R, Zalewski T: Kassenarztrecht. Kommentar, 5. Auflage 2007, Engel Verlag, Berlin – Wiesbaden
28. Lippert H D, Kern: Arbeits- und Dienstrecht der Krankenhausärzte von A–Z. 2. Auflage 1993
29. mb: (1973) Der Arzt. 409
30. Münzel H: Chefarzt- und Belegarztvertrag. 3. Auflage 2008, C. H. Beck Verlag, München
31. Plagemann H, Niggehoff D: Vertragsarztrecht. 2. Auflage 2000, Fachhochschulverlag, Frankfurt am Main
32. Ratzel R, Lippert H D: Kommentar zur Musterberufsordnung der deutschen Ärzte. 4. Auflage 2006, Springer Verlag, Berlin – Heidelberg – New York
33. Peris D: (2000) Die Rechtsbeziehungen zwischen angestelltem Chefarzt und Krankenhausträger. Jur. Diss., Heidelberg
34. Rieger H J: Verträge zwischen Ärzten in freier Praxis. 8. Auflage 2009, Verlag Recht und Wirtschaft GmbH, Heidelberg
35. Rieger H J (Hrsg.): Lexikon des Arztrechts, Loseblattwerk, 2. Auflage 2007, C. F. Müller Verlag, Heidelberg
36. Rippel/Stiefel: Die Ambulanz im Krankenhaus. 3. Auflage, 23. Ergänzung (2000)
37. Schallen R: Zulassungsverordnung für Vertragsärzte, Vertragszahnärzte, Medizinische Versorgungszentren, Psychotherapeuten. 6. Auflage 2008, Asgard-Verlag, St. Augustin
38. Schaub G: Arbeitsrechts-Handbuch. 11. Auflage 2005, C. H. Beck Verlag, München
39. Steinhilper G (Hrsg.): (1988) Arzt und Abrechnungsbetrug. Kriminalistik-Verlag, Heidelberg
40. Tänzer: (1997) GmbH-Recht. 1085 u. 1087
41. Uleer Ch, Miebach J, Patt J: Abrechnung von Arzt- und Krankenhausleistungen. 2. Auflage 2000, C. H. Beck Verlag, München
42. Ulsenheimer K: Arztstrafrecht in der Praxis. 3. Auflage 2003, C. M. Müller Verlag, Heidelberg
43. Wagener A: Der Mitarbeiterpool im Krankenhaus. 3. Auflage 2006, Deutsche Krankenhaus-Verlagsgesellschaft mbH, Düsseldorf
44. Weissauer W, Obderbecke H W (Hrsg.): (1980) Anästhesist und Krankenhaus. Springer Verlag, Berlin – Heidelberg – New York
45. Zuck R: (1991) Rechtsfragen der Ambulanz. Deutsche Krankenhaus-Verlagsgesellschaft mbH, Düsseldorf

Abkürzungsverzeichnis

a.a.O.	am angegebenen Ort
Abs.	Absatz
AGB	Allgemeine Geschäftsbedingungen
Anh.	Anhang
Anl.	Anlage
Anm.	Anmerkung
AP	Nachschlagewerk des Bundesarbeitsgerichts
ArbGG	Arbeitsgerichtsgesetz
ArbZG	Arbeitszeitgesetz
Art.	Artikel
AVB	Allgemeine Vertragsbedingungen
AVR	Arbeitsvertragsrichtlinien
Az.	Aktenzeichen
AZO	Arbeitszeitordnung
BÄK	Bundesärztekammer
BÄO	Bundesärzteordnung
BAG	Bundesarbeitsgericht
BAGE	Entscheidungssammlung des Bundesarbeitsgerichts
BAT	Bundesangestelltentarif
Beschl.	Beschluss
BetrVG	Betriebsverfassungsgesetz
BFH	Bundesfinanzhof
BGB	Bürgerliches Gesetzbuch
BGBl.	Bundesgesetzblatt
BGH	Bundesgerichtshof
BMG	Bundesministerium für Gesundheit
BMV-Ä	Bundesmantelvertrag-Ärzte
BO	Berufsordnung
BPflV	Bundespflegesatzverordnung
BRRG	Beamtenrechtsrahmengesetz
BSG	Bundessozialgericht
BVerfG	Bundesverfassungsgericht
BverfGE	Entscheidungssammlung des Bundesverfassungsgerichts

D-Arzt	Durchgangsarzt
DB	Der Betrieb
DKG	Deutsche Krankenhausgesellschaft
DKG-NT	Nebenkostentarif der Deutschen Krankenhausgesellschaft für die Abrechnung erbrachter Leistungen und für die Erstattung vom Arzt an das Krankenhaus
DRG	Diagnosis Related Groups
E	Entscheidung
EBM	Einheitlicher Bewertungsmaßstab
EuGH	Europäischer Gerichtshof
f./ff.	folgende
G	Gesetz
gem.	gemäß
ggf.	gegebenenfalls
GmbH	Gesellschaft mit beschränkter Haftung
GMG	Gesetz zur Modernisierung der Gesetzlichen Krankenversicherung (GKV-Modernisierungsgesetz – GMG) vom 19.11.2003
GKV	Gesetzliche Krankenversicherung
GKV-WSG	Gesetz zur Stärkung des Wettbewerbs in der Gesetzlichen Krankenversicherung (GKV-Wettbewerbsstärkungsgesetz – GKV-WSG) vom 30.03.2007
GOÄ	Gebührenordnung für Ärzte
GRG	Gesundheitsreformgesetz v. 20.12.1988
GSG	Gesundheitsstrukturgesetz v. 21.12.1992
GBl	Gesetzblatt
GVBl/GVOBl	Gesetz- und Verordnungsblatt
Hrsg., hrsg.	Herausgeber, herausgegeben
HStrG	Haushaltsstrukturgesetz
HVM	Honorarverteilungsmaßstab
KBV	Kassenärztliche Bundesvereinigung
KHEntgG	Krankenhausentgeltgesetz vom 23.04.2002
KHG	Krankenhausfinanzierungsgesetz
KHRG	Krankenhausfinanzierungsreformgesetz vom 17.03.2009
KSchG	Kündigungsschutzgesetz
KV	Kassenärztliche Vereinigung
LAG	Landesarbeitsgericht
LG	Landgericht
LKG	Landeskrankenhausgesetz
LSG	Landessozialgericht
MAVO	Mitarbeitervertretungsordnung des Verbandes der Diözesen Deutschlands vom 20.11.1995

mb	Marburger Bund
MDK	Medizinischer Dienst der Krankenversicherung
MedR	Medizinrecht (Zeitschrift)
MuBO	Musterberufsordnung
MVZ	Medizinisches Versorgungszentrum
NJW	Neue Juristische Wochenschrift
NZA	Neue Zeitschrift für Arbeitsrecht
OLG	Oberlandesgericht
OVG	Oberverwaltungsgericht
PKV	Private Krankenversicherung
Rdnr.	Randnummer
RVO	Reichsversicherungsordnung
s.	siehe
S.	Seite, Satz (bei Rechtsnormen)
SG	Sozialgericht
SGB	Sozialgesetzbuch
SGB V	Sozialgesetzbuch (SGB) Fünftes Buch (V) vom 20.12.1988, zuletzt geändert durch das Krankenhausfinanzierungsreformgesetz – KHRG – vom 17.03.2009
SGG	Sozialgerichtsgesetz
StGB	Strafgesetzbuch
StPO	Strafprozessordnung
TV-Ärzte/KF	Tarifvertrag für Ärztinnen und Ärzte – Kirchliche Fassung, Arbeitsrechtsregelung für Arbeitnehmerinnen und Arbeitnehmer im Bereich der Evangelischen Kirche im Rheinland, der Evangelischen Kirche von Westfalen und der Lippischen Landeskirche sowie ihrer Diakonischen Werke vom 22.02.2007, Geltung ab 01.07.2007
TV-Ärzte/VKA	Tarifvertrag für Ärztinnen und Ärzte an kommunalen Krankenhäusern im Bereich der Vereinigung der Kommunalen Arbeitgeberverbände vom 17.08.2006, Geltung ab 01.08.2006
TVöD	Tarifvertrag für den öffentlichen Dienst vom 13.09.2005, Geltung ab 01.08.2005
u.	unten
u.a.	unter anderen(m); und andere
u.Ä.	und Ähnliche(s)
u.U.	unter Umständen
v.	von; vom
VÄndG	Vertragsarztrechtsänderungsgesetz vom 22.12.2006
vgl.	vergleiche
Ziff.	Ziffer
z.T.	zum Teil

Stichwortverzeichnis

A

B

P

R

S

T

U

V

W

Z